DRYAS

Ursula Spitzbart

»Zwischen Licht und Dunkel«

Abenteuer Alltag in Island

Erzählungen

Dryas Verlag

Mix
Produktgruppe aus vorbildlich bewirtschafteten Wäldern und anderen kontrollierten Herkünften
www.fsc.org Zert.-Nr. IMO-COC-026041
© 1996 Forest Stewardship Council

Das für dieses Buch eingesetzte Papier ist ein Produkt aus verantwortungsbewusster Forstwirtschaft. Klimaneutral gedruckt.

2., überarbeitete Auflage 2010

Herausgeber: Dryas Verlag, Oldenburg, gegr. in Mannheim

Umschlaggestaltung: Rosa Segerer, Segerer Design
Umschlagbild: Stefán Helgi Valsson
Bildteil: Stefán Helgi Valsson, Ursula Spitzbart
Herstellung: Gabriel A. Neumann, Heidelberg
Druck: Druckerei Lokay e.K., Reinheim
Lektorat: Sandra Thoms

Bibliografische Information der Deutschen Bibliothek:
Die Deutsche Bibliothek verzeichnet diese Publikation in der Deutschen Nationalbiografie, detaillierte bibliografische Daten sind im Internet über http://dnb.ddb.de abrufbar.

ISBN: 978-3-940855-24-4
www.dryas.de

Widmung

Für meine Tochter Anna Karlotta,
die mich unermüdlich wissen lässt, dass sie – und kein Buch dieser Welt – mein Hauptprojekt ist

Ursula Spitzbart:
»Zwischen Licht und Dunkel«
Abenteuer Alltag in Island

Dryas Verlag setzt sich für bewusstes Reisen ein

Liebe Leserinnen und Leser,

die Reisebücher des Dryas Verlags beschreiben das Leben und den Alltag in anderen Kulturen. Sie sollen Sie inspirieren, bewusst zu reisen, mit offenen Augen, und Unterschiede als Bereicherung zu erfahren.

Bewusstes Reisen heißt für mich, offen zu sein für Anderes und Neues, es aktiv anzunehmen – es heißt aber auch, nicht die Augen zu verschließen vor Problemen, und diese ebenso aktiv anzugehen. Aus diesem Grund spendet der Verlag für jedes verkaufte Buch 50 Cent an eine Organisation, die in der jeweils beschriebenen Region soziale, kulturelle oder ökologische Projekte unterstützt.

Der Dryas Verlag ist auch Mitglied im „Forum anders Reisen e.V.", ein Zusammenschluss, der sich für Tourismusformen einsetzt, die ökologisch tragbar, sowie ethisch und sozial gerecht für ortsansässige Gemeinschaften sind. Diesem Ziel der Nachhaltigkeit verpflichten wir uns.

Die mit dem vorliegenden Buch gesammelten Spenden gehen an den „Special Children Travel Fund", der von Icelandair ins Leben gerufen wurde. Die Stiftung ermöglicht schwer kranken Kindern und ihren Familien eine Reise. Mehr zu dem Projekt erfahren Sie im Buch und unter http://en.vildarborn.is.

Ich bedanke mich für Ihren Beitrag zu dem Projekt und wünsche viel Vergnügen beim Entdecken der Besonderheiten Islands und seiner Bewohner.

Sandra Thoms
Verlegerin Dryas Verlag

Inhalt

Ein Wort vorab

Es gibt verschiedene Gründe dafür, auf Island zu wohnen. Den Lebenspartner zum Beispiel. Die Arbeit, ein Studium, die Schönheit des Landes. Oder man ist hier geboren. Ich falle in die erste Kategorie: Die Liebe hat mich hierher verschlagen. Was mit einem Sommerurlaub begann, wurde meine Gegenwart und Zukunft. Im Herbst 2003 verlegte ich mein Domizil nach Reykjavík.

Island liegt nur gute drei Flugstunden von Deutschland entfernt, die Insel hat ihren festen Platz im Standardprogramm vieler internationaler Reiseveranstalter und entsprechend groß ist die Auswahl an Reiseliteratur. Nein, ein Geheimtipp ist Island nicht mehr. Trotzdem ist der gedankliche Weg auf die abgelegene Insel im Nordatlantik oft unendlich lang – und geheimnisvoll. Sie hat sich den gewissen Hauch von Mystik und Mythischem bewahrt, der neugierig macht.

Tatsächlich wird meine Wahlheimat schon seit geraumer Zeit Jahr für Jahr von mehr Urlaubern heimgesucht, als sie Einwohner aufbieten kann. Auch von deutscher Seite mangelt es dabei an Island-Interesse nicht. Die *Þjóðverjar*, wie wir hier genannt werden, machen eine kräftige Portion aller Islandgäste aus. Deshalb umschwirren mich hier vor allem in den Sommermonaten die heimatlichen Laute nur so. Wo ich hinhöre, wird deutsch gesprochen. Individuelle Urlauber genauso wie Reisegruppen.

Es überrascht daher nicht, dass meine Insel zum Ehrengast der Frankfurter Buchmesse 2011 auserkoren wurde – schon lange bevor sie im Oktober 2008 den Sprung in die weltweiten Medien schaffte. Kein anderes Land dieser Welt dürfte „dank" der Weltwirtschaftskrise so sehr ins allgemeine Bewusstsein gerückt sein wie Island.

Die Wirtschaftskrise – oder *kreppa,* wie sie auf isländisch genannt wird – schlug genau in dem Moment zu, als ich letzte Hand an die erste Auflage dieses Buches legte. Nur ansatzweise konnte ich damals das Thema noch aufgreifen. Mittlerweile sind seit dem großen Einbruch fast eineinhalb Jahre vergangen. Bis dahin galt Island als eines der reichsten Länder der Welt bei einem Lebensstandard, der ganz weit oben rangierte. Jetzt sind hier Schlagworte wie Entlassungswellen und Arbeitslosigkeit keine Fremdwörter mehr. Auch die Lebensgewohnheiten meiner Insulaner änderten sich, wenigstens kurz- bis mittelfristig. Diesem „neuen" Alltagsleben auf Island in Zeiten der wirtschaftlichen Depression ist in vorliegender zweiten Auflage meines Werkes ein eigenes Kapitel gewidmet. Diese Ergänzung war mir ein großes Anliegen.

Seit ich mich hier niederließ, werde ich mit Fragen zum Alltag vor Ort geradezu bombardiert. Lässt es sich gut leben? Wie spricht man? Wird es im Winter überhaupt hell? Dieses Buch – mein Erstlingswerk übrigens – ist der Versuch, sie zu beantworten. Es soll einen Einblick geben in das Leben dieser kleinen Inselgemeinschaft, so wie es sich mir jeden Tag präsentiert. Die Grundlage für meinen Bericht bilden nicht nur objektive Tatsachen, sondern ganz besonders persönliche Erfahrungen und Erlebnisse. Herzerwärmende, komische und überraschende. Frustrierende, unbegreifliche und nachdenkliche.

Natürlich schreibe ich stets aus dem Blickwinkel der gebürtigen Deutschen, für die Island – und speziell Reykjavík – zur neuen Heimat wurde. Die Zahlen, die dabei immer wieder auftauchen, sind unverzichtbar. Schließlich beschäftigen sich meine Insulaner ausnehmend gerne mit Statistiken. Man könnte fast glauben, dass sie sich darüber identifizieren. Ich habe mich darum bemüht, mit der Mathematik behutsam umzugehen.

Ich nahm es mit einer Nation auf, die zum 1. Januar 2009 gerade einmal 319.368 Einwohner stark war. Das entspricht ungefähr einem Bonn oder Mannheim. Etwa 60 % aller Islandbewohner leben in der und um die Landeshauptstadt Reykjavík. Wenn man diese Tatsache bedenkt, ist es recht gut nachvollziehbar, dass es für einen Ausländer nicht immer ganz leicht ist, an die isländische Seele heranzukommen. Deshalb nehme ich in meinem Bericht immer wieder die Position des Beobachters ein. Schon bald machte ich nämlich die Erfahrung, dass der Isländer im Prinzip sich selbst genügt. Er legt in seinem Innersten nicht unbedingt gesteigerten Wert darauf, andere als seinesgleichen in die eigenen Kreise aufzunehmen. Das soziale Netz der isländischen Gesellschaft ist extrem eng geknüpft und sich darin als Außenstehender ein wirklich festes Plätzchen zu schaffen, ist eine heikle Aufgabe, die das Leben in meiner Wahlheimat nicht immer einfach macht. Andererseits haben meine Insulaner auch Eigenheiten, die ich nie mehr vermissen möchte. Vor allem von der ungezwungenen und entspannten Art, die den täglichen Umgang miteinander bestimmt, von der gewissen Leichtigkeit des Seins könnte man sich nach meinem Geschmack anderswo gerne ein Scheibchen abschneiden.

Und nun, lieber Leser, wünsche ich viel Spaß und Spannung bei der Reise auf meine ganz persönliche Insel.

Reykjavík, im Februar 2010

Ursula Spitzbart

Zwischen Licht und Dunkel

Ich habe gut geschlafen. Es ist Samstagmorgen und ich gönne es mir, noch ein paar Minuten vor mich hin zu dösen. Dann bin ich für den neuen Tag bereit und mache die Augen auf – gerade rechtzeitig für einen tollen Sonnenaufgang. Aus Macht der Gewohnheit fällt mein Blick auf den Wecker: Was ... schon elf Uhr!? Nur vier Stunden Zeit, bis es wieder dunkel wird! Dabei wollte ich heute doch so viel erledigen!

Auch der Islandsommer raubt mir oft jegliches Zeitgefühl. Denn so wie der Winter hier mit Tageslicht knausert, machen sich in den Sommermonaten die dunklen Stunden rar. Für echte Überraschung sorgt stets mein Bericht, dass beide Extremzustände in ihrem Kern eigentlich nur jeweils zwei Monate lang dauern. Tatsächlich, nicht länger? Die trübe Vorstellung von endlosen Islandmonaten in kompletter Dunkelheit ist erstaunlich weit verbreitet. Die Frage, die mir seit Beginn meiner persönlichen Islandkarriere schon unzählige Male gestellt wurde – „Wie ist das denn so, Winter auf Island?“ – kommt nicht von ungefähr. Wahlweise wird sie mit einem interessierten, einem vorsichtigen oder sogar fast mitleidigen Unterton vorgebracht. Ist es gar nicht so schlimm wie ursprünglich angenommen?

Zum ersten Mal kam ich als Rucksackurlauber nach Island. Im August 2001 umrundete ich drei Wochen lang die Insel mit dem Linienbus. Ich erlebte helle, schier unendliche Tage, in denen alles vor Leben und Heiterkeit strotzte. Einen ersten Vorgeschmack auf den isländischen Winter bekam ich im Dezember desselben Jahres, als ich für eine Woche auf die

Insel zurückkehrte. Ziel dieser Übung war es, meine überaus angenehm ausgefallene Bekanntschaft mit Stefán zu vertiefen, dem ich im Sommer durch einen Wink des Schicksals in die Arme gelaufen war. Im Vergleich zu meiner sommerlichen Stipvisite, bei der sich das Leben draußen abspielte, erlebte ich jetzt ein völlig in sich gekehrtes Island. Drinnen schön schummrig bei Kerzenschein, draußen zahllose und längst nicht nur auf die Weihnachtszeit begrenzte Lichtergirlanden, um die Dunkelheit zu erhellen. Kaum ein Fenster bleibt ungeschmückt. Manche Hausgemeinschaften scheinen regelrechte Abmachungen getroffen zu haben zwecks Balkondekoration: Hier leuchtet ein kompletter Häuserblock in Weiß, der Nachbar hat rot geschmückt. Obendrein spendiert die Stadt Reykjavík eine üppige Portion Lichterschmuck. Frisch verliebt ließ sich diese Kuschelatmosphäre in der Landeshauptstadt wunderbar genießen.

Am 21. Dezember eines jeden Jahres erlebt Island seinen kürzesten Tag – oder die längste Nacht. In Reykjavík steigt die Sonne nur für gute vier Stunden über den Horizont. In den Wochen um diesen Stichtag herum komme ich mir vor wie ein Bär im Winterschlaf. Wenn nicht gerade der Wecker gestellt ist, wache ich tatsächlich erst am späten Vormittag auf. Obendrein gönne ich mir gerne nachmittags ein Nickerchen. Wie ein kleiner Vogel fühle ich mich, der erst dann aus seinem Nest schlüpft, wenn es hell wird und es wieder heimsucht, sobald es dämmert. Im Gegensatz dazu kennt mein Tatendrang in der Zeit des sommerlichen Lichts keine Grenzen. Vielleicht ist es genau das, was die Natur eigentlich auch für den Menschen vorgesehen hat.

Doch selbst in dieser winterlichen „Zeit der kurzen Tage“ – im Dezember und Januar – verirren sich immer wieder Sonnenstrahlen auf isländischen Boden. Mitunter gibt es sogar fantastisch helle Stunden bei blauestem Himmel, meist nach einem perfekten Sonnenaufgang – und vor einem ebensolchen Untergang. Als ich mich als Islandneuling für meinen ersten längeren Winterbesuch auf der Insel rüstete, steckte ich die Sonnenbrille absichtlich nicht ins Reisegepäck. Wozu denn auch … Doch wie sehnte ich sie bald herbei! Die Sonne stand so tief, dass sie mir – besonders beim Autofahren – beinahe waagerecht ins Gesicht schien.

Winterliche Lichtblicke ganz anderer Art bietet *Aurora Borealis,* das Nordlicht. Dieses himmlische Lichterspektakel entsteht dadurch, dass von der Sonne stammende, elektrisch geladene Teilchen auf die Erdatmosphäre treffen und dort Luftmoleküle zum Leuchten anregen. Dem menschlichen Auge offenbart es sich allerdings nur dann, wenn auch die Witterungsverhältnisse stimmen. Vor allem klar muss der Himmel sein! Dass es bei dieser Gelegenheit oft auch kalt ist, ergibt sich im Nebeneffekt. Dabei ist es keineswegs so, dass Nacht für Nacht der Himmel mit bunten Lichtschleiern übersät ist. In meinen meisten Islandwintern sah ich das Nordlicht vielleicht zwei-, fünf- oder zehnmal – allerdings ohne extra danach auf Jagd zu gehen. Wer eine Islandreise mit dem Hauptziel antritt, Nordlichter zu bewundern, sei daher vorgewarnt: Er könnte eine bittere Enttäuschung erleben. Es ist einfach Glückssache. Wenn es dann aber klappt, ist es wunderschön. Manchmal kann ich direkt vom Wohnzimmerfenster aus dem Lichtertanz am Himmel zusehen. Ein besonders großes

Erlebnis war freilich „das erste Mal“. Überhaupt ist das isländische Licht mit all seinen Varianten und seiner unglaublichen Intensität *die* Facette des Landes, von der ich nicht genug kriegen kann.

Mindestens genauso oft wie strahlende Sonne bringt der isländische Winter auch solche Phasen mit sich, in denen es tagelang nicht richtig hell werden will. Dunkelgraue Wolken verhängen den Himmel und dazu bläst oft ein mächtiger Wind. Dann verspüre ich nicht das geringste Bedürfnis, auch nur die Wohnung zu verlassen und mein Bewusstsein vertieft sich, auf einer Insel zu sitzen. Ich kann genau beobachten, wie mit abnehmendem Licht mein persönlicher Aktionsradius immer kleiner wird. Ab November komme ich nicht mehr wirklich heraus aus der Stadt. Wohin denn auch, gibt es doch nach meiner Einschätzung zu dieser Jahreszeit jenseits der Hauptstadtgrenzen nur „jede Menge nichts zu tun“. Dann heißt es gut aufpassen, dass mich der Inselkoller nicht einholt. Nein, ganz so romantisch wie meine erste winterliche Kurzvisite präsentierte sich mir die dunkle Jahreszeit im Langzeittest nicht.

Wie mag sich der Islandwinter wohl erst im Inselnorden anfühlen, wo sich das Licht im Winter noch kürzer blicken lässt? Ein paar besiedelte Inselflecken müssen tatsächlich Winter für Winter mehr als zwei Monate lang ohne einen einzigen erleuchtenden Strahl auskommen. Wenn dann aber die Sonne Ende Januar endlich wieder ihren Weg durch die Wohnzimmerfenster findet, wird zur Feier des Tages ein „Sonnenkaffee“ veranstaltet. In der „Hauptstadt der Westfjorde“ Ísafjörður zum Beispiel ist das schon seit mehr als hundert Jahren Brauch. Original isländische Crêpe-ähnliche Pfannkuchen gehören zu diesem Tag so sicher wie die ersehnte Sonne. Vielleicht sollte ich doch einmal einen winterlichen Kurzurlaub Richtung Westen einplanen, um mir einen dieser ganz besonderen Pfannkuchen einzuverleiben.

Der Isländer eignete sich im Laufe der Zeit verschiedene Techniken an, um mit „seiner" Winterzeit klar zu kommen. „Sonnenreisen" heißt ein wirksames Zauberwort. Auf den Kanarischen Inseln oder in der Dominikanischen Republik zum Beispiel lassen sich ein paar Winterwochen ziemlich effektiv erhellen. Wenn eine Reise in den Süden gerade nicht drin ist, lässt sich auch mit Besuchen im heimischen Sonnenstudio etwas Abhilfe schaffen – oder mit Bräunungsspray. Mit einem gesunden Teint lassen sich schließlich besonders im Winter Attraktivitäts-Pluspunkte sammeln. Auch der regelmäßige Besuch im Fitnesscenter kann Wunder wirken. Hätte mir früher jemand prophezeit, ich als eingefleischter Outdoor-Fan würde mich dafür erwärmen können, hätte ich es glatt abgestritten. Aber ich probierte ihn doch aus, den isländischen Weg, und siehe da: Aerobic und Zirkeltraining tun Körper und Seele tatsächlich sehr gut. Eine universal wirksame Patentlösung gegen den Winterblues ist aber offensichtlich noch nicht erfunden. Denn der Islandwinter drückt längst nicht nur manchem Zugewanderten auf das Gemüt. Depressionen sind hier an der Tagesordnung und meines Wissens bekommt etwa ein Drittel der Islandbevölkerung irgendwann im Leben eine mehr oder weniger große Portion davon am eigenen Leibe zu spüren. Was mich betrifft, habe ich eines gelernt: Wenn ich nörgelig werde und nicht mehr gut schlafen kann, ist es wieder einmal Zeit, der Insel für eine Weile den Rücken zu kehren. Am besten in Form eines kleinen Deutschlandurlaubs.

Doch bereits im Februar lässt sich erahnen, dass es wieder aufwärts geht. Mitte April bleibt es bereits bis neun oder halb zehn Uhr abends hell. Wenn allerdings in Deutschland schon alles sprießt und grünt, hüllt sich meine Insel immer noch in Braun und Grau. Aber der ersehnte Moment kommt: Innerhalb von ganz wenigen Tagen explodiert die Vegetation sichtlich. Der Sommer ist da.

Am 21. Juni erlebt meine Insel dann ihren längsten Tag, an dem die Sonne in Reykjavík über einundzwanzig Stunden lang am Himmel steht, etwa von drei Uhr nachts bis Mitternacht. Im Inselnorden geht sie zu dieser Jahreszeit ein paar Wochen lang gar nicht unter – der gerechte Ausgleich für den überstandenen Winter. Richtig dunkel wird es aber auch in Reykjavík nicht. Je nach Wetterlage reicht es allerhöchstens zu einer drei oder vier Stunden langen Dämmerung. Was einerseits zu einem nächtlichen Spaziergang einlädt, kann besonders für denjenigen zur Plage werden, der keinerlei Übung in Sachen Islandsommer hat. Selbst nach etlichen Inseljahren wache ich immer noch völlig irritiert mit der Sonne im Gesicht auf, nur um festzustellen, dass es gerade einmal vier Uhr früh ist.

Es ergibt sich von selbst, dass auf Island die Uhrenumstellung auf Sommerzeit keinen Sinn macht. Deshalb ist die Insel im Sommer zwei Stunden und im Winter eine Stunde hinter Deutschland her. Ein Zeitunterschied, der innerhalb meiner in Deutschland stationierten Bekannten- und Verwandtenkreise nur zu gerne übersehen wird. Das erklärt die zeitigen Telefonanrufe, die ich gerade im Sommer immer wieder erhalte. Trotzdem kommt das Thema „Sommerzeit auf Island“ ab und zu auf. Erst im Juni 2008 schaffte es das rund 700 Seelen-Städtchen Seyðisfjörður im Osten der Insel in die Schlagzeilen. Eine Siedlung, die im allgemeinen eher als Anlegestelle der Personen- und Autofähre bekannt sein dürfte, die Island mit dem restlichen Europa verbindet. Dieses Mal galt das heimatliche Medieninteresse jedoch der „Interessengemeinschaft Sonnigere Gesellschaft", die allen Ernstes auf Regierungsebene beantragt hatte, die Uhr auf Sommerzeit umstellen zu dürfen. Notfalls lediglich bei sich zu Hause in Seyðisfjörður als einzigem Ort auf der ganzen Insel. Wenn das kein Anzeichen dafür ist, dass Isländer gerne und unbeirrt ihre eigenen Wege gehen!

Auch wenn man es lange Zeit nicht wirklich merkt, wird es mit jedem Tag ein kleines bisschen später hell und früher dunkel. In Reykjavík beträgt der Unterschied im Durchschnitt fünf bis sechs Lichtminuten pro Tag, im Inselnorden etwas mehr. Mitte August schalte ich abends das Licht wieder ein. Und spätestens Mitte November dürfte es dann auch dem Letzten dämmern, dass wieder einmal die zwei langen, wirklich dunklen Monate ins Haus stehen.

Das Bild vom nicht enden wollenden Islandwinter ist nun widerlegt. Und was die Außentemperaturen angeht … Müssen wir hier oben wirklich in Eiseskälte ausharren? Das nämlich ist eine weitere Idee, die sich in unbedarften Köpfen hartnäckig hält. „Wir Isländer leben wie im Kühlschrank" klärte mich mein Stefán auf. „10 °C im Sommer und 0 °C im Winter ergeben eine mittlere isländische Jahresdurchschnittstemperatur von 5 °C. Genau wie im Kühlschrank. Und weshalb bewahrt man dort Lebensmittel auf? Um sie länger haltbar zu machen. Siehst du, deshalb ist auf unserer Insel die Lebenserwartung besonders hoch."

Tatsächlich scheint in dieser Theorie ein Fünkchen Wahrheit zu liegen. Ein Blick auf die Altersstatistiken 2007 dieser Welt offenbart es: Die isländischen Männer leben innerhalb der dreißig OECD-Mitgliedsstaaten am längsten. Mehr noch: Sie dürften sogar einmal die ältesten der Welt werden, bei einer durchschnittlichen Lebenserwartung bei der Geburt von gut 79 Jahren – zwei Jahre mehr als zum Beispiel in Deutschland. Islands Mädchen von heute können mit 83 Lebensjahren und damit ein paar Monaten mehr als ihre deutschen Geschlechtsgenossinnen rechnen.

Was isländische Thermometergrade angeht, bin ich aus meiner süddeutschen Heimat deutlich härtere Zeiten gewöhnt. Dem warmen Golfstrom ist es nämlich zu verdanken, dass die Winter hier vergleichsweise mild ausfallen. Mit Frostbeulen und totalem Schneechaos ist daher kaum zu rechnen – wenigstens in Reykjavík nicht. Eine zünftige, wochenlang nicht weichende Schneedecke in der Hauptstadt erlebte ich bislang nur ein einziges Mal. In den übrigen Jahren konnten die Skilifte in der Umgebung aus Schneemangel manchmal sogar nur für einen Bruchteil der Wintersaison in Betrieb genommen werden. Trotzdem kann es passieren, dass Reykjavíks Hausberg Esja im Mai noch einmal und im September schon wieder von einer Schicht Neuschnee überzuckert wird. Im Norden der Insel und im unbewohnten Hochland allerdings geht es mit Kälte und Schnee merklich strenger her. Ein paar Höhenmeter mehr, und schon lässt sich die Lage knapp unterhalb des Polarkreises nicht mehr verleugnen. Einmal kletterte ich Anfang Juni auf einer mehrtägigen Hochlandwanderung eine gewaltige Schneewand hoch. Wer auf einer Weltkarte von Island aus den Polarkreis Richtung Westen entlang wandert, wird feststellen, dass in den entsprechenden Gegenden Nordamerikas nicht einmal Dörfer eingezeichnet sind.

Gut, die Sommer sind vergleichsweise kühl. Wenn der abendliche Fernsehwetterbericht verkündet „Morgen um die Mittagszeit darf mit 14 °C bei leichter Bewölkung gerechnet werden", dann freut sich der Isländer auf einen schönen, ganz normalen Sommertag, geradezu ideal für T-Shirt und kurze Hose. Immerhin fühlt sich dank der trockenen Luft die Temperatur gleich um zirka 2 °C höher an. Für meinen persönlichen Geschmack könnte der isländische Sommer trotzdem etwas wärmer sein. Die mittlere sommerliche Tagestemperatur liegt in Deutschland mit knapp 20 °C fast doppelt so hoch wie auf Island. Daher sind zumindest für mich auch im isländischen Hochsommer die Tage gezählt, an denen ich draußen „kurz" unterwegs bin. Vielmehr sind Fleece- oder Wolljacke meine fast ständigen Begleiter.

Und es gibt sie doch, die echten Sonnentage, an denen sich die Tageshöchstmarke geradezu dreist der 20 °C-Schwelle nähert oder sie sogar übersteigt. Im August 2004 hatte es in Reykjavík gleich vier Tage am Stück über 20 °C. Nur zweimal davor wurde eine ähnliche Hitzewelle registriert. Der fünftwärmste Juni, der zweitwärmste Juli … Derartige Statistiken sind immer eine Nachrichtenmeldung wert. Als ich unser neu erstandenes Außenthermometer provisorisch auf den hölzernen Balkonboden stellte und es dabei an die geschützte Hauswand lehnte, zeigte es kurz darauf über 30 °C an. „Solche Zahlen habe ich hier noch nie gesehen!" reagierte Stefán auf diese Entdeckung. Zu diesem Zeitpunkt wusste er noch nicht, was ihn ein paar Wochen später erwartete: Am 30. Juli 2008 stieg in Reykjavík das Thermometer offiziell auf sagenhafte 26,2 °C, während besser geschützte Inselzonen die 30 °C haarscharf verfehlten. Der absolute Hitzerekord seit Beginn der Messungen auf Island vor zirka 150 Jahren! Es gab kein Halten mehr. Auf der Zufahrtsstraße zu Reykjavíks Badestrand stauten sich die Fahrzeuge. Im heißen Sand und kühlen Meer wimmelte es wie in Rimini. Nur dass dort im Gegensatz zu Reykjavík kein geothermal beheiztes Meereswasser-Becken zur Verfügung stehen dürfte – für alle Fälle. Überhaupt genügt schon ein einziger Sonnenstrahl, um jedes einigermaßen passende Fleckchen mit isländischen Sonnenanbetern zu übersäen. Es ist ein sonnenhungriges Völkchen.

Schließlich gibt es noch den Wetterfaktor Wind, meinen erklärten Feind. Zu gerne macht er mir das Leben mutwillig schwer, unabhängig von jeder Jahreszeit. Nur wer ihn selbst erlebt und so wie ich mit unzähligen, gehässigen Schimpftiraden bedacht hat, weiß was ich meine. Nicht genug damit, dass sich dank seiner Hilfe die Thermometergrade oft niedriger anfühlen als sie wirklich sind. Der isländische Wind versteht es auch bestens, den Regen waagrecht vor sich her zu treiben. Bald gab ich daher meine frühere Gewohnheit auf, mich per Fahrrad auf den Weg zur Arbeit zu machen, war ich dort doch mehrfach fix und fertig eingetrudelt. Ich hätte auch nie gedacht, dass ich irgendwann freiwillig eine Mütze tragen würde. Aber jeder macht das hier. So wurde eine Kopfbedeckung auch für mich zur Selbstverständlichkeit, ganz egal wie ich damit aussehe.

Mein verlorener Kampf mit dem Einkaufswagen verbesserte mein Verhältnis zum Islandwind auch nicht gerade: Mit aller Kraft stemmte ich meinen voll beladenen Wagen am Supermarkt-Parkplatz gegen die Windböen, darum bemüht, ihn nicht gegen ein geparktes Auto rollen zu lassen. Als ihn mir der Wind dann noch in einem unbeachteten Moment etwa zwanzig Meter weit entführte, umwarf und seinen Inhalt in der Gegend verteilte, war es mit meiner Geduld vorbei. Schnell lernte ich außerdem, Autotüren vor dem Öffnen mit beiden Händen festzuhalten, um gegen Windattacken gewappnet zu sein. Mehr als eine Türe am Auto sollte ohnehin niemals offen stehen, denn sonst besteht unweigerlich die Gefahr, sämtlichen frei beweglichen Autoinhalt auf immer und ewig an die Lüfte zu verlieren.

Der unbarmherzige Wind ist auch meine einzige Erklärung dafür, dass sich kaum ein Fenster dieser Insel öffnen lässt. Seit jeher wohl ist fast jedes Exemplar im gesamten Land unbeweglich in den Rahmen eingelassen. Höchstens eine winzige Fensterluke kann nach außen gekippt werden. Erst seit kurzem schreibt das Gesetz mindestens ein zu öffnendes Fenster pro Wohnung vor, das im Notfall als Fluchtweg dienen kann. Unsere eigene Wohnung lässt sich jedenfalls erst richtig durchlüften, seitdem sie einen Balkon und damit auch einen zweiten Ausgang bekommen hat. Am großzügigen Gruß, den vor dieser Ära eine Möwe auf der Glasscheibe abgesetzt hatte, konnte ich mich bis zum nächsten großen Regen erfreuen. Das Praktische dabei: Fensterputzen kann man sich ohne schlechtes Gewissen sparen. Schmutzige Fenster gehören einfach dazu.

Anfangs erstaunte es mich, mit welcher Gelassenheit der Isländer auch die schrecklichsten Wetterkonstellationen hinnimmt. Er geht vergleichsweise leicht bekleidet, im geschäftsmäßigen Anzug oder im Kostüm, durch Wind und Regen und schafft es trotzdem immer wieder, wie aus dem Ei gepellt daher zu kommen. Ich weiß nicht, wie das möglich ist. Trotz allem darf ich von mir nicht ohne Genugtuung behaupten, dass ich mir zumindest etwas von dieser lockeren Einstellung angeeignet habe. Diese Sinneswandlung tritt besonders auf nicht-isländischem Boden zutage. Wie unnötig war doch der Regenschirmwald beim Open Air-Konzert, wo es wirklich nur tröpfelte! Meldungen von „starkem Wind" andernorts begegne ich kritisch. Ich habe gelernt zu relativieren und genieße die vereinzelten wirklich tollen Tage – und *gluggaveður,* „Fensterwetter". Der Isländer weiß nämlich, dass strahlende Sonne nur allzu gerne das Blaue vom Himmel herunter verspricht. Trotzdem sorgt ein gemeiner, eisiger Wind dafür, dass es draußen kaum auszuhalten ist. Man tut deshalb am besten daran, sich am vermeintlich schönen Wetter vom sicheren Wohnzimmer aus zu erfreuen. Wenn mir dann die Sonne durch unser großes Fenster hindurch ins Gesicht scheint, wird es auch ziemlich warm.

Richtig gewöhnt habe ich mich an die extremen Tageslichtverhältnisse – und den Wind – nicht. Ich glaube gar, dass das nur derjenige kann, der hier geboren ist. Eines jedoch weiß ich sicher: Wer mit einem Überwinterungsversuch auf Island liebäugelt, sollte wenigstens drei Dinge in seinem Reisegepäck haben: eine zeitintensive Beschäftigung, eine gute bis sehr gute psychische Konstitution … und ein im günstigsten Falle menschliches Kuscheltier.

Warum man besser gleich fünf Brötchen kauft

Der Isländer ist stolz auf seine Muttersprache. Und felsenfest davon überzeugt, mit der vielleicht schwierigsten Sprache der ganzen Welt geschlagen zu sein. Wenn ich an meine eigenen Mühen denke, die ich mit Isländisch hatte, habe und noch haben werde, könnte ich dieser Ansicht glatt zustimmen. Doch trotz der ewigen Plage gibt mir meine neue Sprache immer wieder Anlass zur Erheiterung.

Ausgerechnet Island! Hätte es mich nicht in ein sprachtechnisch weniger kompliziertes Land verschlagen können? Nach meiner Erfahrung sind erstaunlich viele Leute der Meinung, hier würde dänisch gesprochen. Aber unabhängig wie meine Insulaner nun einmal sind, haben sie mit Isländisch auch ihre eigenständige Sprache. Altisländisch entwickelte sich aus dem Altnordischen, so wie auch Altnorwegisch. Deshalb vergleiche ich den Klang von gesprochenem Isländisch gerne mit dem von Norwegisch. Und aussehen kann Isländisch so: *„Þrír slösuðust þegar jeppi og fólksbíll lentu í árekstri … Að sögn lögreglunnar … er vegurinn lokaður … Þyrla Landhelgisgæslunnar er á leið á staðinn.“* Eine Nachrichtenmeldung, die über einen Verkehrsunfall berichtet: „Drei Personen wurden verletzt, als ein Jeep und ein PKW zusammenstießen … Nach Aussage der Polizei … ist die Straße gesperrt … Ein Hubschrauber der Küstenwache ist auf dem Weg zum Unglücksort.“

Sobald ein Isländer herausfindet, dass ich Ausländer bin, läuft ein standardisiertes Frage- und Antwortspiel ab: „Woher kommst du?“ „Aus Deutschland.“

„Und wo aus Deutschland?“ „Aus Nürnberg in Bayern.“ „Wie lange bist du schon hier?“ „Fünf Jahre.“ Und ich weiß haargenau, was dann kommt: „Du sprichst aber gut Isländisch!“ *„Takk fyrir* – danke!“ Welch Balsam auf meiner geplagten Seele! Da beißt die Maus keinen Faden ab: So gerne wie meine Insulaner die Kompliziertheit ihrer eigenen Sprache hervorheben – und das nicht ohne gewisse Genugtuung – so großzügig sind sie auch mit Komplimenten, wenn es um die Isländisch-Kenntnisse eines Nicht-Isländers geht. Selbst die geringsten Bemühungen werden hoch anerkannt. Dabei spielt es gar keine Rolle, *wie* fortgeschritten man letztendlich ist. Ein paar Worte reichen völlig aus, um Lobeshymnen auszulösen. Besonders ermutigend ist die Bestätigung, dass „die Deutschen zu denen gehören, die dabei mit den geringsten Problemen kämpfen“. Tatsächlich beherrschen die allermeisten deutschen Muttersprachler, die ich hier kenne, Isländisch recht passabel. Eine gute Portion an Zielstrebigkeit und Entschlossenheit, die dem Deutschen im allgemeinen zugesagt wird, zahlt sich eben auch bei der Herausforderung Isländisch aus.

Isländisch ist eine nordgermanische Sprache, Deutsch eine westgermanische. Damit sind die beiden sogar miteinander verwandt. Tatsächlich haben sie eine sehr ähnliche Struktur. So gibt es jeweils die drei Geschlechter Maskulin, Feminin und Neutrum; die vier Fälle Nominativ, Genitiv, Dativ und Akkusativ; die drei bestimmten Artikel der, die und das. In beiden Sprachen hängen sämtliche Wortendungen voneinander ab. Wie glücklich kann ich mich schätzen, dass mir dieses Konzept in die Wiege gelegt wurde! Wir Deutschsprachigen verstehen zumindest, wie die isländische Grammatik „gedacht“ ist.

Auch der Isländer geht nämlich in *das* Haus, befindet sich aber in *dem* Haus. Ein gewaltiger Vorteil, auf den zum Beispiel ein englischer Muttersprachler nicht zurückgreifen kann. Darüber hinaus kamen mir in meinen Bemühungen, Isländisch zu lernen, die vielen ehemaligen Latein- und Altgriechisch-Stunden sehr gelegen, die ich im Laufe meiner Schullaufbahn genossen hatte. Nicht dass ich behaupte, Latein oder Altgriechisch zu sprechen, aber ich lernte damals wirklich, Sätze zu konstruieren.

Trotzdem war mein Weg bis zur Verständigung in der Landessprache lang und steinig. Die Erinnerung an die vielen Momente, die in meinen zaghaften Anfängen tägliches Brot waren, legte ich in der Schublade für frustrierende Erlebnisse ab: unter Einheimischen sitzen und nichts verstehen; keinerlei Vorstellung von dem haben, worum sich die angeregte Unterhaltung dreht. Dem wird jeder zustimmen, der schon in einer ähnlichen Lage war. Dabei ist es ganz egal, um welches Land und welche Sprache es sich handelt. Solange man im wahrsten Sinne des Wortes nicht mitreden kann, gehört man nicht dazu. Wer sich in seiner Wahlheimat nicht ganz ausgeschlossen fühlen will, hat sich deshalb lieber früher als später daran zu machen, die Landessprache zu erlernen. Daran führt kein Weg vorbei.

Der Volkshochschulkurs für Anfänger brachte mich über ein „Ich heiße Ursula" und „Wie geht es dir?" nicht wirklich hinaus. Für den Versuch, mir Isländisch mit Hilfe eines Lehrbuches selbst einigermaßen beizubringen, fehlte mir dann doch die nötige Motivation. Deshalb beschloss ich, zur Intensiv-Methode zu greifen: Abendkurs an der Universität. Zweimal die Woche, jeweils vier Stunden nach der

Arbeit von fünf bis neun Uhr. Gesprochenes und geschriebenes Isländisch, Grammatik und Sprachlabor. Hausaufgaben, Zwischen- und Abschlussprüfungen. Harte Arbeit, die sich aber gelohnt hat. Eine gute Basis war gelegt. Das eigentliche Geheimnis meines Isländisch-Erfolges lag allerdings darin, gleich nach Kursabschluss eine Arbeitsstelle anzutreten, wo ich vom ersten Tag an die neue Sprache anzuwenden hatte. Zwölf Stunden am Stück. Ein großes Danke ergeht hiermit an meine Arbeitskollegen, die nicht müde wurden, meinen Wortschatz aufzustocken und mich geduldig zu verbessern! Die Mitarbeiter meiner früheren Abteilung, im gleichen Haus nur zwei Stockwerke tiefer, musste ich immer wieder an meine Fortschritte erinnern: „Hey, du kannst jetzt mit mir isländisch reden!" Es dauerte sehr lange, bis sie das verinnerlicht hatten.

Generell neigt der Isländer dazu, sein Gespräch mit einem Anfänger auch nach einem Einstieg in seiner Sprache auf englisch fortzusetzen. Dagegen hilft nur eines: konsequent bei Isländisch bleiben! Unbekannte Wörter lassen sich notfalls in einer anderen Sprache einflicken. Bei uns zu Hause blieb die Verständigungssprache der Wahl trotzdem noch lange Zeit Englisch. So hatten wir uns kennengelernt, es war bequem für beide Seiten und ich konnte mich detailliert ausdrücken. Erst nach fünf gemeinsamen Jahren hatte sich Isländisch auch als „Privatsprache" durchgesetzt.

Isländisch sei sogar schwieriger als Deutsch, ließ eine Uni-Kurskollegin mir gegenüber verlauten. Selbst Brasilianerin und mit einem isländisch-deutschen Mann verheiratet, hatte sie etliche Jahre in Deutschland verbracht und dort meine Muttersprache von der

Pike auf gelernt. Dann siedelte das Paar nach Island über und es ging von vorne los mit den Sprachstudien. Das Problem sind dabei nicht die paar eigenwilligen Buchstaben wie zum Beispiel *þ*, das gesprochen wird wie ein hartes, jedoch stimmloses englisches „th". Das weiche, stimmhafte „th" schreibt sich *ð* und der „ai"-Laut wird als *æ* zu Papier gebracht. Die Aussprache ist für deutsche Muttersprachler nicht so schwierig. Happig wird es dagegen bei der Grammatik. Sie ist so kompliziert, dass sich selbst jeder isländische Schüler endlos damit herumschlagen muß. Und es wird hier kaum einen Erwachsenen geben, dem die eigene Sprache nicht wenigstens manchmal Kopfzerbrechen bereitet. Von unregelmäßigen Verben rede ich gar nicht, denn die gibt es auch in anderen Sprachen.

Ich will die Tücken der isländischen Grammatik an ein paar Beispielen verdeutlichen. Eine männliche Person wird mit *blessaður* begrüßt, eine weibliche dagegen mit *blessuð*. *Der* Messer, *der* Gabel und *die* Löffel. Wieviel angenehmer wäre es doch, wenn sich die drei Geschlechter direkt vom Deutschen übertragen ließen! Was ich übrigens immer dann mache, wenn mir das isländische Geschlecht eines Hauptwortes nicht bekannt ist. Fällt diese Wahl verkehrt aus, sind automatisch auch die restlichen Wortendungen im ganzen Satz falsch. Und warum können nicht alle miteinander ganz einfach „froh" sein? Im Isländischen ist der Mann statt dessen *glaður*, die Frau *glöð* und das Kind *glatt*. Auch Eigennamen werden dekliniert. Das Mädchen hört auf den Namen Anna, ich rede aber mit *Önnu*. Eine Bekannte heißt Björk, ich gehe aber zu *Bjarkar*. Ich wohne in Reykjavík, fahre aber nach *Reykjavíkur*. *Í Lundúnum* heißt „in London" und *til Dyflinnar* „nach Dublin". Ganz dick kommt es mit den Ziffern eins bis vier. Denn die gibt es jeweils in sage und schreibe zwölf Varianten. Vor dem Gang zum Bäcker sollte man sich deshalb gut überlegen, was man kaufen möchte: jeweils vier, also *fjórir* Plunderschnecken, *fjórar* Tortenstücke oder *fjögur* Brötchen? Lieber doch gleich fünf, denn ab hier hat es sich ausdekliniert. Unabhängig von Geschlecht und Fall des Bezugswortes bleiben alle Zahlen ab fünf aufwärts unverändert.

Einfach herrlich ist die isländische Sprache in ihrer Bildlichkeit des Ausdrucks. Die Beinprothese wird zum Kunstfuß, der Automat zum Selbstverkäufer und das Deodorant zum Schweißgeruchsauslöscher. Der Stau ist eine Verkehrsverstopfung, das Echo die Bergsprache und der Wasserhydrant ein Straßenbrunnen. Die Tropen heißen Hitzegürtel. Der Äquator ist ein Mittelring, der Horizont ein Sichtteilungsring und die 24 Stunden-Periode ein Sonnenring. Die Küche heißt Feuerhaus, das Plätzchen Kleinkuchen und der Polizist Gesetzregelmann. Frühstückscerealien sind Morgenkorn. Das Zubehör wird zum Folgeteil, der Park zum Allgemeinheitsgarten und der Bagger zum Erdschieber; das Mikroskop zum Kleinseher, das Fernglas zum Sichtvermehrer und die Hebamme geradezu liebevoll zur Lichtmutter.

Dabei ist es keineswegs so, dass jeder die Lizenz zum Wörterbilden hätte. Vielmehr ist dieses Privileg einer offiziellen Sprachkommission überlassen. Diese wacht eifrig und penibel darüber, dass sich möglichst kein nicht-isländisches und daher unerwünschtes Wort in den so wohl gehüteten Sprachschatz einschleicht. Sie ist für die Umwandlung von nicht-isländischen in isländische Begriffe zuständig und damit für die „Reinhaltung“ der Sprache. Nur von der Sprachkommission Geprüftes und für gut Befundenes hat eine Chance, in die nächste Ausgabe des *Isländischen Wörterbuchs* oder gar des *Großen Wörterbuchs des Isländischen Sprachgebrauchs* aufgenommen zu werden. Selbst neue Vornamen kommen um eine kritische Prüfung nicht herum. Schließlich müssen auch sie sich mit dem isländischen Sprachsystem vertragen, das heißt unter anderem deklinierbar sein. Namen wie Rikki, Haddi und Malía bestanden den Sprachtest bereits. Valgard, Antonio und Jamie fielen dagegen durch.

Anglizismen dürften der Sprachkommission ein besonderer Dorn im Auge sein. Gerne wird deshalb für sie eine isländische Variante gesucht. Aus Mountainbike und Comic wurden zum Beispiel Bergfahrrad und Bildergeschichte. Das eine oder andere Wörtchen ist allerdings so hartnäckig, dass es sich beim besten Willen aus dem allgemeinen Sprachgebrauch nicht austreiben lässt. Dann verändert sich oft wenigstens seine Schreibweise. Das kann durchaus gewöhnungsbedürftig aussehen. So zum Beispiel: Wenn ich von meinem *djobb* nach Hause komme, höre ich gerne Musik, insbesondere *blús* und *djass*. Dazu knabbere ich *kornflex* und trinke ein Glas *djús*. In *hamborgari* dagegen, der isländischen Schreibweise des Fast Food-Hamburgers, ist das Original sofort zu erkennen. Die Pizza darf sogar ganz und gar eine solche bleiben, obwohl sie genau genommen ein Flachbrot ist. Ob diese sprachliche Toleranz darin begründet liegt, dass Hamburger und Pizza eine sehr tragende Rolle im isländischen Ernährungsplan spielen?[1] Das ist

1 Siehe Kapitel „Wie gesund is(s)t der Isländer wirklich?“

wenigstens meine Theorie. Die Pizza überstand eine ganz andere Revolution unbeschadet. Vor ein paar Jahrzehnten wurde nämlich der Buchstabe „z" aus dem isländischen Alphabet offiziell verbannt, da er ohnehin wie ein „s" gesprochen wurde. Trotzdem wurde das berühmte italienische Gericht nicht zur Pissa – ein Wort übrigens, das im isländischen Sprachgebrauch ohnehin längst vorhanden ist und genau die deutsche Bedeutung hat, die sein Klang nahelegt. Guten Appetit!

Anfangs überraschte es mich, dass ich verhältnismäßig oft die Bedeutung von Wörtern auf Anhieb erfassen konnte, die mir noch nie zuvor begegnet waren. Besonders zusammengesetzte Hauptwörter lassen sich direkt aus dem Isländischen ins Deutsche übertragen. Vor-Bild, Fuß-Pilz, Lebens-Abend, Galgen-Humor, Katzen-Wäsche, Feuer-Taufe. Hin und wieder, meistens aus der Not heraus, riskiere ich den Versuch und bastle mir selbst ein Wort zusammen. Und siehe da, mehr als einmal traf ich damit den Nagel schon haargenau auf den Kopf.

Sogar extra lange Wortkreationen lassen sich gut in den Griff bekommen. Vorausgesetzt man weiß, wo ein Wortbestandteil aufhört und der nächste beginnt. Für derartige Übungen bieten sich an: das Kultusministerium *Menntamálaráðuneytið*, der Florist *Blómaskreytingafræðingurinn* oder die Weltgesundheitsorganisation *Alþjóðaheilbrigðismálastofnunin*. Vertrautheit erwecken außerdem viele Sprichwörter und Redewendungen. Perlen vor die Säue werfen. Zwei Fliegen mit einer Klappe schlagen. In den sauren Apfel beißen. Das Tüpfelchen auf dem „i". Den Teufel an die Wand malen. Jemanden um den Finger wickeln. Grünes Licht geben. Am Herzen liegen. All das und noch viel mehr gibt es so gut wie wortwörtlich und gleichbedeutend im Isländischen.

Vergeblich wird man im deutschen Sprachschatz allerdings nach der Rosine im Wurstende suchen, dem absolut Besten an einer Sache. Wenn etwas wie der Teufel aus dem Schafsbein kommt, dann ereignet es sich völlig unerwartet. Schon mal mit dem Papst Schach gespielt? So dezent lässt sich ein größeres Geschäft auf der Toilette umschreiben. Aber Vorsicht, auch zu echten Missverständnissen kann es kommen: Den Patienten und das (Brat)hähnchen unterscheidet nur ein einziger Buchstabe. Und ein isländischer Landwirt mit einhundert *kindur* zeichnet sich keineswegs automatisch durch überdurchschnittliche Vertrautheit mit dem weiblichen Geschlecht aus. *Kind* bedeutet nämlich Schaf.

Bis es bei mir so einigermaßen klappte mit der neuen Sprache, „floss viel Wasser zum Meer", wie der Isländer sagen würde. Erstaunlich schnell konnte ich Geschriebenes entziffern, nach etwa einem Jahr mich dann verständlich machen. Bis ich die meisten Antworten auf meine Fragen verstand, gingen noch ein paar Monate mehr ins Land. Nach ungefähr zwei Jahren hatte sich dann die innere Befriedigung eingestellt, einigermaßen mitzuhalten, das heißt auch einer Unterhaltung unter Isländern zumindest im Groben folgen und selbst etwas beitragen zu können. Immer wieder ermutigte ich mich auf dem Weg dorthin mit der Gewissheit, in der großen weiten Welt einer der ganz wenigen zu sein, die mit Isländisch überhaupt etwas anfangen können. Ist das etwa nichts? Mein erklärtes Ziel war es, mich mit meinem Schwiegerpapa unterhalten zu können, der kaum Englisch und überhaupt kein Deutsch spricht. Das erreichte ich.

Um meine persönliche grammatikalische Trefferquote wenigstens scheinbar zu erhöhen, eignete ich mir mit der Zeit einen kleinen Trick an: Spreche ich entsprechend schnell, lassen sich Endsilben recht unauffällig verschlucken. Es macht sich übrigens auch gut, hin und wieder irgendwo im Satz das Füllwort *sko* einfließen zu lassen, das in etwa dem deutschen „äh" oder „also" gleichkommt. Da mir aufgrund meiner fränkischen Herkunft das rollende „rrr" angeboren ist, könnte man mich bisweilen mit einem Original verwechseln. Na ja, fast.

Mittlerweile spreche ich fast täglich meine drei Sprachen Deutsch, Isländisch und Englisch. Zu meinem Erschrecken muß ich dabei feststellen, dass mein ehemals fließendes Englisch immer wieder ins Stocken gerät, weil mir irgendein Begriff gerade nicht präsent ist. Isländisch hat es tatsächlich geschafft, meine frühere Zweitsprache auf den dritten Platz zu verdrängen. Noch bezeichnender ist es, wenn mir ein Wort in meiner eigenen Muttersprache nicht auf Anhieb einfällt. Wie bitte übersetzt sich zum Beispiel „Lehrerkaugummi"? Die Alternative zum Tesafilm, eine Haftmasse, mit der sich zum Beispiel Papier an die Wand kleben lässt?

Besonders in einer internationalen Gruppe kann das Hin- und Herschalten zwischen den Sprachen zu einer echten Herausforderung werden. Bisweilen ergeben sich dabei recht kreative Sprachmischungen: *I hit him* statt „I met him", weil *hitta* auf isländisch treffen bedeutet. *She leiks outside* anstatt „she plays outside", weil *leika* im Isländischen spielen heißt. *Ich fahre raus* statt „ich gehe raus", weil sich das isländische *fara* auch mit gehen übersetzen lässt. Einmal übertrug ich das Wort für Gemälde direkt aus dem

Isländischen ins Deutsche und machte ein „Malwerk" daraus. Und natürlich träume ich gelegentlich auch in der Inselsprache. Untrügliche Zeichen dafür, dass ich mir meine neue Sprache mehr oder weniger verinnerlicht habe?

„Sprachen sind der Schlüssel zu den einzelnen Kulturen" heißt es im Leitgedanken des *Vigdís-Finnbogadóttir-Institut für Fremdsprachen,* einer Einrichtung der Universität von Island für Sprach- und Kulturforschung. Seine Schirmherrin Vigdís Finnbogadóttir ist zum einen ehemalige Staatspräsidentin (1980 bis 1996), die ihrer Nation zu einer Weltpremiere als erstes weibliches Staatsoberhaupt verhalf, das aus allgemeinen Wahlen hervorging. Doch auch als Verfechterin und Förderin der Sprache hat sie sich einen Namen gemacht. Dass das Thema Sprachkompetenz dabei nicht auf der theoretischen Strecke bleibt, ist offenkundig. Ich muss und will meinen Isländern an dieser Stelle ein dickes Lob für ganz hervorragende Fremdsprachenkenntnisse aussprechen. Es ist ja oft so, dass besonders die kleineren und kleinen Nationen in Sachen Sprachenvielfalt die Nase vorne haben. Bei Schweizern und Belgiern fiel mir das auch schon auf. Aus isländischer Perspektive ist es nüchtern betrachtet eine schiere Notwendigkeit, will man im Rest der Welt über die Runden kommen. Ich war noch ganz frisch im Islandgeschäft, als mich gleichermaßen ein zehnjähriges Kind und eine alte Frau mit fließendem Englisch verblüfften. Das beherrscht hier wirklich beinahe jeder, ganz altersunabhängig. Der temporäre Islandgast wird also mit Englisch bestens durchkommen.

Der Entwicklung des Sprachgefühls ist sicher schon die Tatsache förderlich, dass das internationale Film-

und Fernsehprogramm hier nicht synchronisiert, sondern in Originalsprache mit isländischen Untertiteln ausgestrahlt wird. Diese Einrichtung schränkt zwar einerseits das Fernsehvergnügen des Nicht-Isländers ein, der in der Landessprache (noch) völlig unbeholfen umherirrt. Andererseits half es mir sehr beim Isländisch-Lernen. Wörter, die sich oft wiederholten, konnte ich mir irgendwann merken, selbst wenn es sich anfangs nur um ein simples „und" oder „ich" handelte.

Außerdem sind Englisch als erste und Dänisch als zweite Fremdsprache obligatorische Schulfächer. Viele Isländer ergänzen diese Pflicht gerne noch mit einer Kür und erlernen weitere Fremdsprachen. Deutsch liegt dabei gut im Rennen. Auch mein Stefán hatte sich seinerzeit für Deutschunterricht entschieden. Als ob er geahnt hätte, was ihm sein Schicksal später bescheren sollte. Wenn ich hier hin und wieder auf dänisch, norwegisch oder schwedisch angesprochen werde, ist das folglich ganz normal. Denn Skandinavier dürfen guten Gewissens davon ausgehen, dass ihre Islandkollegen wenigstens eine andere „Nordlandsprache" beherrschen.

Wenn der Isländer dagegen auf Deutsch oder Englisch loslegt, hört sich das mitunter sehr putzig an. So wie wir Deutschen oft über das englische „th" stolpern und es einfach nicht originalgetreu hinkriegen, bleiben isländische Zungen regelmäßig an dem „sch"- beziehungsweise „tsch"-Laut hängen. „Bitte *snallen* Sie sich an" gibt die Stewardess im Flugzeug durch. Aus dem Gletscher wird ein „Gletser" und das englische *much* ein „muts". Für mein sportinteressiertes Inselvolk sind auch Formel 1-Rennfahrer Michael „Sumacher" und Fußballprofi Bastian „Sweinsteiger" gute Bekannte. Bald beherrschte auch ich das typische Isländer-Englisch einwandfrei und spreche es sogar selbst manchmal, wenn ich von Isländisch nahtlos auf Englisch übergehe.

Ich stelle immer wieder fest, dass Isländer und Deutsche oftmals genau die gleichen Fehlertypen begehen, wenn sie die Sprache des jeweils anderen reden. Falsche Artikel, Wortendungen oder Vergangenheitsformen. „Ich habe die Zugfahrt genießt" meinte deshalb Stefán, als er mich in Nürnberg besuchen kam. Immerhin bekommt er ein derartiges Erlebnis auf seiner Eisenbahn-freien Heimatinsel nicht geboten. Einfach herrlich, solche Wortschöpfungen! Umgekehrt biete sicher auch ich ausreichend Material zum Amüsieren mit meinen sprachlichen Verrenkungen. Hauptsache wir verstehen uns.

Das kriegen wir schon hin!

Þetta reddast – „das lässt sich retten"! Das kriegen wir schon hin! Es wird sich eine Lösung finden! Dieses traditionelle isländische Lebensmotto hat enorme Auswirkungen auf das tägliche Leben hier. Derjenige, dem Planung und Organisation, Pünktlichkeit und Zeitsinn wichtig sind, wird sich folglich immer wieder am Rande der persönlichen Verzweiflung wiederfinden. Bekanntlich wird dem Deutschen in derartigen Angelegenheiten bisweilen ein Zuviel nachgesagt, sicher nicht ganz zu Unrecht. Im Gegensatz dazu scheint mir beim Isländer für diese Talente nicht einmal entsprechendes genetisches Material angelegt zu sein. Lass es dir gesagt sein, lieber Leser: Hier ruht der vielleicht sicherste deutsch-isländische Konfliktstoff, und das nicht nur in privater Beziehung.

Als ich in der Konferenzabteilung eines großen Hotels arbeitete, sollte um vierzehn Uhr die Jahreshauptversammlung eines größeren isländischen Unternehmens beginnen. Im Laufe des Vormittags hatte sich die ursprünglich erwartete Teilnehmerzahl kontinuierlich erhöht. Dank der nachträglich eingefügten Bestuhlung wirkte der eigentlich stattliche Vortragsraum jetzt etwas beengt. Die ersten der erwarteten zweihundert Gäste tröpfelten zehn Minuten vor Veranstaltungsbeginn ein. Der Referent erschien zwei Minuten vor dem angepeilten Startschuss. Er sollte die Versammlung mit einer PowerPoint-Präsentation eröffnen. Da vergessen worden war, den hierfür notwendigen Computer zu bestellen, fehlte er jetzt im Saal, war jedoch dringend notwendig. So wurden alle verfügbaren Haustechniker auf den Plan gerufen, die mit vereinten Kräften schnellstmöglich die nötige Verbindung herstellten. Mit angemessener Verspätung konnte die Versammlung dann beginnen. Während der Eröffnungsrede waren wir Konferenzmitarbeiter vollauf damit beschäftigt, weitere Sitzmöbel für die zahlreichen Nachzügler in den Raum zu integrieren. Hatte endlich jeder einen Platz gefunden, konnten wir erst einmal aufatmen. Derweil hatte das Küchenpersonal eine Zitterpartie zu meistern. Denn die beim Bäcker (nach)bestellten Gebäckteilchen waren noch nicht im Hause. In wenigen Minuten sollten sie jedoch auf dem Kaffeetisch stehen. Unmittelbar vor der avisierten Pause wurden die süßen Bissen angeliefert und tatsächlich standen sie rechtzeitig auf dem Buffet, bevor die Zuhörerschar aus dem Vorlesungssaal quoll. Aber nur deshalb, weil sich durch eine Fügung des Schicksals die ersehnte Verschnaufpause verzögert hatte. Ich hatte es doch gleich gesagt: *Þetta reddast*!

Vor meiner Zeit im Konferenzservice, als ich in der Kalten Küche desselben Hotels beschäftigt war, entdeckte einmal am Sonntagabend eine Kollegin rein zufällig eine Bestellung auf dem Schreibtisch des schon seit Tagen krank geschriebenen Einkäufers: Eintausend kleine, feine und schön dekorierte Cocktail-Häppchen für den nächsten Tag. Oh Schreck! Nicht nur, dass die Zeit mehr als drängte, aber waren überhaupt alle Zutaten auf Lager? Natürlich nicht. Umgekehrt kam es vor, dass fix und fertige Leckerbissen im Kühlraum vergeblich auf ihre Abholung warteten, da sie erst für den nächsten Tag beziehungsweise die nächste Woche auf dem Plan standen oder abbestellt worden waren.

In der Schule, an der eine Freundin arbeitete, wurden die Lehrer gebeten, sich umgehend für das gewünschte Kantinen-Mittagessen der Folgewoche einzutragen, obwohl der für die Entscheidung maßgebliche Speiseplan noch nicht aushing. Als eine Pizzakette im Vorfeld mit ihrem Eröffnungsangebot in der neuen Filiale warb, befand sich besagte Verkaufsstelle zum angekündigten Stichtag noch im Bau und weit entfernt von jeglicher Pizzabäckerei. Eines Vormittags erreichte uns per E-Mail der Termin für das bevorstehende Hauseigentümer-Treffen. Es sollte zwei Stunden später beginnen.

Von Planung – insbesondere der mittel- und langfristigen – möglichst absehen. Statt dessen jedes Vorhaben spontan, unerschrocken und idealerweise im allerletzten Augenblick angehen. Dem dabei zu erwartenden Chaos und Verspätungen mit Gelassenheit ins Auge sehen. So ließe sich nach meiner persönlichen und manchmal qualvollen Erfahrung das ungeschriebene Gesetz der isländischen Planungslosigkeit sehr trefflich formulieren. Ob diese Einstellung daher kommt, dass die Insel handlich und überschaubar ist? Dass die Wege kurz sind? Dass man meistens jemanden kennt, der jemanden kennt, der einem weiterhelfen kann und wird? Mich jedenfalls kostete diese Mentalität wahrlich schon Nerven. Und daran wird sich auch in Zukunft nichts ändern. Ich bin nun einmal kein Isländer. Zum Trost nehme ich dann mein altes Merianheft über Island von 1972 zur Hand. Es wusste schon damals zu berichten, dass die Isländer an die Dinge eher gefühlsmäßig als rational herangehen.

Teil der isländischen (Un)planungstaktik ist es, sich grundsätzlich immer erst im allerletzten Moment für etwas anzumelden. Damit geht freilich auch die Erkenntnis einher, dass frühzeitige Ankündigungen zwecklos sind, da in einem solchen Falle die meisten den angedachten Termin mit ziemlicher Sicherheit in Vergessenheit geraten würden. Die ungewöhnliche Idee, bereits eine Woche vor der angesetzten Betriebsfeier die Anmeldeliste zu schließen, erwies sich als echter Flop. Keiner dachte auch nur daran, sich „jetzt schon" einzutragen. Der Veranstalter sah sich zu massiven Anmelde-Anreizen gezwungen, senkte den ursprünglichen Eintrittspreis und pries die verlockenden Gewinne der Tombola an. Das wirkte dann einigermaßen. Ein andermal hatte sich die bislang nur mäßig gefüllte Anmeldeliste für einen Abend mit Essen, Tanz und Unterhaltung am Veranstaltungstag dermaßen überfüllt, dass der angemietete Saal letztendlich hoffnungslos zu klein war. Denn absagen konnte man ja auch niemandem. Tische und Stühle standen so eng, dass man gut daran tat, seinen zugewiesenen Sitzplatz nie zu verlassen. Das Essen reichte nur für die Hälfte der Gäste und an den angekündigten Tanz war aus Platzmangel ohnehin nicht mehr zu denken. Interessanterweise beschwerte sich keiner darüber, zumindest nicht öffentlich. Die Situation wurde schlicht und einfach als gegeben hingenommen. Ich für meinen Teil war schwer enttäuscht, da ich mich auf den Abend so gefreut hatte. Noch ein paar Beispiele: Eine mir bekannte Schottin hatte einen Tanzabend nach Sitte ihrer alten Heimat organisiert – ein echtes Novum auf Island! Doch sie sah sich schon vor dem finanziellen Ruin, weil sie im Vorverkauf nicht einmal zehn Tickets losgeworden war. Letztendlich wurde die Bude voll und der Abend ein Erfolg. Als mein Stefán in seiner Funktion als Lehrer im Osten der Insel unterrichten sollte und selbst der Flug dorthin schon gebucht war, wurde der gesamte Kurs einen halben Tag vor dem Termin wegen zu geringer Teilnahme abgesagt.

Umgekehrt gehen die Isländer natürlich davon aus, dass es in Sachen Anmeldefrist außerhalb der eigenen Gefilde genauso entspannt läuft wie in den eigenen Reihen. Eine isländische Firma wollte einen Informationsstand auf der Frankfurter Messe reservieren lassen. Dem Geschäftsmann konnte man nur noch die enttäuschende Auskunft geben, dass alle Standplätze schon seit Monaten vergeben wären, da besagte Messe ja bereits in einer Woche beginnen würde.

Aber wie gesagt: *Þetta reddast*! Selbst wenn der organisatorische Knoten erst im allerletzten Moment platzt, funktioniert das meiste doch noch irgendwie. Der Isländer ist ein echter Improvisationskünstler und Meister im Troubleshooting. Die fehlenden Zutaten für die Cocktail-Häppchen wurden im Supermarkt um die Ecke besorgt, der rund um die Uhr geöffnet hat. Das besagte Pizza-Eröffnungsangebot war statt dessen in allen übrigen Filialen der Kette erhältlich. Und als das Essen bei der Abendveranstaltung viel zu früh zur Neige gegangen war, ließ sich die Situation mit dem Anruf in einem Restaurant retten. Von dort konnte der ersehnte Nachschub nach kurzer Zeit abgeholt werden.

Was die isländische Einstellung zur Pünktlichkeit betrifft, schadet es nicht zu wissen, dass das berühmte „akademische Viertel" – die nach deutschem Maßstab akzeptablen fünfzehn Minuten Verspätung – nach inselinterner Auffassung unter die Rubrik „viel zu früh" fällt. Zu diesem Thema ein Klassiker aus meinem Privatleben: Einmal waren Stefán und ich zu einer Konfirmationsfeier eingeladen, *dem* Großereignis im Leben eines Jung-Isländers. Was Geschenke, Büffet und Gästezahl betrifft, erinnert das Fest beinahe an eine Hochzeit. Ich stehe zum Abmarsch bereit, um nach meinem Ermessen pünktlich zum auf vier Uhr angesetzten Nachmittagskaffee zu erscheinen. Stefán dagegen ist noch nicht in Sichtweite. Zehn Minuten vor dem offiziellen Beginn der Festlichkeit kündigt er schließlich mittels Handy-Anruf sein baldiges Erscheinen an. Überraschenderweise bewahrheitet sich seine Prophezeihung. Er kommt direkt vom Streichen und Sägen aus seiner Werkstatt und steckt noch im Arbeitsoverall. Schnell unter die Dusche! Darüber hinaus sind noch wichtige Telefonate zu führen. Festnetztelefon und Handy klingeln abwechselnd, und obendrein wählt Stefán selbst noch ein paar Nummern an. Bereits um halb fünf gelingt uns der Abmarsch. Mit weniger als einer Stunde Verspätung erreichen wir unser Tagesziel … und sind längst nicht die letzten in der Runde. Ich kann es selbst kaum glauben, dass ich in dieser Situation wenigstens meine äußere Ruhe bewahrte.

Aber hin und wieder funktioniert es doch. Im August 2008 hielt Eric Clapton ein Konzert in Reykjavík und ich gönnte mir ein Ticket. Am Vortag erreichte mich ein Erinnerungs-E-Mail der Kartenverkaufszentrale, das den Konzertgästen folgendes ans Herz legte: Sie möchten bitte daran denken, ausreichend Zeit für den Weg zum Veranstaltungsort einzukalkulieren. Es sei notwendig, sich in Geduld zu üben. Schließlich handle es sich um eines der größten Konzertereignisse, die Island bislang gesehen hätte. „Wir Isländer sind immer zu spät“, weiß der Organisator vor Ort zu berichten. „Wenn sich 13.000 Menschen auf dem gleichen Fleck versammeln, gilt es ein bisschen nachzudenken.“ Und tatsächlich: Unglaubliche zwei Stunden vor dem geplanten Bühnenauftritt des Gitarren-Großmeisters und „Islandfreundes“ – Eric kommt regelmäßig zum Angeln auf die Insel – waren bereits so viele Fans auf den Rädern, dass auch mein Auto im Anfahrtsstau steckte. Obendrein begann die Veranstaltung auf die Minute pünktlich. Ich war schwer beeindruckt.

Aber wie das im Leben oft so ist, haben diese strapaziösen Island-typischen Eigenheiten auch ihre positive Seiten. Fast möchte ich schon sagen: Nichts ist unmöglich! Einmal formulierte ein Isländer das seiner Meinung nach Beste an Reykjavík so: „Es ist ungemein einfach, etwas zu arrangieren. Zu jeder Zeit, Tag und Nacht. Es braucht nicht mehr als zwei Telefonate, um fünfhundert Plastikhummer oder Kopfhörer zu bekommen …" Dieser Satz stand vor ein paar Jahren in einer vor Ort herausgegebenen englischsprachigen Zeitschrift. Mit diesem Ausspruch liegt der Urheber dieser Zeilen absolut richtig. Bereits auf meinem schicksalsträchtigen Islandurlaub hatte ich mit dieser eigentümlichen Effizienz Bekanntschaft gemacht. Der Teil meines Reisegepäcks, den ich auf die mehrtägige Hochland-Trekkingtour nicht mitschleppen wollte, wurde nämlich mit dem Linienbus an meinen Zielort vorausgeschickt. Zettel dran und ab die Post. Insgeheim hatte ich meine Habseligkeiten abgeschrieben. Doch zuverlässig wartete mein Rucksack auf mich, als ich aus den Bergen zurückkam. Auch falls ein Stück Reisegepäck auf dem Weg zum Flughafen versehentlich im falschen Bus landet, darf man getrost an der berechtigten Hoffnung festhalten, dass es den Weg ins Flugzeug doch noch rechtzeitig finden wird. Als ich nach einem längeren Deutschland-Aufenthalt einmal mein Rückflugticket versehentlich hatte verfallen lassen, wurde mir seine Gültigkeitsfrist problemlos verlängert. Meine Eltern hatten bei ihrem ersten Islandbesuch einen Inlandsflug gebucht, doch Papas Flugticket war plötzlich verschwunden. Wahrscheinlich lag es zusammen mit den geschriebenen Postkarten im Briefkasten. Der Ersatzflugschein wurde gebührenfrei ausgestellt.

In einem vorausgegangenen Kapitel habe ich bereits dafür plädiert, angesichts des isländischen Windes mit der Handhabung von Autotüren vorsichtig zu sein. Ein Tipp, der vor allem auf folgenden Schrecksekunden beruht: Ich hatte meinen Reisepass bei den isländischen Behörden abgegeben, um meine Aufenthaltsgenehmigung eintragen zu lassen. Nun war er abholbereit und ich – mit Stefán als Privatchauffeur – im Begriff, ihn abzuholen. Alle Papiere, die ich für diesen Amtsgang benötigte, lagen auf dem Armaturenbrett meines Autos parat. Es war ein extrem windiger Tag, aber es eilte, und da geschah es trotz besseren Wissens: Wir öffneten beide zeitgleich die Autotüren. Und schon hatten sich meine Unterlagen in die Lüfte erhoben. Immer höher stiegen sie, über die stark befahrene Straßenkreuzung und den jenseitigen Häuserblock hinweg. Die postwendend eingeleitete Suchaktion blieb erfolglos. Da stand ich nun mit nichts in der Hand außer der Entschuldigung, dass mir der Wind ein Schnippchen geschlagen hätte. „Ach, das ist nicht so schlimm. Wir haben eine Kopie deiner Unterlagen. Hier, bitteschön!" Damit war die Sache erledigt.

Deutsche Planungstaktik gegen isländisches Chaos. Was sich zunächst wie die ultimative Katastrophen-Kombination anhört, ist bei näherem Hinsehen vielleicht doch nicht so schlecht. Im Idealfall nähern sich beide Parteien dem anderen Extrem wenigstens ein bisschen an. Im Zeichen der Globalisierung sollte auch der Isländer inzwischen erkannt haben, dass seine Methode nicht nur Freunde schafft. Was für ihn Flexibilität ist, könnte aus anderer Perspektive durchaus als Unprofessionalität ausgelegt werden. Im Gegenzug plädiere ich dazu, den Überorganisierten dieser Welt ein Stück Island-Therapie zu verordnen. So werden beide Seiten profitieren.

Eine kleine Namenskunde

Þorkell Freyr Sigurðsson, Hólmfríður Hálfdánardóttir, Njörður Már Sigursveinsson, Pálmi Matthíasson, Skarphéðinn Sæþórsson, Þórhalla Sif Ástvaldsdóttir und Sigfús Þór Smárason. Ganz normale isländische Namen, die – wie man sieht – wahrlich dicke Brocken sein können. Ich hatte gerade erst begonnen, mich in der Welt der isländischen Sprache zurechtzufinden, als mein Arbeitgeber allen Angestellten ein Dale Carnegie-Seminar aufdrückte, um den Service gegenüber den Kunden noch einen Tick zu verbessern. Ich komme heute noch ins Schwitzen, wenn ich daran zurückdenke. Es begann mit folgender Gruppenübung, die dazu beitragen sollte, sich Kundennamen besser einzuprägen: Jeder musste seinen vollständigen Namen schauspielerisch darstellen und somit eine bildliche Brücke bauen. Ich war wirklich verblüfft, als ich mich im Nachhinein tatsächlich an einen guten Teil der zwei Dutzend Teilnehmernamen erinnern konnte. Eine Leistung, auf die ich heute noch stolz bin, hatte ich es als einziger Nicht-Isländer doch bedeutend schwerer als alle anderen. Mein (Nach)name, der ja auch in Deutschland ein Exot ist, war den anderen leicht im Gedächtnis geblieben.

Der Isländer hat in der Regel keinen Vor- und Nachnamen im üblichen Sinne. An die Stelle des Familiennamens tritt der „Vatername“, der aus dem Vornamen des Vaters der jeweiligen Person besteht und der Endung *-son* oder *-dóttir*. Das bedeutet Sohn beziehungsweise Tochter. Dieses Grundprinzip der Namensgebung – Vererbungslehre auf isländisch sozusagen – hat sich auch in islandfernen Gefilden erstaunlich weit herumgesprochen. Wenn man es kennt, hat man schon fast gewonnen. Dann lassen sich auch die oben angeführten „namentlichen" Zungenbrecher in den Griff bekommen.

„Wie ist dein Name?" und „Wessen Tochter bist du?" sind folglich die bürokratischen Standardfragen an mich, ganz nach Islandmanier. Hört sich das nicht irgendwie persönlicher an als „Vorname, Nachname"? Ein Alfreðsdóttir statt Spitzbart liegt mir immer wieder auf der Zunge, in Anlehnung an Alfred, den Vornamen meines eigenen Papas. Ursula Alfreðsdóttir, das klingt doch gut.

Recht gängig ist heutzutage außerdem ein zweiter Rufname, der „Mittelname". Er empfiehlt sich zur besseren Unterscheidung insbesondere bei sehr geläufigen Namen. Der Isländer meiner Wahl heißt mit vollem Namen Stefán Helgi Valsson. Name: Stefán, Mittelname: Helgi, Vatername: Valsson. Oder Stefán Helgi, Sohn von Valur. Dass der Vatername als Valsson und nicht Valurson ausfällt, ist eine grammatikalische Tücke, die ich nicht weiter vertiefen will.

Meinen eigenen Familiennamen wollte ich schon immer vor dem Aussterben retten. Das ist mir ohne eigenes Zutun gelungen. Denn auf Island ist es der Regelfall, dass auch frau ganz automatisch ein Leben lang den Namen beibehält, mit dem sie geboren ist. Eine Heirat ändert daran nichts. Das ist eigentlich nur logisch, denn man kann nicht wirklich Sohn oder Tochter eines anderen werden. Gut, hin und wieder kommt es vor, dass eine nicht-isländische Ehefrau den Vaternamen ihres isländischen Mannes annimmt. Allerdings habe ich den Eindruck, dass derartiges vor allem dann geschieht, wenn sich ein

Isländer im Ausland – wo er gerade studiert oder arbeitet – eine Nicht-Isländerin angelt. Einer deutschen Freundin, die seit ein paar Jahren ebenfalls auf der Insel lebt, ist genau das „passiert". Sie lernte ihren Isländer in der alten Heimat kennen und heiratete ihn dort. Obwohl sie ihren Mädchennamen hätte behalten können, nahm sie den Vaternamen ihres Mannes als Nachnamen an. Vor allem wegen der zu erwartenden Kinder wollte sie keine Namensverwirrung stiften. Zu diesem Zeitpunkt war es allerdings überhaupt nicht zur Diskussion gestanden, irgendwann einmal nach Island überzusiedeln …

Was mich betrifft, bin und bleibe ich auf alle Fälle die Ursula Spitzbart. Fast einmalig in Deutschland und ganz bestimmt auf Island. Auch wenn ich meinen Stefán einmal heiraten sollte, würde mich das nicht zum „Sohn von Valur" machen. Bislang sind wir beide amtlich registriert als Lebensgemeinschaft. Auf Island haben nämlich nicht nur die Pferde eine fünfte Gangart, den für den Reiter erholsamen, da rückenschonenden Tölt. Es gibt auch einen fünften, ganz offiziellen Familienstand neben ledig, verheiratet, geschieden und verwitwet. Die eingetragene Lebensgemeinschaft, die allerdings so bindend ist, dass eine amtliche Trennung wohl nicht weniger kompliziert ausfällt als das bei einer „regulären" Ehe der Fall ist.

Einer solchen Lebensgemeinschaft entspringt auch die gute Hälfte aller Islandkinder. Lediglich ein Drittel des Nachwuchses kommt hier innerhalb einer „echten" Ehe auf die Welt. Der Rest hat Single-Eltern. Somit gibt es auf Island deutlich mehr „uneheliche" Kinder als in anderen europäischen Ländern. Das macht aber nichts, niemand hat hier ein Problem damit. Und es wird auch kaum einen Vater geben, der sich nicht zu seinem Sprössling bekennt. Im Gegenteil, meistens ist er sehr stolz auf ihn, und das ganz unabhängig davon, wie das zukünftige Verhältnis zur Kindsmutter ausfällt. Für den Fall aber, dass ein Kindsvater unbekannt ist oder es doch einmal bleiben soll, gibt es eine Lösung. Wie sich das im Zuge der Gleichberechtigung für eine moderne Gesellschaft gehört, kann das Kind anstelle eines Vaternamens auch den Namen der Mutter tragen. Guðrúnardóttir, Katrínsdóttir, Önnudóttir. Mir ist zu Ohren gekommen, dass früher eine andere Variante gängig gewesen sein soll. So manch ein amerikanischer oder britischer Soldat, der während des Zweiten Weltkrieges auf Island stationiert war, ließ nämlich nach Kriegsende wissentlich oder unwissentlich ein Kind auf der Insel zurück, das womöglich noch gar nicht geboren war. Dann wurde als Vatername gerne ein Hermannsson/dóttir oder Hansson/dóttir gewählt. Denn Hermann und Hans sind zum einen so wie in Deutschland ganz normale Vornamen. Sie lassen sich aber auch anderweitig auslegen: Hermann bedeutet „Heermann", also Soldat, und Hans ist das Possesivpronomen „sein". Somit könnte es sich auch um ein „Soldatenkind" oder ganz einfach „sein Kind" handeln. Mit diesem Trick konnte man die Abstammung sehr elegant vertuschen.

Meine Schwiegermama ist solch ein Kriegskind. Sie hat jedoch den Familiennamen ihres schottischen Vaters erhalten, MacCleave. Dabei ist sie durchaus nicht der einzige Isländer mit einem „normalen" Nachnamen. Die sollen inzwischen sogar recht begehrt sein. Wer die Möglichkeit hat, einen „echten" Nachnamen anzuheiraten, wird es vielleicht tun. Jedenfalls mischen sich unter die vielen Söhne und Töchter immer wieder zum Beispiel Blöndals, Schrams, Briems, Schevings oder Thoroddsens. Möglicherweise haben sich diese Namen im 19. oder 20. Jahrhundert eingebürgert, als sich hier so etwas wie eine besitzende Klasse herauszubilden begann, und seitdem weitervererbt. Solche Namen klangen einfach besser. Oder leiten sie sich schlicht und einfach aus der früheren engen Verbindung zu Norwegen oder Dänemark her? Nicht nur, dass Islands erste Siedler aus Norwegen kamen, allen voran Ingólfur Arnarson, dem die Ehre des ersten offiziellen „Landnehmers" zuteil wird. Zwischen dem 13. und 14. Jahrhundert (1262 bis 1380) stand die Insel für ein gutes Jahrhundert unter norwegischer Krone. Dann übernahmen die Dänen das Zepter und gaben es über fünfhundert Jahre lang (1380 bis 1944) nicht mehr aus der Hand. Seit 1944 steht Island als unabhängige Republik auf eigenen Beinen.

Als sich bei uns ein Kindlein ankündigte, war seine Namenswahl die erste Herausfordung, vor die es uns stellte. Das soll ja sogar in Deutschland nicht ganz einfach sein. Da wir nicht vorzeitig ins Päckchen schauten, galten die gedanklichen Vorbereitungen gleichermaßen Ihm und Ihr. Auch außerhalb Islands musste der Name brauchbar sein! Das war die Grundbedingung. Also international und daher auf Anhieb verständlich, aussprechbar, lesbar und schreibbar. Ohne wundersame Buchstaben und nicht ins Lächerliche oder Peinliche wandelbar. Eindeutig einem Geschlecht zuzuordnen. Und eine Endung auf „-a" oder „-i" ist angesichts des isländischen Grammatiksystems am einfachsten.

Der Frauenname Sóley zum Beispiel, richtig ausgesprochen Sol-e-i, gefiel mir gut. Er bedeutet wörtlich

„Sonneninsel", ist aber auch die Butterblume. Auf deutsch gelesen würde er wahrscheinlich zum „Sol-ei" verkommen. Das durfte ich meinem Kind nicht antun. Damit war er bei der Namenswahl durchgefallen. Die Bärin Birna wird zur Birne oder gar zum Apfel. Wie wäre es mit Geir oder noch besser Ásgeir für einen Buben? Mörður oder Sveinn? Auch Ketill „Kessel", Jökull „Gletscher", Hringur „Kreis" oder Ormur „Wurm" waren keine wirklichen Alternativen.

Generell sind Namen mit engem Bezug zur Natur weit verbreitet, zum Beispiel Líf „Leben", Dagur „Tag" und Máni „Mond". Steinn „Stein", Berglind „Bergquelle" und ganz besonders isländisch Frosti „Frost". Aus dem Tierreich stammen Þröstur „Drossel", Úlfur „Wolf" und Svanur „Schwan". Der Pflanzenwelt entspringen Blumen wie Lilja „Lilie" und Rós „Rose"; die Bäume Ösp „Espe", Víðir „Weide" und Reynir „Eberesche". Die Kindlein von heute dürfen allerdings auch mit Internationalem rechnen. Kleine Mädchen werden gerne Sara, Anna, Katrín, María oder Eva getauft. Beliebt für Buben sind Aron, Daníel, Alexander, Gabríel oder Tómas. Als doppelte Vornamen sind Eva María beziehungsweise Sindri Snær führend. Doch Taufname hin oder her, schnell eingeführt sind auch Spitznamen. Palli, Lalli, Halli. Aus Stefán wird traditionell Stebbi.

Lange lebte ich in dem Glauben, auch Heyrðu sei ein männlicher Vorname, wie etwa Hjörtur oder Hörður. Jedenfalls hatte sich meistens auf Heyrðu hin jemand umgedreht. Als dieser jemand dann plötzlich eine Frau war, wurde ich doch stutzig und stellte vorsichtige Nachforschungen an mit folgendem Ergebnis: Heyrðu ist nichts anderes als ein „Hey du!", die

Verlegenheitsanrede, wenn man den Namen seines Gegenübers nicht kennt.

Wir bekamen schließlich eine Anna Karlotta. Einen Bubennamen hatten wir bis zum Schluss nicht parat. Auf Island geboren und mit einem isländischen Elternteil, bekam sie automatisch die doppelte Staatsbürgerschaft verpasst. Im Papaland heißt unsere Tochter offiziell Anna Karlotta Stefánsdóttir. Im deutschen Kinderreisepass ist Stefánsdóttir dagegen als dritter Vorname eingetragen und ihr Nachname ist Spitzbart, so wie Mama. Das würde den Erklärungsbedarf bei Passkontrollen außerhalb Islands erwiesenermaßen senken, wurde uns erklärt.

„Was, ihr habt schon einen Namen?" Wie wurde gestaunt, als wir bereits unmittelbar nach Annas Geburt unsere Wahl bekannt gaben. Mini-Isländer bleiben nämlich häufig bis zur Taufe namenlos und erst zum großen Ereignis wird der Familie enthüllt, wie der Nachwuchs heißen soll. Ich glaube gar, dass sich viele Eltern erst dann endgültig entscheiden – ganz nach dem allgemeingültigen Prinzip „auf die letzte Sekunde".[1] Getauft wird nicht unbedingt in einer Kirche. Auf Wunsch kommt der Pfarrer beispielsweise auch ins Haus und führt die Zeremonie, sagen wir einmal, im Wohnzimmer durch.

Bis ein Kind seinen Namen hat, und das sollte spätestens ein halbes Jahr nach der Geburt sein, bleibt es von Amts wegen lediglich *stúlka* „Mädchen" oder *drengur* „Bub". „Stúlka Stefánsdóttir" stand denn auch auf der ersten Ausfertigung von Annas internationaler Geburtsurkunde. Eine behördliche

1 Siehe Kapitel „Das kriegen wir schon hin!".

Glanzleistung eigentlich, würde diese Zeile doch jeden außerhalb Islands zu der Annahme verleiten, unser Mädchen *hieße* Stúlka. Auf ein Neues also. Uns hatte vorher niemand gesagt, dass zunächst ein offizieller Antrag auf Eintrag des gewünschten Namens zu stellen ist, dem beide Elternteile per Unterschrift zustimmen müssen. Und siehe da, es klappte und unsere Anna Karlotta war durch Eintrag ins Nationalregister amtlich.

Sollte mich jemand im Telefonbuch nachschlagen wollen, wird er unter „S" wie Spitzbart vergeblich suchen. Seine Bemühungen werden ihn dabei eher zu den Stefáns führen, die alleine in Reykjavík etwa vier Seiten einnehmen. Die übermächtigen Jóns und Guðrúns, die „Meiers" und „Müllers" Islands sozusagen, belegen alleine in der Landeshauptstadt jeweils an die zwölf Telefonbuchseiten. Beide sind auf Platz eins der Statistik der beliebtesten isländischen Namen seit Jahren ungeschlagen. Ich dagegen stehe mit nur zirka fünfzehn anderen Ursulas und Úrsúlas – so die isländische Schreibweise – unter „U". Jeder ist nach dem Anfangsbuchstaben seines Vornamens in die Seiten eingereiht. Dabei ist die gesamte Island-Bevölkerung in einem einzigen Band versammelt. Er hat die Ausmaße des Telefonbuchs einer mittelgroßen deutschen Stadt, die Gelben Seiten inklusive. Eine Städtevorwahl gibt es auf der Insel nicht.

Eine bezeichnende Tradition im täglichen Umgang miteinander ergibt sich fast von selbst: Man redet sich generell mit Vornamen an und obendrein mit „du". Sicher, auch auf englisch wird ge„you"zt, es gibt ja keine Alternative. Im Isländischen dagegen existiert in der Grammatik sehr wohl auch die formelle „Sie"-Form, ein Relikt aus den Zeiten der dänischen Kolonialherrschaft und daher nicht original isländisch. Sie wird aber so selten benutzt, dass sie mir bis heute nicht geläufig ist. Der Arzt begrüßt mich mit einem „Hallo, ich bin Jónas“, meinen ehemaligen Chef nenne ich Hákon und der Student redet seinen Hochschulprofessor selbstverständlich auch mit Vornamen an. Ein „Sie“ wäre gleichbedeutend mit einem „ich kann dich nicht leiden, du bist mein Gegner“. Heutzutage würde es hier niemandem einfallen, zum Beispiel den eigenen Premierminister oder Staatspräsidenten zu siezen. Mindestens eine Ausnahme von der Du-Regel gibt es allerdings: offenbar werden Mahnschreiben vom Finanzamt stets mit der formellen Anrede verschickt.

Ich persönlich gerate höchstens dann ins Stocken, wenn ich eine andere deutsche Person kennenlerne, die ebenfalls auf Island lebt und älter ist als ich. In Deutschland wäre dann im Normalfall ein Sie fällig. Aber wie auf Island damit umgehen? Du oder Sie? Meistens setzt sich bald von selbst die bekannte und geschätzte legere Anredeform durch. Im Gegenzug muss ich inzwischen aufpassen, dass mir in Deutschland kein Du herausrutscht, das fehl am Platz wäre. Dort weiß man meistens noch nicht, dass es sich auch respektvoll duzen lässt.

Weltberühmt auf Island

Hat nicht jeder schon einmal das gewisse Prickeln empfunden bei der Vorstellung, einer echten, lebenden Berühmtheit gegenüberzustehen? Hat sich nicht jeder irgendwann schon einmal zumindest für einen klitzekleinen Moment vorgestellt, wie sich das Berühmtsein wohl anfühlt? Wer solche Träume wahrwerden lassen will, sollte sein Glück einmal auf Island versuchen. Denn hier ist es nur eine Frage der Zeit, einen Prominenten zu treffen – und obendrein selbst einer zu werden.

„Weißt du, wen ich heute getroffen habe!" fordert Stefán immer wieder meine Phantasie heraus. „Einen alten Schulkameraden? Deinen Onkel? Die erste große Liebe? Eine ehemalige Miss World?" Auch das gemeinsame Fernsehen wird zum munteren Rate- und Suchspiel: „Schau, mit diesem Firmendirektor war ich in der Schulklasse." „Der Nachrichtensprecher ist der Nachbar von Mama." Zu Beginn meiner Islandzeit konnten mich geschüttelte Ministerhände und unerwartete Bekanntschaftsbeziehungen noch in Ehrfurcht und Staunen versetzen, erschienen mir solche Vorfälle doch wirklich außergewöhnlich. Es dauerte aber nicht lange, bis selbst ich als Islandneuling erstaunlich häufig Bekannte ausmachen konnte.

Dass „auf Island jeder jeden kennt", ist allerdings ein Gerücht. Dazu ist selbst eine nur knapp 320.000 Mann starke Bevölkerung zu groß. Kennen sich vielleicht alle Bürger von Bonn oder Mannheim gegenseitig? Aber der Bekanntheitsgrad untereinander ist tatsächlich ziemlich hoch. Wer zum Beispiel in Reykjavík aufgewachsen und damit ein echter „Reykvíkingur" ist, wird relativ viele andere Bewohner der Landeshauptstadt kennen. Aus der Schulzeit, dem Sportverein oder der Nachbarschaft. Wenn nicht persönlich, dann zumindest vom Sehen oder dem Namen nach. Sprachlich wird deshalb ganz präzise unterschieden zwischen einem „ich kenne dich" und im Gegensatz dazu dem distanzierteren „ich weiß, wer du bist".

Es liegt auf der Hand, dass in einer derart kleinen Bevölkerung auch der Verwandtschaftsgrad überdurchschnittlich hoch ist. „Alle Isländer sind Verwandte siebten Grades." So oder so ähnlich taucht diese Behauptung immer wieder einmal auf. Inwieweit sie wirklich zutrifft, weiß ich nicht. Aber eines ist gewiss: Islands genetischer Pool ist überschaubar und über Generationen hinweg zurückverfolgbar. Ein wahres Eldorado für Erbforscher! Das isländische Genforschungszentrum *Íslensk erfðagreining* oder einfacher *deCODE genetics* ist Genen auf der Spur, die mit Krankheiten wie Diabetes, Thrombose, Schlaganfall, Herzinfarkt oder Krebs in Verbindung stehen. Erklärtes Ziel der Forschungen ist es unter anderem, entsprechende Medikamente zu entwickeln. Der isländische Schriftsteller Arnaldur Indriðason[1] fand in Sachen Genforschung zwar kein Erbmaterial, mit seinem Roman *Nordermoor* aber höchst erfolgreichen Krimistoff.

deCODE genetics rief Ende der 1990er Jahre in Zusammenarbeit mit Friðrik Skúlason – der hatte etwa zehn Jahre zuvor die Anfänge gemacht – das Isländerbuch *Íslendingabók* ins Leben, das jedoch nicht mit dem gleichnamigen historischen „Buch der Isländer"

1 Siehe Kapitel „Eine Wintertrilogie".

zu verwechseln ist. Letzteres entstand um 1120 und zählt damit zu den frühesten isländischen Schriftstücken. Es enthält Islandgeschichte vom Moment der „Landnahme" an, als die ersten Siedler im Jahr 874 nach Christus auf die Insel kamen bis in die Zeit seines Urhebers Ari Þorgilsson (1067 bis 1148), auch Ari der Weise genannt.

Das „genetische" *Íslendingabók* dagegen ist ein höchst bemerkenswertes Verzeichnis, das in seiner Art einmalig auf der Welt sein dürfte. An die 740.000 Individuen und ihre verwandtschaftlichen Beziehungen sind darin systematisch erfasst. Bis in die Landnahmezeit gehen manche Daten zurück. Mit Hilfe dieser Aufzeichnungen lassen sich nicht nur erblich bedingte Krankheiten zurückverfolgen. Auch der ganz gewöhnliche Bürger kann Ahnenforschung per Internet betreiben und interessante Einzelheiten über sich selbst und seine Familie herausfinden. Als registrierter Benutzer findet man neben dem eigenen Namen, Geburtsdatum und -ort auch entsprechende Daten über Eltern, Geschwister, Halbgeschwister, Partner und Kinder. Ein Stammbaum lässt sich ebenfalls abrufen. Bestimmt hat sich für den einen oder anderen schon manche Überraschung aufgetan: bislang ungeahnte (Halb)geschwister, frühere Partner des Lebensgefährten oder gar die Verwandtschaft mit einer historischen Berühmtheit. Auch ich bin im *Íslendingabók* verzeichnet, als Partner eines gebürtigen Isländers und Mutter eines halbisländischen Kindes.

In der Regel bewegt sich die lebende Island-Prominenz völlig frei über die Heimatinsel, ohne Bodygard und Aufsehen seitens der Restbevölkerung. Wo sonst wenn nicht hier klopfte auf einer Konferenz, die ich mitbetreute, der damalige Premierminister Halldór Ásgrímsson (2004 bis 2006) bei mir an die Küchentüre. Ob er nicht einen Bissen zum Essen bekommen könnte, er wäre nämlich in der Kaffeepause nicht dazu gekommen. Selbstverständlich Halldór, bitteschön! Selbst ich als Normalbürger darf ohne Hemmungen auf jeden zugehen und ihn ansprechen. Auch wer darauf Wert legt, einmal einem echten Staatspräsidenten die Hand zu schütteln, hat hier gute Chancen, zum Beispiel als Student an der Universität von Island. Denn Ólafur lädt regelmäßig zu sich nach Bessastaðir ein, dem „Schloss Bellevue" Islands. Mit ihm saß ich schon im Flugzeug und im Opernhaus. Seine Amtsvorgängerin Vigdís Finnbogadóttir traf ich im Supermarkt, ebenso den ehemaligen Notenbankdirektor Davíð Oddsson. Islands junge Kultusministerin Katrín Jakobsdóttir treffe ich regelmäßig im Kindergarten beim Nachwuchs-Abliefern. Die Sängerin Björk sah ich in der Stadt und im Kino. Mit dem Schauspieler Ingvar Eggert Sigurðsson[2] saß ich im „Heißen Topf" im Schwimmbad. Bei dieser Gelegenheit durfte ich feststellen, dass er auch im nassen Zustand keine schlechte Figur abgibt. Das muss wohl an den bestechenden Augen liegen. Dieser barrierefreie Umgang miteinander ist völlig normal. Und unvorstellbar anderswo auf der Welt.

Einmal hatte Stefán als freiberuflicher Journalist – übrigens nur eines seiner vielfältigen Betätigungsfelder – Politiker, Schriftsteller, Fernsehmoderatoren und andere islandweit bekannte Personen für eine Broschüre zu interviewen und zu fotografieren. Um den ersten Kontakt mit ihnen aufzunehmen, rief

2 Siehe Kapitel „Eine Wintertrilogie".

er sie direkt unter ihren privaten Rufnummern an, die er aus dem Telefonbuch herausgesucht hatte. Es war dabei auch nicht weiter schlimm, wenn der Anruf zufällig auf den Feierabend oder Sonntag fiel. Schwupps, war der Wunschtermin notiert. So einfach kann das Leben sein.

Folglich wird keinem Isländer vor Staunen der Mund offen stehenbleiben, wenn er mit eigenen Augen die Berühmtheiten der Heimatinsel sieht. Trotzdem liefern sie ausreichend Stoff für die Klatschpresse, die auch hier nicht fehlen darf. Wer wurde mit wem wo gesichtet, wer bekommt von wem ein Kind und so weiter. Besonders die Wochenzeitschrift *Séð og Heyrt* – „Gesehen & Gehört" – weiß darüber bestens Bescheid. Wenn allerdings internationale Berühmtheiten ihre Füße auf isländischen Boden setzen – was sie oft und gerne tun, dann kribbelt es auch den Insulaner in der Magengegend. Die Kunde von einem solchen Ereignis löst im Kreise der Island-Medien stets große Geschäftigkeit aus, beleben derartige Neuigkeiten doch die Mischung aus allzu oft negativen Weltnachrichten und islandinternen Eilmeldungen wie „Katze nach drei Jahren zum Besitzer zurückgekehrt", „50 Jahre alter Baum umgefallen", „Bullenkalb auf die Welt gekommen" oder „Die Lämmer wurden Kolbrún und Pálmi genannt". Schlagzeilen, die es regelmäßig auf die Titelseiten schaffen. Platz fand dort auch die Unverfrorenheit eines Nürnberger Arztes, für den Toilettenbesuch in seiner Praxis Geld zu verlangen. Wenn dann irgendwann unter der Zeitungsrubrik „Weißt du die Antwort?" nach dem Namen des Frisörs von Eiríkur Hauksson gefragt wird, des Mannes, der im *Eurovision Song Contest 2007* in Helsinki für Island startete, wird es wirklich höchste Zeit, dass wieder eine echte Celebrity Island ihren

Besuch abstattet. Wie groß war der Lachs, den Gitarrist Eric Clapton an der Angel hatte? Und kaum tauchte der Schauspieler Jude Law an der Seite einer isländischen Dame auf, munkelte man schon etwas vom neuen Schwiegersohn Islands.

Dabei ist die persönliche Begegnung mit „echten" Stars keineswegs nur den Auserwählten vorbehalten. Meine Arbeit im Hotel, erst in der Küche und dann in der Konferenzabteilung, hatte in dieser Beziehung bisweilen seinen besonderen Reiz. Ich richtete das Frühstück für die schwedische Königsfamilie her, servierte dem Mann mit dem „Day-O"-Ruf Harry Belafonte ein Omelett, grüßte James Bond-Darsteller Roger Moore und hielt mit Led-Zeppelin-Rocklegende Robert Plant ein Schwätzchen über den damals gerade neu gewählten Papst Benedikt XVI. Mit Robert bin ich außerdem photographisch verewigt, ebenso mit dem indischen Präsidenten. Ich bilde mir nichts darauf ein, aber nett ist es irgendwie doch. In Deutschland wäre mir das alles – zumal so gehäuft – nicht passiert.

Es bleibt auch nicht aus, dass meine eigene Familie ab und zu medienpräsent ist. Stefán gab schon mehrfach Interviews für Radio und Fernsehen. Seine Zeitungsartikel und besonders Leserbriefe sind traditionsgemäß mit einem Autoren-Bild geschmückt. Ich selbst hatte es nur ein paar Monate nach meiner Niederlassung auf Island ohne mein aktives Zutun geschafft, in einem Buch über Reykjavíks Restaurants zu erscheinen. Gruppenbild des Küchenpersonals. Alle schauen ernst, nur ich grinse über beide Ohren, weil ich die Anweisung zum Möglichst-Ernst-Schauen nicht verstanden hatte. Isländisch konnte ich damals noch nicht. Unser Töchterchen Anna war gerade einmal acht Monate alt, als sie bereits von der Titelseite einer Zeitung blickte. Ein halbes Jahr später stellten wir beide, Mutter und Tochter, in einer Zeitschrift mit Wort und Bild unsere neu gegründete, deutschsprachige Eltern-Kind-Gruppe vor. Und als sich auf der Insel die Kunde von einem Buch über das Abenteuer Alltag auf Island verbreitete, wurde ich innerhalb kürzester Zeit von gleich drei Radiostationen zum Live-Interview geladen. Möchten meine Isländer doch nur zu gerne erfahren, was andere über sie denken.

Am Tag vor Stefáns vierzigstem Geburtstag rief eine Zeitung bei uns an. Ob das Geburtstagskind in spe zu einem kleinen Interview bereit wäre? Was es denn anlässlich des bevorstehenden großen Tages zu sagen hätte? Folgender Artikel kam dabei heraus: „Ich steuere in eine helle Zukunft und denke, dass es für alle gesund ist, vierzig zu werden", sagt Stefán Helgi Valsson, der heute seinen vierzigsten Geburtstag feiert. Gefragt, was er an dem Tag vorhabe, antwortet er: „Ich werde ihn im Kreise meiner Familie verbringen, daheim sein und Gäste empfangen. Meine Frau wird Kuchen backen, selbstverständlich auch meinen Lieblingskuchen, eine deutsche Biskuitrolle." Stefán sagt, dies sei seit vielen Jahren die erste Kaffeeeinladung anlässlich seines Geburtstags. „Ich bin kein großer Geburtstagsfreund. Wahrscheinlich wird später im Jahr noch etwas obendrauf gesetzt. Was genau das sein wird, wird sich zeigen. Vielleicht machen wir eine Auslandsreise, da meine Lebensgefährtin und Kindsmutter heuer ebenfalls vierzig wird. Zusammen werden wir achtzig!" Der bislang denkwürdigste Geburtstag wäre sein Dreißigster gewesen, meint Stefán. Den hätte er am Strand von Kapstadt in Südafrika gefeiert. „Das war ein sehr schöner Geburtstag. Ich verbrachte ihn ganz einfach bei Strandvolleyball und -fußball mit meinen besten Freunden." Nach dem schönsten Geburtstagsgeschenk der vergangenen vierzig Jahre gefragt, antwortet er: „Mir sind Geschenke nicht besonders wichtig. Viel mehr bedeutet es mir, einen Geburtstag mit den Menschen zu verbringen, die ich gern habe." Wenn das keine Weltnachrichten sind!

Meistens kommt es also ganz von alleine, weltberühmt auf Island zu werden. Wer den entscheidenden Moment nicht einfach abwarten will, kann auch etwas nachhelfen. Ein Teenager rief zum Beispiel im Weißen Haus an und gab sich als Islands Präsident aus. Tatsächlich wurde ein Termin für das erbetene Treffen mit dem US-amerikanischen Berufskollegen vereinbart, bevor sich das Spielchen aufklärte. Diese Dreistigkeit erbrachte dem Burschen nicht nur ein paar Minuten in den Fernsehnachrichten, sondern ein paar Tage später auch die Einladung als Gast in der allabendlichen Talkshow. Der Plan ging auf, jetzt ist er weltberühmt auf Island. Ganz so hoch greifen braucht man allerdings gar nicht. Es genügt auch, irgendetwas auf die Beine zu stellen, das es noch nie zuvor gab. Einen Stadtteil-Flohmarkt etwa in Reykjavíks „Westend", in dem ich selbst wohne. Eine Idee, ein paar Werbezettel und ein paar Rund-Emails, die sich zuverlässig weiterverbreiten. Die Wurfpost erhielt ich durch den Briefkastenschlitz und das Email von einer Bekannten, einer Arbeitskollegin der Organisatorin. Noch ein kleiner Hinweis an die Presse, ein Anruf genügt, und schon kommt sie mit voller Ausrüstung. Der Flohmarkt wurde nicht nur ein Riesenerfolg, sondern auch Teil der abendlichen Fernsehnachrichten.

Sollte es wider Erwarten zu Lebzeiten doch einmal nicht geklappt haben, einen gewissen Bekanntheitsgrad zu erlangen, bleibt als letzte und sichere Chance noch die eigene Todesanzeige – mit Bild – in der Tageszeitung. Im Idealfall in Kombination mit Nachrufen, die von Angehörigen und Freunden des Verstorbenen geschrieben werden. Das darf jetzt nicht missverstanden werden: Ich will auf gar keinen Fall makaber und geschmacklos werden, möchte aber doch ein Beispiel für einen solchen Nachruf bringen. Ich finde es jedenfalls sehr würdevoll, mit welcher Liebe zum Detail der amtliche Abschied von einem Menschen gestaltet wird. Folgendes, selbstverständlich willkürlich zusammengewürfelte Beispiel ist oft nur der Anfang von vielen lieben Abschiedsgrüßen aus dem Familien- und Freundeskreis.

„Jóhann Karl Jónsson wurde am 5. April 1921 in Stykkishólmur, Snæfellsnes, geboren. Er verstarb am vergangenen 9. September im Alten- und Pflegeheim Grund in Reykjavík.
Jóhann war das dritte von insgesamt fünf Kindern des Ehepaars Jón Benedikt Ágústsson, geboren am 17. September 1896, gestorben am 12. Dezember 1970, Landwirt, und Gúðrun Gróa Guðmunðsdóttir, geboren am 12. März 1900, gestorben am 2. Mai 1976, Hausfrau.
Die Geschwister des Verstorbenen waren Ágúst Sævar, geb. 8.1.1918, gest. 1.2.1999; Sigurgeir, geb. 2.11.1919, gest. 12.4.1924; Valgerður Þóra, geb. 17.5.1924, gest. 25.3.2002; Sólmunður Örn, geb. 3.4.1926.
Jóhann wuchs auf in Ólafsvik, Snæfellsnes. Als er vierzehn Jahre alt war, zog die Familie nach Reykjavík. Dort lernte er Pálina Hlín Hauksdóttir, geb. 18.7.1928, kennen, die er am 20. März 1950 heiratete. Ein Jahr wohnte das Ehepaar in der Bergstaðastræti 2a, dann zog es um in das neue Heim in der Báragata 45. Dort kamen auch die drei gemeinsamen Kin-

der zur Welt. Dies sind 1) Aðalheiður Hugrún, geb. 2.12.1951, unverheiratet und kinderlos. 2) Jón Ásgeir, geb. 27.8.1954, verheiratet mit Ragnheiður Valsdóttir, geb. 2.2.1952. Jón und Ragnheiður haben zwei Söhne: Davíð, geb. 6.8.1980 und Hannes, geb. 4.9.1983. Die Familie lebt in Kopenhagen. 3) Hrafnhildur Anna, geb. 13.3.1957, verheiratet mit Valur Stefánsson, geb. 17.12.1955. Ihre gemeinsame Tochter ist Svanhildur Ösp, geb. 30.5.1981. Hrafnhildur brachte ihren Sohn Arnar Ingi, geb. 5.7.1975, in die Ehe mit.
Jóhann hatte fünf Enkel: Andri Þór, geb. 27.2.2000; Stefán Hrafn, geb. 15.5.2001; Anna Björk, geb. 1.11.2001; Sara Helena, geb. 29.12.2004 und Lárus, geb. 2.7.2006.
Jóhann war zeitlebens dem Meer verbunden. Schon im Alter von sechzehn war er auf dem Schiff *Krían* Mädchen für alles. Mit großem Fleiß arbeitete er sich bis zur Position des Kapitäns hoch, die er bis zu seiner Pensionierung innehatte. Stolz war er auf seine Pálina, die in den oft langen Zeiten seiner Abwesenheit zu See nicht nur die Kinder großzog, sondern auch mit zahlreichen Näharbeiten nicht unmaßgeblich zum Einkommen der Familie beitrug. Handwerklich war Jóhann so geschickt, dass er fast alle anfallenden Reparaturen in Haus und Garten selbst ausführen konnte. Jóhann war außerdem begeisterter Reiter und verbrachte einen großen Teil seiner Freizeit bei seinem Pferd *Dimma*. Es war ein gutes Pferd.
Die Trauerfeier findet am 12. September um 15 Uhr in der Hallgrímskirche statt."

Auf Island ist eben jeder eine echte Persönlichkeit.

Groß, blond und blauäugig?

Meine Vorliebe für blondhaarige Männer entwickelte sich frühzeitig. Vielleicht sind daran die Skandinavien-Urlaube meiner Kinder- und Jugendzeit in Dänemark und Norwegen nicht ganz unschuldig. Ob auch Island für meinen Geschmack etwas zu bieten hat? Ob es ihn wohl gibt, den klassischen Isländer? Im Zuge der Vorbereitungen auf meinen ersten Islandtrip stellte sich mir auch diese Frage. Und ich wurde nicht enttäuscht.

Dreimal Miss World. Hólmfríður Karlsdóttir, Linda Pétursdóttir und Unnur Birna Vilhjálmsdóttir. Seit der Schönheitswettbewerb 1951 zum ersten Mal abgehalten wurde, holten sich in den 1980ern zuerst Hólmfríður und Linda den Titel. Unnur Birna durfte 2005 das Krönchen tragen. Deutschland kann diesen nördlichen Schönheiten die Fernsehansagerin und -moderatorin Petra Schürmann entgegenhalten, die 1956 erfolgreich war. Drei zu eins für Island also … Ob die Isländer deswegen schöner sind als wir Deutschen?

Zweimal stärkster Mann der Welt. Jón Páll Sigmarsson und Magnús Ver Magnússon. In der gut dreißigjährigen Geschichte des Kraftwettbewerbes bewiesen beide Herren jeweils vier Mal, dass sie die effizientesten Muskeln haben. Erst Jón Páll in den 1980ern und Magnús Ver im darauf folgenden Jahrzehnt. Das machte den beiden bis jetzt noch keiner nach. Jón Páll verkörperte als großes, blondes Muskelpaket den Bilderbuch-Hünen aus der Zeit der Islandsagas schlechthin, gepaart mit einem sanften Charakter. Diese Kombination machte ihn zur Legende und zu Islands Athleten des 20. Jahrhunderts. Allerdings ließ er für seinen Sport mit nur zweiunddreißig Jahren das Leben. Herzschwäche. Deutschland schickte zwar auch immer wieder einmal einen starken Mann in dieses Rennen, aber für einen Sieg reichte es bislang nicht. Ob die Isländer deswegen größer und stärker sind als wir Deutschen?

Der nordisch-isländische Menschenschlag galt im „Dritten Reich" als Paradebeispiel für reine, arische Abstammung. Diese Art der Rassenlehre gehört zum Glück der Vergangenheit an, doch unabhängig davon behaupte ich folgendes: Das äußere Erscheinungsbild des isländischen Volkes gibt keinen Grund zur Beschwerde, dem männlichen Auge genauso wenig wie dem weiblichen. Auch nach etlichen Jahren in meiner Wahlheimat werde ich nicht müde, mir ihre Bewohner anzusehen. Sie müssen sich wirklich nicht verstecken. Für meinen Geschmack sind sie sogar äußerst attraktiv und ich habe schon viel angenehme Zeit in Isländer-Beobachtung investiert.

Männer vom beschriebenen Format eines Jón Páll sind allerdings ungefähr so leicht zu finden wie die berühmte Stecknadel im Heuhaufen. Ohne nachzumessen würde ich sagen, dass die Isländer mit ihrer Körpergröße im Europadurchschnitt liegen. Mit meinen 1,70 Metern komme ich mir unter ihnen weder besonders klein noch groß vor. Und ganz vertraulich unter uns Frauen: Nur die wenigsten Muskelpakete auf meiner Wahlinsel sind so monströs, dass sie sich nicht problemlos unter einem normalen Hemd oder Pullover verbergen ließen.

Auch die Klischeevorstellung von strohblondem Haar und himmelblauen Augen muss ich etwas erschüttern. Denn an Haarfarben ist auf meiner Insel alles vertreten, was die große weite Welt zu bieten hat. Aber ich gebe zu, dass ein schönes, original Michel-aus-Lönneberga-Blond doch häufig ins Auge sticht. Trotzdem gehen auch dunkle Typen wie ich ohne weiteres als Isländer durch. Leuchtende Rotschöpfe fallen mir nicht häufiger auf als anderswo auch. Dieser Beobachtung ist allerdings die Tatsache entgegenzuhalten, dass in regelmäßigen Abständen zum Wettbewerb „Rothaarigster Isländer" geblasen wird. Was genau in die Kategorie „rothaarig" fällt, ist wiederum Auslegungssache. So mancher Insulaner wird vielleicht behaupten „rot" zu sein, obwohl sein Kopfhaar blonder nicht sein könnte. Wenn man dann allerdings die Bartstoppeln unter die Lupe nimmt … Seltenheitswert haben nach meiner Beobachtung echte Lockenköpfe. Was isländische Augenfarben betrifft, dürfte ebenfalls alles vorhanden sein. Meine persönliche Studie auf diesem Gebiet musste ich leider vorzeitig abbrechen, wollte ich doch meinen Stefán noch länger behalten.

Gibt es ihn also, *den* Isländer? Stattlich, blond und mit dem gewissen Etwas, das ich nicht wirklich beschreiben kann? Ich traue mir zu, ihn notfalls auch aus einer größeren internationalen Menschenmenge herauszupicken. Ich für meinen Teil habe mein ganz persönliches Exemplar gefunden. Mit braun-grünen Augen.

Dass es jedoch auf Island noch sehr viel bunter zugeht, ist wieder eine andere Geschichte. Davon wird das nachfolgende Kapitel berichten.

Neue Isländer

Ich schlage das Telefonbuch auf. Auf seinen ersten Seiten sind die „Anweisungen für die Öffentlichkeit im Falle von Naturkatastrophen in Island" abgedruckt. Auf isländisch, englisch – und polnisch. Auch die Flughafen-Hinweisschilder haben in polnisch ihre Drittsprache gefunden. Die Website der Stadt Reykjavík verrät ihre Geheimnisse zusätzlich auf Thai. Und das Kärtchen mit den Telefonnummern für Frauen in Not ist gleich fünfsprachig: auch russisch wurde in das Sprachensortiment aufgenommen. Dass sich mehrsprachig online banken lässt, ist fast schon ein alter Zopf. Aber eine Bank ließ es sich gleich ein ganzseitiges Zeitungsinserat kosten, ihren neuen polnisch sprechenden Filialleiter vorzustellen. Stellenangebote in der Zeitung sind manchmal nur auf polnisch ausgeschrieben.

Obwohl wir deutschen Islandbewohner zum 1. Januar 2009 mit einer 1.140 Mann starken Truppe aufwarten konnten, werden wir kaum einmal explizit mit Zeilen in unserer Muttersprache bedacht. Weil wir so tüchtig im Isländisch-Lernen sind oder uns wenigstens auf englisch durchschlagen können? Vielleicht auch aus dem einfachen Grund, dass Deutsche auf Island fast schon Institution sind. Erst im November 2009 wurden 60 Jahre deutsche Einwanderung gefeiert. Deutschland schrieb nämlich seinen Teil der isländischen Einwanderer-Geschichte mit den „Esja-Mädchen": deutschen Frauen, die 1949 als landwirtschaftliche Helferinnen mit dem Schiff Esja auf die Insel kamen. Der isländische Bauernverband hatte in diesem Belang ganz gezielt in deutschen Zeitungen inseriert. „Tüchtig und strebsam" ist schließlich ein Ruf, der uns Deutschen bisweilen vorauseilt, wohl nicht ganz zu Unrecht. Eine willkommene Alternative jedenfalls zur Hoffnungslosigkeit der deutschen Nachkriegszeit. Über zweihundert Frauen ergriffen diese Chance beim Schopfe, die Hälfte von ihnen aus Hamburg und Lübeck. Ein oder zwei Jahre sollten es werden. Aber wie das Leben so spielt … Schätzungsweise fünfzig bis sechzig von ihnen waren schon nach dem ersten Islandjahr mit einem Isländer verheiratet, gründeten eine Familie, blieben und sind heute noch hier. So wurde aus dem zeitlich befristeten Arbeitsaufenthalt ein ganzes Leben und Island zur neuen Heimat.

Mit Untersuchungen zur Integration dieser deutschen Frauen in die isländische Gesellschaft brachte es eine isländische Anthropologie-Studentin sogar zur Doktorwürde. Die Geschichten, die sie zu hören bekam, lassen folgendes durchblicken: Es war schwer am Anfang und beinahe alles ganz anders als in Deutschland. Die unbekannte Sprache war selbstverständlich eine große Anfangshürde, die von vielen aber letztendlich mit Bravour genommen wurde. Die Frauen vermissten natürlich ihre deutsche Heimat, aber man hatte zum Glück immer im Hinterkopf, bald wieder dorthin zurückkehren zu können. Aber trotz aller Anfangsschwierigkeiten wurden sie als Neuankömmlinge durchwegs gut aufgenommen … Parallelen zu meiner ganz persönlichen Island-Geschichte?

Seit geraumer Zeit sieht sich Island jedoch einer völlig neuen Situation gegenüber: Wahre Ströme von Einwanderern hielten in den letzten Jahren ihren Einzug auf die Atlantikinsel. Aber was heißt hier Einwanderer … Von „Neuen Isländern" oder „Neubürgern" spricht man. Das klingt viel besser. „Die ganze Welt auf einer Insel" las ich einmal. Das kann man wohl so sagen. Fast die Hälfte dieser *Neuen Isländer* stammt aus Polen. Das erklärt nicht nur den polnisch sprechenden Banken-Filialleiter.

Nein, die Globalisierung machte auch vor Island nicht Halt. Zum 1. Januar 2009 hatten hier an die 25.000 Personen mit nicht-isländischer Staatsbürgerschaft ihren offiziellen Wohnsitz. Das entspricht einem Anteil von 7,6 % der Gesamtbevölkerung – die gebürtigen Nicht-Isländer nicht mitgezählt, die inzwischen die isländische Staatsbürgerschaft angenommen haben. Das dürften nochmals etliche tausend Leute sein. Noch nie zuvor hatte mein Inselstaat eine derart hohe Ausländerrate gesehen. Auch wenn sie etwas niedriger liegt als zum Beispiel in Deutschland, darf man eines nicht vergessen: Island ist extrem sensibel, auch scheinbar Kleines macht sich überdurchschnittlich bemerkbar.

Der Grund für diese Entwicklung kann eigentlich nur einer sein: Die Situation auf dem Arbeitsmarkt. Angesichts des Wirtschaftsbooms der vergangenen Jahre[1] gab die ursprüngliche Landesbevölkerung schlicht und einfach nicht mehr Arbeitskräfte her. Woher nehmen, wenn nicht stehlen? Aus dem Ausland. „Gehen Sie nach Island, dann können Sie morgen anfangen im neuen Job", leitete die Bundesagentur für Arbeit den Hilferuf ihrer isländischen Kollegen weiter. Soweit ich weiß, wurden insbesondere Handwerker sozusagen nach Island „verliehen". Etwa ein Zehntel der gesamten Arbeitskraft der Insel dürften die *Neuen Isländer* ausgemacht haben, bei einem An-

1 Siehe Kapitel „Vom Leben in der Krise".

teil von etwa 40 % aller Arbeiter im Baugewerbe. Mit anderen Worten und ganz nüchtern betrachtet hätte Island ohne die vielen Neubürger wirtschaftlich gleich einpacken können.

Ein Szenario, das uns Deutschen nicht ganz unbekannt ist. Schließlich hatte es auch in meiner alten Heimat einmal an allen Ecken und Enden an Arbeitskräften gemangelt. Die Lösung war gefunden und bald kamen die ersten ausländischen Arbeitnehmer in die Bundesrepublik, vor allem aus der Türkei. Wer hätte gedacht, dass viele derer, die doch eigentlich nur auf ein paar Jahre Gast sein sollten, ihre Familien nachholen und bleiben würden. So wurde Deutschland zum Einwanderungsland.

Es blieb nicht aus, dass die Angelegenheit „Einwanderer in Island" alle Instanzen fordert. Staat, Stadt und Gemeinden. Kultus- und Sozialministerium, Schulen und Hochschulen, Unternehmen und Gewerkschaften. Im November 2007 hielt mit Paul Nikolov der erste Neubürger in Regierungskreise Einzug. Als Parlamentsmitglied mit dem erklärten Anliegen, für die Rechte der Zuwanderer einzutreten, unter anderem in Gehaltsfragen am Arbeitsmarkt. Denn man braucht nichts zu beschönigen: Einwanderer erhalten längst nicht immer den gleichen Lohn wie ihre isländischen Kollegen – bei gleicher Arbeit.

Auf Hochschulebene gab die Lage zum Beispiel Anlass für eine sozialwissenschaftliche Studie mit dem Titel „Ausländer und Medien", die sich auch mit dem Zugang des Einzelnen zur neuen Sprache und Gesellschaft beschäftigte. Auf dem Seminar „Integration gegen Isolation" berichteten Neubürger von ihren Erfahrungen im neuen Land. Auf der Konferenz

„Einwanderer und weiterführende Schule" wurde referiert zur „wünschenswerten Entwicklung im Unterrichten von Schülern mit Isländisch als zweiter Sprache". In einem Schülerworkshop im Rahmen des Projektes „Zukunft in einem neuen Land" wurde nach gemeinsamen Wegen in der veränderten isländischen Gesellschaft gesucht – und der Wunsch nach gegenseitigem Verständnis laut. „Wir Neubürger dürfen eben nicht nur nehmen, wir müssen auch geben" erfasste ein junger Mann die Lage.

An Isländisch-Sprachkursen auf jeder erdenklichen Intensitätsstufe mangelt es nicht. Volkshochschule, Universität oder Sprachunterricht direkt am Arbeitsplatz mit konkretem Arbeitsbezug. Je nach Bedarf wird die Unterrichtssprache sogar der Herkunft der Kursteilnehmer angepasst. Und es ist kein Einzelfall, dass der Arbeitgeber die Kosten dafür trägt oder der Sprachschüler sie wenigstens teilweise von der Gewerkschaft zurückerstattet bekommt.

Andererseits muss ich mich mitunter fragen, ob es überhaupt jeder auf sich nehmen will, sich um diese vertrackte Sprache zu bemühen. Ich stelle nämlich immer wieder fest, wie viele es selbst nach mehreren Inseljahren zu kaum einem Wörtchen Isländisch gebracht haben. Es ist ja ganz normal, dass der Mensch in der Fremde dazu neigt, sich mit seinesgleichen zusammenzutun. Wem das aber genügt, wird den Anschluss an die isländische Gesellschaft völlig verpassen. In solchen Fällen sind dann auch die schönsten Integrationsangebote für die Katz.

Fragen wir doch einmal den ganz normalen „alten" Isländer, was er von den Entwicklungen der letzten Jahre, von dem Einzug der *Neuen Isländer* hält. Ich habe den Eindruck, dass dem einen oder anderen ein „Nebeneffekt" der Einwanderungswelle gar nicht so ungelegen kam: Die Jobs, die er selbst nicht (mehr) verrichten wollte, waren nämlich auf einmal Sache der Einwanderer. Am Fließband Fische säubern, im Heim alte Leute pflegen, im Supermarkt Regale einräumen, dort an der Kasse sitzen, putzen und andere „Niedriglohnarbeiten". Aber wie reagierte der Isländer darauf? Er fühlte sich auf den Schlips getreten, wenn er in seiner Muttersprache im wahrsten Sinne des Wortes auf Unverständnis stieß. Davon wurde ich selbst wiederholt Zeuge. So fragte ein Supermarktkunde den Kassierer zunächst, ob er Isländisch spräche. Erst nach einer positiven Antwort reihte sich der Einkäufer in die Warteschlange ein. Sonst hätte er sein Glück an einer anderen Kasse versucht. Ein andermal ließ sich ein älterer Mann in der Obst- und Gemüseabteilung desselben Geschäfts vor meinen Ohren laut und deutlich darüber aus, dass hier kein Mitarbeiter die Landessprache beherrsche und ihm folglich nicht weiterhelfen könne. Bis in die Medien schaffte es der Fall, dass ein potentieller, isländischer Bäckerkunde auf der Türschwelle demonstrativ kehrt machte, weil das Personal des Isländischen nicht mächtig war. Einen bösen Witz schnappte ich in diesem Zusammenhang auch auf: Wäre es nicht effektiver, alle Isländer polnisch lernen zu lassen?

Fair finde ich dieses Verhalten nicht. Andererseits kann ich es ein kleines bisschen nachvollziehen. Denn wenn ich in meiner alten Heimatstadt in bestimmten Stadtteilen fast die einzige unverschleierte Frau auf der Straße bin und mir anstelle meiner eigenen Muttersprache unverständliche Laute um die Ohren schwirren, dann überkommt mich ein eigenartiges Gefühl in der Magengegend. Ich behaupte, dass derartige Situationen in der kleinen und dadurch „anfälligen" isländischen Nation wesentlich stärkere Empfindungen auslösen. Bis hin zu der Angst, die wohlgehütete und so lange bewahrte Identität zumindest ein Stück weit zu verlieren, in sprachlicher und kultureller Hinsicht. Wer möchte schon an seinem Arbeitsplatz im eigenen Heimatland plötzlich in der Minderheit sein? Werfen wir doch einen Blick auf Reykjavíks städtische Kindergärten: Dort arbeiteten zeitweise so viele Nicht-Isländer mit mehr oder weniger guten Kenntnissen der Landessprache, dass aus Expertenkreisen echte Bedenken geäußert wurden, was die Sprachentwicklung der Kinder anging. „Das ist ein Grund zur Besorgnis, wenn wir weiterhin isländisch reden wollen und uns daran liegt, dass die Kinder die Sprache lernen."

Was meine ganz persönliche Stellung als Ausländer auf Island angeht, darf und will ich mich nicht beklagen. Von Anfang an wurde ich freundlich und mit Respekt behandelt, wo ich auch war. Kein einziges Mal wehten mir auch nur die leisesten Anzeichen dafür entgegen, nicht willkommen zu sein. Ich würde sagen, dass wir Deutschen hier oben zu den Ausländern zählen, denen es am leichtesten gemacht wird, so wie auch den Skandinaviern. Wir sind akzeptiert. Schwerer haben es diejenigen, denen man das Nicht-Isländisch-Sein ansieht. Eine ehemalige Arbeitskollegin hat zwar die US-amerikanische Staatsbürgerschaft, aber ihre asiatische Abstammung lässt sich nicht verleugnen. Mir gegenüber ließ sie durchblicken, dass sie auf der Straße auch nach vielen Island-Jahren angestarrt wird. Dabei steht sie mit ihrem leicht exotischen Äußeren keineswegs alleine auf weiter Flur: Immerhin kommt ein knappes Zehntel aller

Neubürger aus einem asiatischen Land. Vor allem Philippinos, Thailänder, Vietnamesen und Chinesen haben ihre ursprüngliche Heimat gegen die Insel im Norden eingetauscht.

Aber Akzeptanz hin oder her ... Ein „Isländer" werde ich nie sein. Hierzu fehlen mir alleine schon die Bande aus Familie, Kindergarten und Schule, die für die gänzliche Aufnahme ins Sozialnetz offenbar Voraussetzung sind. Wer innerhalb von Deutschland zum Beispiel in eine andere Stadt umzieht, in der er niemanden kennt, sollte es trotzdem schaffen, sich einen neuen Freundeskreis aufzubauen. Hier auf Island heißt es dagegen: einmal Reykjavík – immer Reykjavík. Du gehörst von Anfang an dazu – oder nie. Meine privaten Kontakte zu Isländern beschränken sich im großen und ganzen auf meine Familie. Isländische Freunde – oder gar eine isländische Freundin – habe ich nicht. Einige Bekannte ... ja. Kontakte lassen sich am ehesten zu denjenigen Isländern pflegen, die selbst einmal Ausländer waren oder so wie ich in einer „gemischten" Partnerschaft leben. Und natürlich zu all den anderen auf „meiner" Seite. Ich weiß, dass meine Erfahrung kein Einzelfall ist. Anderen Neubürgern, die sogar viel länger als ich auf der Insel wohnen, ergeht es auch so.

Und natürlich tun wir Deutschen uns zusammen. Ein Schwatz in der Muttersprache ist einfach herrlich und es tut gut, die eigene Tradition leben zu können. Meine kleine Tochter soll doch auch all das kennenlernen, was für Mama eine Selbstverständlichkeit ist und ihr als Kind so viel Spaß gemacht hatte. Wenn dann im November ein „Laterne, Laterne, Sonne, Mond und Sterne" durch die Straßen schallt, sind wir wieder unterwegs. Sankt Martinstag! Dann zeigen wir den Isländern, wie präsent Deutschland auf Island ist.

Vom Leben in der Krise

Ich war dabei, erlebte Aufstieg und Fall einer ganzen Nation hautnah mit. Und das innerhalb von nur fünf Jahren! Als ich mich hier niederließ, befand sich Island im größten wirtschaftlichen Aufschwung seiner Geschichte. Die eigene Inselwelt war den Geschäftstüchtigen des Landes längst nicht mehr genug. Nachrichten über isländische Investitionen im Ausland überraschten nicht mehr: „Exportwikinger" – eine neue Wortschöpfung – kauften Banken, Fluggesellschaften, Kaufhäuser und Lebensmittelketten.

Den für jeden sichtbaren Ausdruck fand die blühende Wirtschaftslage in einem unglaublichen Bauboom. Schon auf der zirka 50 km langen Fahrt von Islands internationalem Flughafen Keflavík nach Reykjavík konnte sich niemand dieser Tatsache entziehen. Die Wälder von Baukränen waren einfach nicht zu übersehen. Gläserne Bürobauten und Wohnhäuser, ganze Industriegebiete und nagelneue Siedlungskomplexe. Auch Hochhäuser hatten auf einmal keinen Seltenheitswert mehr. Reykjavíks Stadtbild hat sich dadurch in nur wenigen Jahren massiv verändert. Die mehrspurige Hauptstraße um den zentralen Busbahnhof herum. Die Glaspaläste an der Wasserfront. Der neue Campus der Universität von Island. Das alles wuchs innerhalb kürzester Zeit aus dem Boden. Ich weiß von Isländern, die nach ein paar Jahren im Ausland auf ihre Heimatinsel zurückkehrten und Teile ihrer Geburtsstadt kaum mehr wiedererkannten.

Hier und dort wurde sogar ein Stück Meer in Baugrund verwandelt, zum Beispiel für das futuristisch anmutende Projekt „Konzert- und Kongresshalle“ an Reykjavíks altem Hafen. Wer kennt es nicht, das Opernhaus im australischen Sydney. So etwas brauchte Island auch! In diesem Sinne wurde geplant und gebaut mit Geldern, die real niemals existiert hatten. Luftschlösser, auf Kredit gebaut. Nicht nur das Bauvorhaben „Konzert- und Kongresshalle“ kam mit der Finanzkrise umgehend zum Erliegen. Ruckzuck war das großartige Besucherzentrum geschlossen; sein Panoramafenster, das bislang Ausblick auf die Riesenbaustelle gewährt hatte, mit einem schwarzen Vorhang verhängt. Der geplante Eröffnungstermin Dezember 2009 wurde schlagartig Utopie. Ursprünglich als Vorzeigestück für ein blühendes Island gedacht, eingehüllt in Glasprismen, wurde die Konzert- und Kongresshalle zum Mahnmal für eine zusammengebrochene Wirtschaft; ein Beispiel für den Größenwahn und die Gier von ein paar Dutzend Menschen. „Wenn man Geld nur schnell genug herumreicht, vermittelt das die Illusion von Wachstum“ äußerte mir gegenüber ein Islandurlauber im Sommer 2009 – ein Finanzexperte. Wie wahr!

Der Oktober 2008 wird sich auf meiner Insel nicht so schnell vergessen lassen: Anfang des Monats fiel das schöne isländische Kreditkartenhaus innerhalb von nur wenigen Tagen in sich zusammen. Einen vollen Tag lang lief mein Stefán ununterbrochen mit seinem Kopfhörer-Radio auf den Ohren herum. „Es sind ganz bemerkenswerte Dinge, die gerade auf Island geschehen!“ meinte er nur, zunächst nicht bereit zu näheren Erläuterungen. Denn aus sprachlichen Gründen – viele wirtschaftliche Fachausdrücke waren mir zu diesem Zeitpunkt noch unbekannt – dauerte es bei mir etwas länger, bis der Ernst der Lage durchsickerte: die drei größten Banken des Landes – vor gar nicht allzulanger Zeit erst privatisiert – waren bankrott und wurden eine nach der anderen von der isländischen Finanzaufsicht übernommen. Island befand sich urplötzlich im Ausnahmezustand. Finanzkrise, Wirtschaftsdepression! Die isländische Bezeichnung dafür, *kreppa,* wurde zum Wort des Monats.

Die Demonstrationen vor dem Parlament; der Zusammenbruch der Regierung; die vorgezogenen Neuwahlen ... Ich will nicht die politischen Geschehnisse der vergangenen Monate und mittlerweile beinahe schon Jahre aufrollen. Denn das hat bereits Halldór Guðmundsson in seinem Buch „Wir sind alle Isländer“ äußerst anschaulich getan[1]. Vielmehr will ich das Wechselbad der Gefühle beschreiben, mit dem sich nach meiner Beobachtung ein Großteil der Isländer plötzlich konfrontiert sah.

Panik war die erste Reaktion, die ich unter der Inselbevölkerung ausmachen konnte. Man fürchtete um seine Ersparnisse; versuchte zu retten, was zu retten war. Ich erinnere mich gut an die Fernsehbilder vom Ansturm auf sämtliche Bankfilialen. Bankkunden hoben ihr Vermögen ab; horteten es lieber unter dem Kopfkissen, als es irgendeiner Bank beziehungsweise dem Staat anzuvertrauen. Ich sehe auch noch den alten Mann – kein Einzelfall übrigens – vor mir, dessen komplette Lebensersparnisse futsch waren. Er hatte sie in „sicheren“ Papieren angelegt, die durch die Pleite seiner Bank wertlos wurden. Er weinte, als er davon im Fernsehen berichtete.

---

1 Halldór Gudmundsson: „Wir sind alle Isländer. Von Lust und Frust, in der Krise zu sein.“ btb-Verlag 2009.

Doch bald wich die anfängliche Panik einer Entschlossenheit, die ihresgleichen suchte. Der Normalbürger wollte sich die politischen Fehltritte der Obrigkeit einfach nicht gefallen lassen. „Weg mit der Regierung! Weg mit dem Notenbankdirektor! Neue Parlamentswahlen!" schallte es von Woche zu Woche vehementer von dem zur Bühne umfunktionierten Lastwagen auf dem *Austurvöllur*, dem Platz vor dem Parlament. Ich persönlich beobachtete die Vorgänge lieber aus der Ferne, waren die Kundgebungen doch ohnehin bis zu unserer Wohnung in der Weststadt Reykjavíks zu hören. Ich empfand sie einerseits als etwas beängstigend, gleichzeitig aber auch als faszinierend – hatte ich doch meine Isländer bislang als äußerst gelassen erlebt. Bisweilen ließ die Intensität der aufgestauten Gefühle die Emotionen so sehr sprühen, dass Eier sowie anderes wurfgeeignetes Material nur so auf das Parlament flogen. Das Gebäude musste um die Jahreswende 2008/2009 fast jedes Wochenende einer gründlichen Fassadenreinigung unterzogen werden.

Diese Vorfälle wiederum waren gefundenes Fressen für Zeitgenossen mit Sinn für Humor. Zu denen gehörten wie immer die Macher der samstäglichen Kommödienshow *Spaugstofan*, die postwendend vom Kurs zum Erwerb der „Eierwurferlaubnis" berichteten, quasi des „Waffenscheins" für Eier. Ich selbst konnte den genannten Ereignissen am *Austurvöllur* insofern einen Hauch von Ironie abgewinnen, als man – so las ich – zum Bau des heutigen, 1881 errichteten Parlamentsgebäudes ganz bewusst einheimisches Basaltgestein verwendet hatte. Hart und dauerhaft, als Symbol für eine Regierung, die auf festem Boden steht. Nun, da hatte das Baumaterial eindeutig mehr Beständigkeit als die Staatsregierung bewiesen.

Als Anfang 2009 dann die ersten Entlassungswellen über meine Insel zu rollen begannen, stand Island vor einer völlig neuen Situation. Was war geschehen mit der traumhaft niedrigen Arbeitslosenquote, die jahrelang bei maximal 3 % gelegen hatte? Während man sich in vielen anderen Ländern dieser Erde schon längst mit bis zu 10 % Arbeitslosigkeit abgefunden hat, waren solche Zahlen auf Island beinahe außerhalb des Vorstellbaren. 7 % und dann gleich 9 % im ersten beziehungsweise zweiten Quartal 2009! Noch nie zuvor hatte das isländische Arbeitsamt so viele „Neukunden" zu registrieren. Plötzlich standen hochqualifizierte Bewerber dort Schlange, wo „früher" empfindlicher Arbeitskräftemangel geherrscht hatte, in Reykjavíks städtischen Kindergärten zum Beispiel. Aber auf Island ist man doch nicht arbeitslos! Im Gegenteil, der Isländer zeichnet sich durch überdurchschnittlichen Arbeitseifer aus[2]. Finanziell waren und sind die meisten *Kreppa*-Opfer dank Arbeitslosengeld zwar einigermaßen abgesichert, aber was viele in ein tiefes seelisches Loch fallen ließ, war schlicht und einfach die *Tatsache*, arbeitslos zu sein. Ich hatte den Eindruck, dass sich viele zumindest in der Anfangszeit für diesen „Zustand" fast schämten. Jedenfalls nagte er massiv am Selbstwertgefühl.

Obendrein stellte sich für so manchen Arbeitslosen ein weiteres Problem: „Was nur mit der vielen Freizeit anfangen?" Es dauerte nicht lange, bis zum Beispiel das „Rotkreuzhaus" eingerichtet war und seine Pforten öffnete. Auch eineinhalb Jahre nach dem großen Schlag wirbt es noch regelmäßig mit kostenlosen

2 Siehe Kapitel „Arbeitswut".

Kursen und Beratung: Strickgruppe; Ernährung und Lebensstil; Qi-Gong; Herzmassage; Lachyoga. Außerdem stehen Psychologen für Gesprächsbedürftige bereit.

„Hast du in Erwägung gezogen, das Land wegen der aktuellen Wirtschaftslage zu verlassen?" wollte im Februar 2010 eine Tageszeitung wissen. „Ja", antwortete mehr als die Hälfte aller Umfrageteilnehmer. Mein Stefán hatte die Situation schon früher in ganz ähnlicher Weise analysiert: „Vielleicht müssen wir ja irgendwann Island verlassen, wenn sich die Wirtschaftslage nicht in absehbarer Zeit bessert." Na, so wie ich meinen Vollblutisländer kenne, wäre das für ihn die allerletzte Lösung. Trotzdem ist es beruhigend zu wissen, dass es für meine Familie im Fall der Fälle einen sicheren Hafen zum Einlaufen gäbe – mein Elternhaus in Nürnberg. Tatsächlich wurde der Weg ins Ausland eine echte Alternative zum Arbeitslos-Sein auf der Heimatinsel. „Willst du außerhalb von Island arbeiten?" steht nämlich auf einmal an der Stelle in der Zeitung, wo es vorher vor landesinternen Stellenangeboten nur so gewimmelt hatte. Ich persönlich kenne zwei Familien, für die genau das zur Realität wurde. Einer dieser beiden Familienväter zog nach Norwegen und der andere nach Deutschland, um für seine Lieben das finanzielle Auskommen zu sichern. Währenddessen blieben die Mütter mit jeweils zwei kleinen Kindern erst einmal auf Island. Sie sind deshalb auf unbestimmte Zeit quasi alleinerziehend.

Tatsächlich wurde 2009 zum Rekordjahr in Sachen „Wegzug von Island". Fast 5.000 Menschen mehr verließen die Insel im Vergleich zu denen, die hinzuzogen. Das bedeutet einen leichten Rückgang der Gesamtbevölkerungszahl – zum ersten Mal seit vielen Jahren.

„Bekommt denn hier jeder einzelne die *kreppa* am eigenen Leibe zu spüren?" war die Frage schlechthin, die mir im Sommer 2009 unzählige Male gestellt wurde, meiner ersten Saison als Fahrrad-Stadtführerin in Reykjavík. Oh ja! Niemand kann sich den Folgen der Wirtschaftskrise entziehen, wenn auch in unterschiedlichem Ausmaß. Um das besser verständlich zu machen, will ich einen kleinen Exkurs zur Entwicklung der Landeswährung einschieben.

Begonnen hatte der Wirtschafts-Schlamassel langsam. Schon eine ganze Weile hatte die isländische Krone mit einem Schwächeanfall zu kämpfen. Für die meiste Zeit meines eigenen Island-Daseins war ihr Wechselkurs ziemlich stabil. 1.000 Kronen entsprachen knapp 12 Euro. Ab Ende 2007 änderte sich jedoch die Lage, die Talfahrt der Landeswährung hatte begonnen. Im März 2008 gab es den ersten großen Einbruch. Seitdem verlor die Krone zusehends an Wert, und das fast täglich. Im Dezember 2008 hatte sie ihren Tiefpunkt erreicht: 1.000 Kronen waren nur noch gute 6 Euro wert. Oder anders ausgedrückt: Bekam ich „früher" für einen Euro 85 Kronen, war es auf einmal das Doppelte!

Angesichts dieser Entwicklung verwundert es nicht, dass meine Insel damit zum Beispiel ihre Mitgliedschaft im Club der „Teuersten Städte der Welt" einbüßte – werden diese doch am Dollar gemessen. Noch 2007 behauptete sich Reykjavík gemäß einer Studie der *The Economist*-Gruppe auf einem stolzen sechsten Platz vor Oslo, Paris, Kopenhagen, London und Tokyo. Jetzt darf sich die isländische Landeshauptstadt dagegen – bei Gesamtplatz 67 im Februar 2009 – als billigste Stadt in Westeuropa betiteln. Björgólfur Thor Björgólfsson, der (ehemals?) reichste Isländer, hat plötzlich auch nicht mehr so viel Geld wie zuvor. Behauptete er sich im Jahr 2008 noch mit einem Nettovermögen von 3,5 Milliarden US-Dollar auf Platz 307 der berühmten Forbes-Liste der Weltmilliardäre, kostete ihm der isländische Wirtschaftskollaps etliche hundert Positionen. 2009 teilte er sich deshalb mit vielen anderen den 701. Platz bei einem Vermögen von „nur" noch 1 Milliarde US-Dollar. 2010 fiel er dann ganz aus dem Rennen. Wer von der neuen Wirtschaftssituation allerdings profitieren kann, ist die Reisebranche. Die Fluggesellschaft Icelandair zögerte deshalb zum Beispiel nicht, umgehend mit dem „Schnäppchenparadies Island" zu werben. Wie wäre es einmal mit Weihnachtsshopping in Reykjavík? Tatsächlich war das in der Vorweihnachtszeit 2008 erstmals eine echte Attraktion.

Selbstverständlich bedeutet der Verfall der isländischen Krone auch, dass im Gegenzug alle Importartikel postwendend teurer wurden. Eine verheerende Entwicklung für die isländische Nation, die doch in so hohem Maße auf Waren aus dem Ausland angewiesen ist. Ganz kurz nach dem großen Knall stand zum Beispiel die Reykjavíker Filiale des berühmten blau-gelben, schwedischen Möbelhauses vor der Wahl: entweder Preise erhöhen oder schließen. Und schwupps, kosteten von einem Tag auf den anderen alle Artikel durchschnittlich 25 % mehr.

Auch die Preise für tägliche Notwendigkeiten stiegen. Innerhalb eines Jahres musste der Endverbraucher für ganz normale Lebensmittel 40 % mehr als zuvor berappen! Dabei konnte sich Island schon vor der Krise mit den teuersten Nahrungsmitteln Europas rühmen. Inzwischen werde ich beim wöchentlichen Großeinkauf im Discounter-Supermarkt jedesmal locker 10.000 Kronen los. Zuvor waren es im Schnitt 5.000 bis 6.000. Unser Familieneinkommen ist leider nicht gestiegen.

Meine Reisegäste wundern sich deshalb auch immer wieder darüber, dass ihr Geld auf Island nach wie vor weggeht wie die warmen Semmeln. Nein, Island ist nicht zum Billig-Urlaubsland oder – wie in der oben erwähnten Island-Werbung suggeriert – Schnäppchenparadies geworden! Es kostet nicht alles nur noch die Hälfte! Denn natürlich wird das allgemein gestiegene Preisniveau auch an den Islandurlauber weitergegeben. Ich weiss von mindestens einem örtlichen Reiseveranstalter, dessen Touren zwar noch genauso viel kosten wie vor dem Einbruch – in Euro und Dollar. Wer jedoch mit isländischen Kronen bezahlt, blättert jetzt das Zweifache hin.

Die immensen Preiserhöhungen treffen auch meine Familie. Trotzdem gehören wir zu den Glücklichen, die relativ glimpflich davonkommen. Wir sind nämlich schuldenfrei. Unsere kleine Wohnung gehörte Stefán schon, bevor wir uns kennenlernten. Er hatte sie seinerzeit als eine Art Erbstück von einer Tante überschrieben bekommen. Die überschaubare Restbelastung konnten wir noch Ende 2008 abbezahlen.

Wer jedoch Kreditschulden in ausländischer Währung begleichen muss, hat oft schwer zu kämpfen oder, viel schlimmer, kommt finanziell kaum mehr über die Runden. Das ist leider kein seltener Fall im Zeichen der *kreppa* und erklärt die Notwendigkeit der weiter oben im Text erwähnten psychologischen Beratung zum Beispiel im Rotkreuzhaus.

Der Kreditwahn beschränkte sich ja nicht nur auf Geschäftliches. Auch der Privatmann investierte. Dazu muss man wissen, dass auf Island Immobilienbesitz bereits in jungen Jahren eine Tradition ist – oder zumindest bis vor kurzem war. Die allermeisten Behausungen, etwa 75 bis 85 %, sind in Privateigentum. Dabei durfte bis vor ein paar Jahren nur die „Wohnkreditkasse" entsprechende Kredite für Immobilienerwerb vergeben, eine unabhängige staatliche Einrichtung. Dann wurde das auf einmal auch den Banken erlaubt. Ich erinnere mich gut an die Werbung: „Fremdfinanzierung zu 100 %", und das bei verlockenden Zinssätzen! Auf einmal konnte beinahe jeder eine Immobilie erstehen, selbst ohne Eigenkapital. Natürlich ergriffen viele die Gelegenheit beim Schopfe. Der Haken an der Sache: Aufgrund der enormen Nachfrage mussten die Banken ihrerseits wieder Geld herbeischaffen, und das taten sie aus dem Ausland, beispielsweise in Euro- oder Dollarform. Doch die damit gewährten Kredite sind Spielball des Wechselkurses. Für denjenigen, der nun mit einem solchen Kredit belastet ist, verdoppelten sich mit dem Fall der isländischen Krone die monatlichen Raten. Unsere ehemalige Nachbarin beispielsweise, alleinerziehende Mutter um die Vierzig, hatte plötzlich anstelle der einstigen 100.000 Kronen Monat für Monat gleich 200.000 aufzubringen. Ihr blieb nichts anderes übrig, als in eine deutlich kleinere Wohnung umzuziehen. Die kleine Eigentumswohnung direkt unter unseren eigenen vier Wänden, bislang im Besitz einer jungen Frau, wurde sogar wegen Zahlungsunfähigkeit zwangsversteigert.

Einem Zeitungsbericht im Februar 2010 zufolge soll sich ein knappes Drittel aller isländischen Haushalte im Zahlungsenpass befinden; das bedeutet, Schulden anhäufen, die Ersparnisse angreifen oder den Konsum so drastisch herabschrauben zu müssen, dass es ans Existenzminimum geht. Vor Weihnachten verteilte eine ehrenamtliche Hilfsorganisation so viele kostenlose Lebensmittelpakete wie nie zuvor. Ich würde sagen, dass das Thema „Armut" seit dem wirtschaftlichen Zusammenbruch auf Island eine neue Dimension bekommen hat.

Doch trotz aller Misere – oder vielleicht gerade wegen ihr – stelle ich auch einen durchaus positiven Sinneswandel in den eigenen Reihen fest: Man besinnt sich wieder auf seine Wurzeln. Not macht bekanntlich erfinderisch. In diesem Sinne war zum Beispiel schnell ein neuer Werbeslogan gefunden: *„Veljum íslenskt* – lasst uns Isländisches wählen!" Salzfisch, Handwerk, Designerklamotten und der bewährte Milchkeks der Firma Frón. Fettfreie und daher gesunde isländische Kartoffelchips, gesalzen mit Meerwasser, sollen bald auf den Markt kommen. *„Stöndum saman* – lasst uns zusammenhalten!" Ja, auf einmal weht mir ein ganz besonderes Gefühl der Zusammengehörigkeit entgegen. Die Nationalfarben leuchten auffällig oft. Vom Fahnenmast, aus der Zeitung, vom Fernsehbildschirm. Familien, redet miteinander! Zusammen in ein neues Island.

„Es wurde auch höchste Zeit, dass wir von unserem hohen Ross heruntergeholt wurden; dass wir von diesem materialistischen Denken weggekommen sind!", gab ein Isländer im Fersehinterview zu. Ein Blick auf den bislang extrem hohen Lebensstandard vieler Inselbewohner zeigt, was gemeint ist. Dicke Geländewagen zum Beispiel, das möglicherweise wichtigste Statussymbol. Mit einem vergleichsweise handlichen japanischen Offroader ließ sich hier schon lange niemand mehr beeindrucken. Die sogenannten *Arctic Trucks* geben wesentlich mehr her. Mit ihren extra hohen Reifen und dicken Antennen erinnern sie an überdimensioniertes, ferngesteuertes Kinderspielzeug. Im Jahr 2007 noch fanden alleine über 200 funkelnagelneue und sündhaft teure *Land Rover* ein Herrchen auf Island, im Schnitt einer pro Arbeitstag. Doch weit gefehlt wer glaubt, dass Islands Straßenverhältnisse ein solches Gefährt nötig machen. Abgesehen vom Hochland sind Islands Straßen so gut ausgebaut, dass man mit einem ganz normalen PKW wunderbar über die Runden kommt. Aber unbestreitbar gut macht sich so ein dickes Teil auf vier Rädern als Stadtauto schon. Viel zu schade – und viel zu teuer, um es am Ort seiner eigentlichen Bestimmung mit echtem Gelände in Berührung zu bringen. Konnte man bis dato mit seinem Prachtauto noch protzen, wird sich jetzt vielleicht der eine oder andere Besitzer lieber dezent im Hintergrund halten. Ganz allgemein ging im Jahr 2009 die Registrierung von Neuwagen im Vergleich zum Vorjahr drastisch – um sage und schreibe 80 % – zurück. Sogar Berichte vom Zurück-Export vorher importierter Autos hörte ich.

Auch mit den nach alter Tradition beliebten und zahlreichen Auslandsreisen gerade im Winter sieht es nicht mehr so rosig aus. Eine diesbezügliche Untersuchung förderte zutage, dass 60 % aller Befragten im Zuge der *kreppa* in letzter Zeit auf Reisen ins Ausland verzichtet hätten. Verkehrte Islandwelt! Denn vorher hatte die Sache ganz anderes ausgesehen:

„Große Koffer beinahe ausverkauft!" vermeldeten Reykjavíks Geschäftsleute im November 2007. Eine Beinahe-Katastrophe so kurz vor Weihnachten, einer Jahreszeit, in der sich der Isländer „früher" dem „Power-Shopping" verschrieben hatte. Der Trick dabei war folgender: Man fuhr mit riesigen, jedoch fast leeren Koffern ins Ausland und sparte sich den verfügbaren Platz für die bevorstehenden Einkäufe auf. Da hieß es aufgepasst, ihr Einkaufszentren der Welt. London, Glasgow, Boston und Minneapolis ... Macht euch auf Scharen von einkaufswütigen Isländern gefasst! Erlaubt ist alles, was das Herz begehrt, besonders Kleidung. Dank des Ausland-Spareffektes sprangen insbesondere für denjenigen, der kräftig zuschlug, die Flug- und Hotelkosten heraus. Selbst eine 100 US-Dollar teure Taxifahrt zum Outlet-Shoppingcenter in den USA sollte sich rechnen. Wer seine Kinder dabei hatte, nahm diesen extra Kostenfaktor trotz Langeweilegefahr gerne in Kauf, wurden potentielle Unannehmlichkeiten doch durch einen entscheidenden Vorteil aufgewogen: Bei der Rückreise auf die Heimatinsel gab es mehr Freigepäck. Und dabei ging so manches Flugzeug in die Knie. Ich weiß beispielsweise von einer ungeplanten Zwischenlandung, weil aufgrund der üppigen (Einkaufs)ladung Sprit nachgetankt werden musste. Nichts wurde damit aus dem geplanten Direktflug nach Island, stattdessen gab es stundenlange Verspätung. Ein andermal verbrachten Verwandte von Stefán ein paar Tage im neufundländischen St. John's. Was sie in dieser Zeit zu Gesicht bekamen, war vor allem das Einkaufszentrum. Beim Rückflug musste aus Platzmangel im Flugzeug eine gute Portion der frisch erstandenen Schätze – Küchenmaschine und Golfset inklusive – erst einmal beim Bodenpersonal zurückbleiben. Sie wurden später nachgeschickt. Doch egal wie die Rückreise auch ausfiel: Ihren krönenden Abschluss, das Tüpfelchen auf dem „i", bildete stets der finale Großeinkauf im heimatlichen Duty Free Shop am Flughafen. Tabak und Spirituosen, Handys und CD-Player, Kosmetika und Süßigkeiten. Erst wenn alle erlaubten Kapazitäten ausgereizt waren, hatte man sein Soll erfüllt und durfte sich glücklich und zufrieden ins heimische Sofa sinken lassen mit der Gewissheit, wieder einmal wirtschaftlich gehandelt zu haben.

Erst vor kurzem sprach ich auf einer Reisemesse mit einer Dame von der kanadischen Ostküste, die sich gut an den isländischen Einkaufswahnsinn erinnern konnte. Diese Zeiten gehören der Vergangenheit an. „Es macht einfach keinen Spaß mehr, im Ausland einzukaufen!", fasste Stefán unseren gemeinsamen, weihnachtlichen Stadtbummel in Nürnberg zusammen. „Es ist alles viel zu teuer geworden!" Dabei hatte sich der Euro-Preis nicht geändert.

Die offiziellen Statistiken bestätigen diesen Verlust einer Island-Tradition: Der internationale Flughafen in Keflavík sieht in der Vorweihnachtszeit nur noch halb so viele Isländer wie in den Jahren vor der Krise. Den Sommer 2009 sollen 80 bis 90 % aller Isländer zuhause auf der Heimatinsel verbracht haben, anstatt sich zum Beispiel an einem spanischen Strand in der Sonne zu aalen.

„Geänderte Zeiten erfordern neue Konsumgewohnheiten" bringt eine Tageszeitung die Lage auf den Punkt. Die Stadtbücherei kann einen deutlich größeren Zulauf für sich verbuchen. Taxis werden weniger genutzt, dafür sind die Stadtbusse morgens voll. Man bildet Fahrgemeinschaften, radelt oder läuft häufiger in die Arbeit. Kleidungsstücke werden abgeändert anstatt weggeworfen. Schneidereien haben deshalb Hochkonjunktur ebenso wie Second Hand-Läden. Tatsächlich höre ich hier erstmalig Schlagworte wie Preisbewusstsein, Sparen oder Buchhaltung für den Privathaushalt.

Auch für die neue Staatsregierung – die Koalition aus den Sozialdemokraten *Samfylkingin* und der Links-Grünen Bewegung *Vinstri hreyfingin – grænt framboð* – heißt es sparen. Sie hat es freilich nicht leicht, die Löcher zu stopfen, die satte achtzehn Jahre politische Vorherrschaft der Unabhängigkeitspartei hinterlassen haben. Aber eines ist unumgänglich: Der Staat braucht Geld! Um sich diesem Ziel ein Stück weit zu nähern, musste zum Beispiel die öffentlich-rechtliche Rundfunk-Sendeanstalt Islands *Ríkisútvarpið (RÚV)* den Kopf herhalten: Eigenproduktionen werden gekürzt oder sogar ganz gestrichen. Außerdem soll weniger Filmmaterial aus dem Ausland eingekauft werden. Vor einer dicken Entlassungswelle blieben auch altgediente Fernsehgesichter nicht verschont. Zum 1. Mai 2010 wird die Ära der Fernsehansagerinnen zu Ende gehen. Seit dem allerersten Tag der Ausstrahlung 1966 hatten solche tagtäglich den Fernsehzuschauern die bevorstehenden Sendungen lächelnd angekündigt.

Für den Normalbürger sind es viele Kleinigkeiten, die dazu beitragen sollen, die Staatskasse wieder zu füllen. So stellt zum Beispiel das Nationalkrankenhaus – beziehnungsweise der Staat – nicht länger die Windeln für Neugeborene. Sie müssen statt dessen von den frischgebackenen Eltern selbst mitgebracht werden. Kindergartenplätze wurden teurer. Die Zuckersteuer ließ die Preise für Luxuslebensmittel wie

Softgetränke und Süßwaren weiter ansteigen. Kürzungen im Erziehungsgeld müssen hingenommen werden. Und zum 1. Januar 2010 wurde die ohnehin bereits rekordverdächtig hohe Mehrwertsteuer um 1 % auf saftige 25,5 % erhöht. Eine Stufensteuer verspricht dem Geringverdiener allerdings auch eine etwas verminderte Steuerlast.

Doch seltsam … mitunter hat es wenigstens für den flüchtigen Beobachter den Anschein, dass alles genauso weiterläuft wie vor dem Tag „Null". Es lässt sich nicht verleugnen, dass Cafes und Restaurants voll sind. Es wird geschlemmt und gelacht, auch auf das Glas Wein zum guten Essen verzichtet man nicht. Und das berühmt-berüchtigte Wochenend-Partyleben[3] geht offensichtlich ungebremst weiter. „Also, ich merke von der *kreppa* eigentlich fast nichts", äußerte mein Stefan vor nicht allzulanger Zeit. Stimmt, wir drei kommen immer noch recht gut zurecht, ohne dass wir uns jedesmal Gedanken darüber machen müssen, wie wir den kommenden Monat finanziell überstehen. Aber wie gesagt, bei weitem nicht jeder Inselbewohner ist in dieser glücklichen Lage.

Fest steht jedenfalls, dass das Leben weiter geht, wenn auch für viele auf deutlich bescheidenerem Niveau. Auch an der eingangs beschriebenen Konzert- und Kongresshalle wird wieder gebaut. Sogar getauft ist sie inzwischen: Als „*Harpa* – Harfe" wird sie hoffentlich ab 2011 dafür sorgen, dass aus Island irgendwann wieder fröhlichere Töne in die Welt hinaus klingen.

---

3 Siehe Kapitel „Die Flaniermeile".

Arbeitswut

Ich lernte meine Isländer als echte Arbeitstiere kennen. Den wenigsten wird ein einziger Arbeitgeber genug sein. Hauptanstellung plus Nebenjob(s) ist die gängige Devise. Zum Beispiel tagsüber im Büro arbeiten und abends in einer Kneipe Bier zapfen. Oder von Montag bis Freitag Universitätsassistent sein und am Wochenende Reiseleiter. Eine andere Variante heißt Überstunden im Hauptjob. Nach Feierabend länger bleiben oder ganze Sonderschichten schieben. Ich wage sogar den Verdacht auszusprechen, dass viele Arbeitgeber bei der Personalplanung die Überstundenwilligkeit ihrer Arbeitnehmer geradezu einkalkulieren. Beide Seiten wissen nämlich ganz genau, dass es finanziell erst richtig interessant wird, wenn die Pflichtstunden bereits absolviert sind. Denn oft bringen Extras bessere Stundenlöhne als die reguläre Arbeitszeit. Und gleichzeitig spart der Arbeitgeber an fixen Personalkosten.

Die Frauen der Nation machen dabei keine Ausnahme. Sie mischen auf dem Arbeitsmarkt fast genauso kräftig mit wie die Herren der Insel, viele von ihnen in Vollzeit. Familienarbeit freilich noch nicht mitgerechnet. Islands Weiblichkeit sei ohnehin ein Kapitel für sich, was Selbstbewusstsein, Eigenständigkeit und eigenen Kopf angeht, kam mir zu Ohren. Hineinreden ließen sie sich jedenfalls nicht so leicht. Kamen sie doch seit jeher alleine zurecht, während ihre Gatten zum Beispiel auf hoher See waren, wochen- oder gar monatelang. Da verwundert es nicht, dass es auch für die Islandfrau von heute eine Selbstverständlichkeit ist, auf eigenen Füßen zu stehen, auch finanziell. Der berufliche Erfolg beweist, dass sie davon etwas versteht. Mehr als eine Dame steht auch außerhalb der eigenen Familie an der Führungsspitze.

Ein Beispiel für die isländische Arbeitswut gefällig? Mein Stefán – mit dem Hauptwirkungskreis Tourismusbranche – vertreibt sich seine Zeit so: im Sommer ist er als Reiseleiter unterwegs, im Winter unterrichtet er an diversen Reiseleiter- und Tourismus(hoch)schulen. Ganzjährig betreut er außerdem die Website des isländischen Reiseleiterverbandes – ehrenamtlich. Gerne und häufig schreibt und photographiert mein Gefährte zudem für Zeitungen, Zeitschriften oder Broschüren. Übersetzungen stehen auch immer wieder an. Er ist im Vorstand unserer Hausgemeinschaft aktiv und als begabter Hobbyhandwerker ihr offizieller Hausmeister. Auch im Familien- und Bekanntenkreis zimmert, streicht und pflastert er. Bestimmt habe ich etwas vergessen, aber nach Stefáns eigener Einschätzung kommen auch so an die siebzig Wochenarbeitsstunden zusammen – den Zusatzjob Papa nicht mitgerechnet. Er ist damit glücklich. Ich nicht immer.

Genau, das Ergebnis des Ganzen sind viele, viele Arbeitsstunden. Zum Beispiel bescheinigte eine OECD-Studie dem Isländer im Jahr 2007 jährlich gut 1.800 Arbeitsstunden und damit etwa 370 mehr als dem Deutschen.

„Verdienen die Isländer folglich auch soviel?" Ja, antwortete das deutsche Marktforschungsunternehmen GfK GeoMarketing zumindest im Jahr 2007. Da hatte der Isländer noch eine der dicksten Brieftaschen in Europa. Nur in der Schweiz mit

Liechtenstein, in Luxemburg, Norwegen, Irland und Dänemark waren sie noch praller gefüllt. Das durchschnittliche verfügbare Einkommen pro Person der insgesamt vierzig untersuchten Länder lag in besagtem Jahr bei umgerechneten 12.000 Euro. Der Isländer konnte dagegen beinahe doppelt so tief in die Geldtasche greifen. Deutschland stand mit 18.000 Euro ebenfalls über dem Mittelmaß da. Das schon vor dem Wirtschaftseinbruch generell hohe Preisniveau auf Island sowie der traditionell üppige Lebensstandard des Einzelnen[1] machten ein gutes finanzielles Pölsterchen durchaus notwendig.

Ob allerdings auch Negativ-Vermögen in die oben erwähnte Statistik eingegangen ist? Wenn ich nämlich immer wieder höre, wie viele Isländer schon vor der Finanzkrise verschuldet gewesen sein sollen und wenn ich sehe, dass selbst die Tasse Kaffee ständig mit der Karte bezahlt wird … „Siehst du den dicken Geländewagen dort drüben? Der gehört seinem Besitzer wahrscheinlich gar nicht." Lassen wir die Frage nach dem Negativ-Vermögen lieber dahingestellt.

Nach wie vor ist der Islandalltag ganz massiv von Arbeit geprägt. Auch wenn merklich gestiegene Arbeitslosenzahlen und Kurzarbeit vielleicht anderes vermuten lassen, konnte ich persönlich noch nicht feststellen, dass die traditionelle Arbeitswut darunter gelitten hätte. Im Gegenteil: Wer jetzt deutlich höhere Kreditraten abzuzahlen hat als zuvor, muss sich natürlich umso mehr ins Zeug legen, um sein Bankkonto bestückt zu halten. Nein, ich kann mich immer noch nicht des Gefühls erwehren, dass mei-

1 Siehe Kapitel „Vom Leben in der Krise".

ne Insulaner in erster Linie leben, um zu arbeiten – und nicht umgekehrt.

Meine eigene isländische Arbeitskarriere begann in der Küche eines großen Reykjavíker Hotels. Wo sollte ich anfangen mit der Jobsuche? Die Landessprache beherrschte ich ja noch nicht. Also verfrachtete ich meinen erworbenen Titel „Diplom-Ökotrophologin" erst einmal in die Schublade und versuchte mein Glück statt dessen in einem Bereich, wo es sich notfalls auch ohne Isländischkenntnisse auskommen lässt. Partyservice, Küche … Hier hatte ich früher bereits gejobbt. So gab ich eines schönen Frühsommernachmittags meinen Lebenslauf an der Hotelrezeption ab mit der Bitte, ihn an den Küchenchef weiterzuleiten. Prompt rief dieser mich noch am gleichen Tag an, abends um neun Uhr. Ob ich nicht vorbeischauen könnte, morgen früh vielleicht? Bereits einen Tag später fing ich in der Kalten Küche an. Kunstvoll verzierte Häppchen, Backwerk, Sandwiches.

Eine hilfreiche Lektion in Sachen Stockwerkszählung gab es gleich als Bonus obendrauf. Wo war die Konferenzabteilung, in der ich mein bestücktes Kuchentablett abliefern sollte? Im zweiten Stock, hatte man mir gesagt. Und dort stand ich – vor geschlossenen Hotelzimmertüren. Mehr durch Zufall fand ich schließlich, was ich suchte – eine Etage tiefer. Auf Island ist die Bezeichnung „Erdgeschoss" nämlich unüblich. Dieses gilt bereits als der erste Stock … und die deutsche erste Etage ist dementsprechend auf Island die zweite.

Nur zwei Wochen nach Arbeitsantritt wurde ich zur Schichtleiterin in Urlaubsvertretung gekrönt. Ruckzuck, nicht lange fackeln, rein ins kalte Wasser. Ausstehende Unterlagen lassen sich notfalls nachreichen. Ich fing sofort kräftig an zu paddeln – was blieb mir anderes übrig – und hielt mich erstaunlich erfolgreich über Wasser. Ein gute Portion deutsche Präzisionsarbeit schadet bisweilen nicht. Als ich mir nach eineinhalb Jahren in der Küche recht passable Isländischkenntnisse angeeignet hatte, klopfte ich bei der Konferenzabteilung des gleichen Hotels an. Und siehe da, es gab eine freie Position im Serviceteam für mich. Ich hatte damit „mein" Arbeitsplätzchen gefunden. Vielleicht auch deshalb, weil ich mir nicht zu gut dafür gewesen war, „unten" einzusteigen.

Ganz allgemein würde ich das Unterfangen Jobsuche auf Island so beschreiben: Wer Arbeit sucht und dabei zum richtigen Zeitpunkt am richtigen Ort auftaucht, bekommt seine Chance. Wenn der Einstieg erst einmal geschafft ist, lässt sich mit Motivation und Initiative aus ihr durchaus etwas machen. So arbeitete sich eine isländische Kollegin buchstäblich von der Tellerwäscherin in die Buchungsabteilung hoch. Und meine Chefin brachte es ohne spezielle fachliche Ausbildung innerhalb eines guten Jahrzehnts vom Aushilfs-Portier zur hervorragenden Konferenz-Managerin. Nun gut, die Zeiten sind vorbei, in der Arbeitgeber händeringend nach Arbeitskräften riefen und quasi jeder vom Fleck weg angestellt wurde. Außerdem ist es inzwischen einige Jahre her, dass ich persönlich mich nach einem Plätzchen auf dem Arbeitsmarkt umschauen musste. Aber ich glaube nicht, dass diese isländische Haltung des Chance-Gebens vom Aussterben bedroht ist.

Dass eine solche Einstellung nach der Methode „Friss-oder-stirb" auch gründlich in die Hose gehen kann, ist die andere Seite der Medaille. Wenn zum Beispiel ein neuer Verkäufer mit fachfremder Qualifikation ohne Einarbeitung vom ersten Tag an vor dem Kunden steht und von der Ware, die er verkaufen soll, (noch) keine Ahnung hat, macht es sich nicht wirklich gut. Genauso wenig wie die kurz angebundene Antwort der Wollverkäuferin, die ich um Assistenz bat: „So etwas darfst du mich nicht fragen, ich stricke nämlich nicht selbst."

Von einem typisch isländischen Einstellungsverfahren kann auch eine befreundete deutsche Innenarchitektin ihr Liedchen singen: Während eines Au-Pair-Jahres hatte sie „ihren" Isländer kennengelernt. Trotzdem ließ sie sich von dem bevorstehenden Studium in Deutschland nicht abbringen. Nach erfolgtem Abschluss und fünf Jahren Fernbeziehung wollte sie es dann noch einmal mit der windigen Insel im Atlantik versuchen. Von Deutschland aus machte sie sich auf Arbeitssuche. Zum Einstieg sollte es ein Sommerjob sein. Mit einem lockeren Email an ein passendes Innendesign-Geschäft wollte sie eigentlich nur abklären, ob eine Bewerbung überhaupt Sinn machte. Doch eine knappe Stunde später erhielt sie den Anruf, der ihre Zukunft besiegeln sollte: „Hier X von der Firma Y. Sprichst du isländisch?" „Ja." „Du suchst Arbeit?" „Ja schon … einen Sommerjob." „Kannst du nicht gleich ein Jahr bleiben? Wir suchen nämlich eine neue Innenarchitektin. Du bist doch eine, oder?" „Ja, aber soll ich nicht eine richtige Bewerbung schicken, mit Diplomzeugnis?" Anstelle einer Antwort auf die Frage folgte eine kurze Jobbeschreibung. „Sollen wir dann sagen, dass du angestellt bist?" „In Ordnung, prima!" „Also dann bis in zwei Wochen!" Aus den geplanten zwei Monaten wurden inzwischen fünf Jahre.

Um noch einmal auf meine eigenen Erfahrungen in Sachen „Arbeiten auf Island“ zurückzukommen … Was mich daran auch sehr überraschte, war die locker-leichte Arbeitsatmosphäre, die mir vom ersten Tag meines isländischen Berufslebens an entgegen wehte. Ich will sie sogar als freundschaftlich beschreiben in einem Maße, das mir bislang unbekannt war. Ganz klar: Wo man viel Zeit verbringt, schadet ein hoher Wohlfühlfaktor nicht. Tatsächlich wird großer Wert auf den sozialen Aspekt gelegt. Der Arbeitsplatz als Sozialtreffpunkt? Man könnte es manchmal glauben.

Zeit für das eine oder andere private Schwätzchen sollte sich eigentlich an jedem Arbeitsplatz finden. Aber mir mutete es trotzdem immer etwas befremdlich an, wenn sich regelmäßig alle um den Chefsessel scharten, um Folge 711 der Seifenoper XY vom Vorabend breit zu treten. Oder das frisch ins Internet gestellte 3D-Video des ungeborenen Enkels zu bewundern. Auch die eine oder andere private Erledigung lässt sich bestimmt in die Arbeitszeit einschieben – der Gang auf die Bank oder zur Apotheke etwa. Und auch nach dem Feierabend-Läuten stehen immer wieder gemeinsame Aktionen auf dem Programm wie Essengehen oder sogar ein Wochenendtrip nach London oder Kopenhagen.

Wenn daher eine holländische Studie an der Universität Groningen zu Tage fördert, dass es auf Island mit der Produktivität pro Arbeitsstunde nicht ganz so spitzenmäßig bestellt ist wie in Sachen Arbeitsstunden, überrascht es mich nicht. Nur zu gerne will ich glauben, dass das eine oder andere Produktivitäts-Quentchen dem ausgeprägtem Sozialverhalten am Arbeitsplatz zum Opfer fällt. Außerdem dürften folgende Tatsachen ihren Beitrag dazu leisten. Erstaunlich viele Isländer können als Multitalente von Vielem etwas. Allerdings nicht unbedingt auf Spezialistenniveau. So kann es vorkommen, dass eine Arbeit nicht so wie beim gelernten Fachmann von der Hand geht, obwohl seine Anwesenheit bisweilen nicht schaden würde. Da zusätzlich – wie berichtet – viel auf Nebenjob-Basis gearbeitet wird, womöglich nur für wenige Wochenstunden, wechselt das Personal überdurchschnittlich oft. Der „rote Faden", der sich idealerweise durch ein Geschehen ziehen sollte, ist daher längst nicht immer garantiert. Wichtige Informationen gehen infolge dessen verloren. Meine isländischen Konferenz-Kollegen amüsierten sich immer königlich darüber, dass ich jede Detailinfo zu Papier brachte, um sie für alle verfügbar zu machen. Im Gegenzug fiel ich bei einem Hotelgast in Ungnade, weil man mir nicht mitgeteilt hatte, dass eben jener Herr ausnahmsweise den hoteleigenen Business-Center kostenlos benutzen durfte.

Früh übt sich, wer ein Meister werden will … heißt das nicht so? Auf die Gewöhnung des Jung-Isländers an Arbeit passt dieser Spruch jedenfalls ganz hervorragend. Denn was der Papa macht und die Mama auch, liegt dem Nachwuchs schon im Blut. Der weiß nämlich von ausgesprochen jungen Jahren an, was es mit echtem Geldverdienen auf sich hat. Richtiges Geld meine ich. Zehn oder elf Jahre alt werden die meisten sein, wenn es damit los geht. Ein erkleckliches Sümmchen im Monat – steuerfrei versteht sich – kommt jedenfalls für denjenigen zusammen, der unter der Woche gegen sechs Uhr früh jeweils eine Stunde lang vor der Schule Zeitungen austrägt. Manchmal müssen zwar die Eltern mit anpacken, aber was soll's. Kein schlechtes Taschengeld für einen Jungspund.

Wenn es Ende Mai auf die Sommerferien zugeht, häufen sich die Privatanzeigen an den Laternenpfählen: Zwölf- bis vierzehnjährige Mädchen wollen Baby sitten, die Jungs Rasen mähen. Auch Stefán stockte seinerzeit auf diese Weise seine Ferienkasse auf. Hauptsache beschäftigt sein. Was auch sonst tun bei drei langen Ferienmonaten und (meistens) zwei berufstätigen Elternteilen? Eine sinnvolle Beschäftigungsalternative – und gleichzeitig ein Kapitel für sich – ist die Arbeitsschule der Stadt Reykjavík, eine bewährte Ferienbeschäftigung für Schüler der 7. bis 9. Klassen. Nein, ich rede nicht von „Kinderarbeit“! Das will ich ausdrücklich betonen. Vielmehr geht es darum, die Schüler durch gemeinnützige Arbeiten unter freiem Himmel ein Taschengeld verdienen zu lassen, für wenige Arbeitsstunden am Tag. Grünanlagen pflegen zum Beispiel.

So kann ich jedes Jahr folgendes Schauspiel beobachten: Eine mindestens zehnköpfige Teenager-Truppe macht sich über das kleine Grundstück rund um die Musikschule gegenüber meinem Küchenfenster her. Rasen mähen, Hecken schneiden und Unkraut jäten. Der Großteil an Zeit und Energie wird allerdings dafür aufgewendet, Grasschlachten zu veranstalten, Büsche ihres Blattwerkes zu entledigen, auf der Straße den neuesten Modetanz aufzuführen oder einfach nur auf einen Rechen gelehnt dazustehen und Löcher in die Luft zu starren. Der meistens allzu jugendlich angehauchte Gruppenleiter macht natürlich auch mit. Kein Wunder, dass sich die Gartenpflege-Mission erst nach mehreren ganztägigen Anläufen abschließen lässt. Und das bei einem Arbeitspensum, das ich alleine in zwei oder drei Tagen bewältigt hätte. Das Ergebnis ist jedoch sehr kreativ. Schließlich ist es doch ganz normal, Teenager mit dem Zurechtstutzen von Gartenhecken zu betrauen, oder? Ihren Hauptzweck hat die Aktion aber erfüllt: Die Ferienkids sind gut aufgehoben. Wer weiß, was ihnen sonst in den Sinn kommen würde.

Doch es sind längst nicht nur die Ferien fürs Arbeiten wie geschaffen. Viele Jugendliche verdienen neben der Schule her ihr eigenes Geld. „Ideal für Schüler" ist deshalb immer wieder in Stellenangeboten zu lesen oder „Nicht jünger als siebzehn". Jobben in der Pizzabäckerei und Kassieren im Supermarkt sind echte Schülerklassiker. Mindestens fünfzehn Jahre alt müssen die Kids für einen Kassiererjob sein, mahnt die Arbeitsschutzkommission. Wenn ich mich allerdings umsehe, habe ich den Eindruck, dass sich mitunter doch jüngeres Gemüse eingeschlichen hat. Zeitungsmeldungen bestätigen meinen Verdacht: Mitunter treiben schon Vierzehnjährige am Kassenrollband das Kundengeld ein. Ein Bild, an das ich mich nicht gewöhnen kann und eigentlich auch nicht will. Denn wie oft verließ ich schon den Supermarkt angegähnt und ignoriert von einem allzu jungen Kassierer, der sich seinem Kaugummi ausgiebiger gewidmet hatte als dem Kunden. Wirklich verdenken kann ich den Kids dieses sichtliche Defizit an Kundenfreundlichkeit eigentlich nicht. Wenn doch der Vorgesetzte oft selbst noch mit druckfrischem Führerschein – den gibt's ab siebzehn – in der Tasche herumläuft. Nur mit größter Mühe konnte ich einmal einem Schichtleiter im Supermarkt überhaupt nur ein Wort entlocken, als ich höflichst fragte, ob und wie ich am besten den Käse umtauschen könnte, den weit vor Ablauf seiner Haltbarkeit das Zeitliche gesegnet hatte. Mit einer Entschuldigung für das Missgeschick hatte ich vorsichtshalber von vorneherein nicht gerechnet … ein leidiges Thema!

Ich wage es zu bezweifeln, dass die allgemein hohen Lebenshaltungskosten sowie der traditionelle persönliche Lebensstandard die alleinigen Gründe dafür abgeben, dass so viele Isländer die Arbeit zu ihrem vielleicht wichtigsten Lebensinhalt erklärt haben.

Da wäre nämlich auch noch die Sache mit dem isländischen Winter ... Dass dafür eine möglichst zeitintensive Aufgabe kein Fehler ist, weiß der Leser bereits. Und wenn Arbeit keine wirksame Medizin gegen den Winterblues ist!

Feuer und Eis

„Wenn man sie kennt, sind die Isländer richtig nett. Wenn nicht, dann nicht", beschrieb mir gegenüber einmal ein ehemaliger *Neuer Isländer* die Bewohner seiner Wahlheimat auf Zeit. Besagte Dame war nach etlichen Islandjahren wieder in ihre alte Heimat, die USA, zurückgekehrt.

Ihr Urteil kann ich nicht ganz von der Hand weisen. Denn manchmal werde ich aus meinen Insulanern einfach nicht schlau, bin mir nicht sicher, wie ich sie nehmen soll. Sie zeigen mir nämlich zwei Gesichter, die nicht gegensätzlicher sein könnten. Eines davon ist offen und herzlich, das andere geprägt von Distanziertheit und einer ordentlichen Portion Selbstliebe. Island, die Insel aus Feuer und Eis, ist oft zu lesen. Heiße Quellen und kalte Gletscher, Licht und Dunkelheit, Lebendigkeit und Düsternis. Die isländische Natur ist geprägt von Extremen. Ich behaupte, dass sie sich auch im Charakter der Menschen hier niederschlagen.

Schon als ich das erste Mal auf die Insel kam, als Urlauber, durfte ich mit der „hellen" Seite der Inselseele Bekanntschaft schließen. Nette Gespräche und spontane Hilfsbereitschaft, wo ich auch hinkam. Darin wird mir wahrscheinlich jeder zustimmen, der schon einmal Islandgast war. Ich jedenfalls war beeindruckt. Auch später, als Neubürger, durfte und darf ich diese Erfahrung immer wieder aufs Neue machen. So wurde ich zum Beispiel von Anfang an mit offenen Armen in den Kreis meiner ausschließlich isländischen Arbeitskollegen aufgenommen. Und mir wird immer noch ganz warm ums Herz, wenn ich an die herzliche Begrüßung an meinem alten Arbeitsplatz zurückdenke, als ich dort nach eineinhalb Jahren Babypause aushalf.

Überhaupt ist hier der tägliche Umgang miteinander von einer persönlichen, ja fast liebenvollen Note geprägt. Am Arbeitsplatz genauso wie im Familien- und Freundeskreis. Kaum jemand wird es versäumen, einem Gast umgehend etwas „Heißes aus der Kanne" anzubieten: eine Tasse Kaffee; so wie der Brite postwendend „den Kessel aufstellt". Davon abgesehen, ist zur Begrüßung mit einer herzlichen Umarmung und einem Schmatz auf die Backe zu rechnen. Der gehört auch am Ende der letzten Gymnastik- oder Sprachkursstunde zum guten Ton.

Lustig finde ich es, wenn eine Gruppe von längst erwachsenen Frauen mit *stelpur*! („Mädels!") oder Männern mit *strákar*! („Jungs!") angesprochen wird. Besonders schön ist die große Palette an netten Grußformeln. Neben dem allgemein gehaltenen *takk fyrir daginn* („danke für den Tag"), ausgesprochen zum Beispiel den Kollegen gegenüber am Ende eines Arbeitstages, darf ein Schüler für eine gute Unterrichtsstunde gerne ein *takk fyrir tímann* („danke für die Stunde") loswerden. Trifft man jemanden wieder, mit dem man erst kürzlich Zeit verbrachte, zum Beispiel auf einer Familienfeier, fällt zur Begrüßung ein *takk fyrir síðast* („danke für das letzte Mal"). Nach jeder Mahlzeit wird dem Koch oder der Köchin ein *takk fyir mig* („danke für mich") ausgesprochen. Es dauerte eine ganze Weile, bis das bei mir durchsickerte. Erst als Stefáns Danksagungen auch nach monatelangem Zusammenleben kein Ende nahmen, wurde es mir bewusst. Wenn ich diese Floskel in meinem deutschen Elternhaus anbringe, tut Mama das meistens ab mit einem bescheidenen „ist schon gut, du brauchst dich doch nicht extra zu bedanken". Die fachmännische Reaktion darauf wäre ein *verði þér á góðu* („werde es dir zum Guten"). In die Anrede von Leuten, die man gern hat, lässt sich eine extra Portion Liebe oder Freundschaft legen in Form eines *minn* beziehungsweise *mín* („mein"). *Takk Stefán minn* oder *takk mamma mín*! Und wenn mich jemand als *elskan* („Schätzchen") bezeichnet, stört mich das nicht. Auch das gehört dazu. Diese kleinen Feinheiten machen mir immer wieder warm uns Herz und ich möchte wenigstens ab und zu ein Stückchen davon nach Deutschland exportieren.

Dass es hier generell weniger „steif" zugeht, zeigt auch folgendes Erlebnis einer befreundeten deutschen Frau, die so wie ich seit etlichen Jahren in Reykjavík lebt. Sie war mit ihrem isländischen Mann abends beim Essen und die beiden fuhren gemütlich durch die Stadt nach Hause, als sie ein Polizeiwagen überholte und zum Anhalten aufforderte. Ihr Partner hielt den Wagen an und stieg aus, während sich der Polizist bückte, um einen Aufkleber an ihrem Auto anzubringen. Die beiden Herren wechselten ein paar belanglose Worte über das Wetter und darüber, dass gar nicht so viel los sei an diesem Abend. Der Polizist will weder Führerschein sehen, geschweige denn Verbandskasten oder gar Warndreieck. Anschließend verabschiedet er sich mit Handschlag. Meine beiden „Missetäter" wussten von Anfang an, wo das Problem lag: Schon vor einem dreiviertel Jahr hätte ihr Wagen zum TÜV gemusst. Das einzig Schlimme an diesem Vorfall ist die Tatsache, dass sie nun mit diesem scheußlichen rot-weißen „Zum TÜV gebeten"-Aufkleber am Wagen herumfahren müssen und damit jeder über ihr Vergehen Bescheid weiß. In

Deutschland wäre die Begegnung unter Umständen weniger leger ausgefallen. Und es wäre wohl nichts anderes übrig geblieben, als das Auto an Ort und Stelle zurückzulassen und zu Fuß nach Hause zu gehen. Wieder einmal ist ein Beweis dafür erbracht, dass Herzlichkeit und Menschlichkeit auch vor der Obrigkeit nicht Halt machen müssen.

Nun aber zur „dunklen" Seite des isländischen Charakters. So wie sich mir seinerzeit im Kurzurlaub der dunkle Winter sehr viel pikanter präsentiert hatte als später, als *Neuer Isländer*, über Wochen und Monate hinweg, verhielt es sich auch mit dem Leben unter den Einheimischen. Der Isländer hält sich nämlich gerne auf Distanz. Er trägt bisweilen eine harte, kalte Schale zur Schau, die ihn als unzugänglich und arrogant erscheinen lässt. Oft habe ich das Gefühl, dass ich nicht richtig an ihn heran komme. Wenn ich „isländisch bin", also das mache, was Isländer zu tun pflegen, bin ich zwar immer willkommen, aber nicht wirklich ein Teil des Ganzen. Im Fitnesscenter zum Beispiel – wo ich nebenbei bemerkt meistens der einzige Nicht-Isländer in Sichtweite bin – mache ich meine Gymnastikübungen still und leise vor mich hin. Die einheimischen Damen dagegen halten angeregte Gespräche.

Oder nehmen wir den sogenannten *saumaklúbbur*. Es wird kaum eine isländische Frau geben, die nicht in einen solchen „Nähklub" hineingeboren ist. Der naheliegenden, da namensgebenden Beschäftigung wird in solchen Damenkränzchen heute nur noch selten nachgegangen. Früher nähten und strickten die Frauen tatsächlich fleißig miteinander, im Winter zum Beispiel oder während ihre Männer auf hoher See waren. Besonders auf dem Lande gab es diese höchst soziale Institution. Heute ist *saumaklúbbur* das Codewort für geselliges Zusammensein unter Frauen allgemein, das weit über reine Kaffeekränzchen hinausgeht. Auch edle Abendessen sind drin, gemeinsame Tagesausflüge in heimischen Gefilden oder Wochenendtrips ins Ausland. Hauptsache gemeinsam, ohne männlichen Anhang und mit viel Gaudi. Die sozialen Bande untereinander sind dabei so eng geflochten, dass potentielle Beitrittsinteressenten kaum eine Chance haben. Sie tun besser daran, von Anfang an ihren eigenen Klub ins Leben zu rufen. Vorher hatte ich nie ein Problem damit, Kontakte zu knüpfen. Aber auf Island …

Außerdem muss ich immer wieder beobachten, dass der Isländer gerne in erster Linie an sich selbst denkt. Ihr könnt nämlich ziemliche Rüpel sein, meine Lieben! Insbesondere in der Welthauptstadt Reykjavík sind eure Manieren wirklich nicht immer und überall die besten. Kein Wort der Entschuldigung nach einem Anrempler auf dem Gehsteig; eine vor der Nase zugeschlagene Tür auf dem Weg in die Umkleidekabine nach dem Sport; die Unterbrechung eines Zwiegesprächs durch einen Dritten. Und diese Nach-mir-die-Sintflut-Mentalität! Wie sah das Unterrichtszimmer jedes Mal aus, wenn ich meine Isländisch-Stunde an der Universität antrat! Leere Dosen, Flaschen, Schokoladen- und Sandwichpapier auf, vor, hinter und unter fast jedem Tisch. Nicht dass einer sein Gerümpel selbst wegräumen würde. Eine deutsche Freundin unterrichtete an einer Reykjavíker Grundschule und ließ sich auch immer wieder darüber aus, mit welcher Selbstverständlichkeit der Dreck ignoriert wird. Die Überreste der Sylvesterknallerei liegen im Mai noch in den Gärten. In unserem kleinen Wohnblock bleibt der im Treppenhaus verschüttete Kakao wo er ist, genauso wie die Zigarettenkippen, die im Laufe der Party ihren Weg über die Balkonbrüstung auf den Rasen darunter fanden. Na und? Eigentlich müsste ich dieses „Leck-mich-am-Arsch-Gefühl" – Entschuldigung, aber mir fällt kein anderer Begriff ein, der die Situation besser beschreibt – inzwischen gewohnt sein, aber es wurmt mich trotzdem immer wieder aufs Neue.

Ein Blick auf den Straßenverkehr offenbart ein ähnliches Verhalten. Da wird gedrängelt und geschnitten, und ich wage zu bezweifeln, dass auf Island gefahrene Autos serienmäßig einen Blinker haben. Eingesetzt wird er jedenfalls nicht oft. Diszipliniert einfädeln lassen nach Reißverschluss-System? Ein schwieriges Unterfangen. Ich halte trotzdem an der Regel fest und bin überrascht, wenn sich jemand für eine gewährte Vorfahrt bedankt. Klar, auch anderswo sind nicht nur Lämmer auf der Straße, aber auf Island hatte ich schon überproportional viele frustrierende Momente und Schrecksekunden zu verkraften. Für den besonderen Adrenalinkick empfehle ich übrigens Radfahren auf der Straße, idealerweise im Kreisverkehr. Seit ich das einmal tat weiß ich, warum das Gehsteig-Radeln offiziell gestattet ist. Eine prickelnde Erfahrung ist auch die Fahrt im Stadtbus. Da heißt es gut festhalten und bloß nicht den Griff lockern. Der Bus mitsamt Insassen fliegt nämlich nur so um die Kurven. Blendend amüsierte ich mich bei anderer Gelegenheit über die Beobachtung, wie sich an einer Straßenbaustelle Fahrzeuge von beiden Seiten mit aller Gewalt die Vorfahrt sichern wollten: Einfahren auf die vorübergehend einzige Fahrspur und bloß nicht nachgeben! Das wäre im schottischen Hochland nicht passiert. Gerne würde ich manchen isländischen Autofahrer für eine Weile dorthin schicken, um ihn auf den vielen permanent einspurigen Straßen Rücksicht und Zuvorkommenheit im Straßenverkehr üben zu lassen.

Ich stelle immer wieder fest, dass es von meiner jeweiligen Tagesform abhängt, welche Eigenheiten des isländischen Charakters ich gerade in die Waagschale lege, die „hellen" oder die „dunklen". Letztere nehme ich schon lange nicht mehr persönlich, sondern kann sie – an guten Tagen – mit Gelassenheit tragen. „Willkommen auf Island" denke ich mir in solchen Momenten im Stillen und kann mir oft genug sogar ein innerliches Schmunzeln nicht verkneifen. Aber dass mir bloß keiner behauptet, die natürlichen Gegebenheiten eines Landes würden seine Bewohner nicht prägen!

Ihr Kinderlein kommet

„Hast du Kinder?“ Kaum kennengelernt und schon gefragt. Der Isländer glänzt bisweilen durch geradezu unverblümte Direktheit. Aber wo er recht hat, hat er recht. Denn die Familienfrage ist auf Island wichtig. Kinder gehören einfach dazu. Sie werden als genau das betrachtet, was sie sind: das Natürlichste der Welt. Eigentlich ließe sich die Kinderfrage getrost in ein „*Wieviele* Kinder hast du?“ umformulieren.

Ein kleiner Stadtbummel genügt und diese Einstellung wird offensichtlich: wo man nur hinsieht, wimmelt es vor Kindern und solchen, die es noch werden wollen. Frauen schieben stolz Babykugeln vor sich her. Kinderwägen rollen überall und ihnen wird uneingeschränkte Vorfahrt gewährt. Bei schönem Wetter krabbeln die Kleinsten unter den Isländern auf den Stadtwiesen über bunte, mitgebrachte Decken. Wer auf eigenen Beinen steht, tobt sich anderweitig aus. Kinderstuhl, Wickeltisch und Spielecke stehen ohnehin überall parat. Ein Stadtfest ohne immense Kinderschar ist undenkbar. Und das beste dabei ist: Es stört sich niemand daran.

Oft werde ich von Islandbesuchern auf die vielen Kinderwägen angesprochen, die vor Cafés und Geschäften geparkt sind, mitsamt ihrer lebendigen Fracht, während sich Mama oder Papa eine kleine Pause gönnt oder etwas erledigt. Diese – andernorts undenkbare – Besonderheit fällt auf. Überhaupt stehen Kinderwägen überall. Beim Spaziergang durch Reykjavík stechen sie, mit Tüchern und Decken verhängt, auch in Gärten, auf Balkonen oder vor Haustüren ins Auge. Das isländische Baby schläft tagsüber nämlich grundsätzlich draußen an der frischen Luft. Rund ums Jahr und bei schlechtem Wetter besonders gut eingepackt. Ein Babyphon hält die Eltern auf dem Laufenden. Anfangs hatte sich meine deutsche Seele gegen diese isländische Sitte aufgelehnt – das Baby draußen stehen lassen! – aber ich übernahm sie doch. Mein Kind schläft auch alleine im Auto. Denn ich fühle mich hier sicher.

Ich weiß von einer Fernsehansagerin, die – nach der Entbindung zurück im Job – ihr Neugeborenes mitnahm, um es im Rahmen ihres großen Auftritts den Fernsehzuschauern vorzustellen. Schließlich hatten sie den Winzling über Monate hinweg wachsen sehen. Während ich im Konferenzsektor arbeitete, war einmal ein taufrisch geschlüpftes Baby auf Mamas Dienstversammlung mit von der Partie. In den Besprechungspausen wurde es gestillt. Unsere Anna hatten wir, nur ein paar Monate alt, zweimal im Kino dabei. Anderswo hätte ich mich so etwas nicht getraut, wäre ich doch mit großer Wahrscheinlichkeit auf Missbilligung gestoßen. Hier machte ich mir keine Gedanken deswegen.

Wäre ich selbst Kind auf Island, würde ich über meine Umwelt in etwa so urteilen: Wie schön ist es doch, auf der Welt zu sein! Immer und überall ist man bestens auf mich eingestellt. Ich bin willkommen! Aus Sicht der Mutter kann ich mir kein kinderfreundlicheres Land wünschen.

Nüchterne Zahlen untermauern diesen subjektiven Eindruck. Denn Island führt auch in dieser Beziehung die Statistiken an: Was die Gebärfreudigkeit angeht, ist meine Insel spitze. Während die deutsche Durchschnittsfrau mit 1,3 lebend geborenen

Kindern merklich unter dem OECD-Schnitt von 1,7 liegt, bringt es die Isländerin im Laufe ihres Lebens auf 2,1 Kinder. Ganz davon abgesehen, dass sie die schwersten Babys weltweit gebärt, gemessen am mittleren Gewicht voll ausgetragener Neugeborener. Bei einem Durchschnittsalter von sechsunddreißig Jahren ist die isländische Gesellschaft um einiges jünger als die deutsche mit ihren dreiundvierzig Jahren. Dort hat ein Fünftel der Gesamtbevölkerung die 65-Jahre-Marke erreicht oder überschritten. Auf Island ist es nur ein gutes Zehntel. Das sieht man, finde ich. Die Gesellschaft macht einen wunderbar jungen, frischen Eindruck.

Was die Kinderzahl betrifft, ist nur ein einziges Land innerhalb Europas noch fruchtbarer als meine Nordinsel: die Türkei mit 2,2 lebenden Kindern pro Frau. Woran das liegen könnte? Ich nehme einmal an, dass in der Türkei vor allem die Religion der Grund für den Kinderreichtum ist. Auf Island dürfte er nach meiner Einschätzung ganz andere Ursachen haben. Wenn ich nämlich so sehe, welche Freiheiten die Jugendlichen hier genießen … Ich muss nur einmal aus meinem Küchenfenster sehen: Der Basketballkorb auf dem Schulhof gegenüber ist fast immer belagert, ganz unabhängig von Wetter und Uhrzeit. Im Sommer herrscht Betrieb bis in die späten Stunden hinein. Von Mai bis August dürfen gemäß Kinderschutzgesetz selbst Dreizehnjährige bis Mitternacht auf eigenen Pfaden wandeln, ohne Begleitung eines Erwachsenen. Für jüngere Kids ist um zehn Uhr Feierabend. Die winterlichen Ausgehzeiten ab September sind für beide Altersklassen jeweils um zwei Stunden kürzer. Die Eltern sehen das gelassen, ist doch nicht damit zu rechnen, dass die Sprösslinge verloren gehen. Von Anfang an sind ihre Schlüsselkinder viel sich selbst überlassen und werden groß, ohne dass ständig jemand ein Auge auf sie hat. Somit wird der isländische Nachwuchs sehr früh selbständig. Eigentlich prima, doch die Kehrseite der Medaille sieht so aus: In Fachkreisen werde es nämlich gar nicht gut geheißen, dass die „Arbeit die Eltern geschluckt hat“[1]. So war es Anfang 2008 in einer Tageszeitung zu lesen. Man möchte meinen, dass sich mit dem wirtschaftlichen Einbruch und der damit verbundenen, oft zwangsweise verringerten Arbeitsstundenzahl die elterliche Zeiteinteilung etwas mehr zugunsten des Nachwuchses verschoben hat. Doch nach wie vor ermahnen Kampagnen die Familien dazu, auch und gerade mit ihren Teenagern mehr Zeit zu verbringen. Das sei der wirkungsvollste Weg, die junge Generation von Suchtmitteln wie Drogen und Alkohol fernzuhalten. Womit sich der Kreis zur Gebärfreudigkeit wieder schließt ... Ich bin nämlich davon überzeugt, dass die Feierfreudigkeit der jungen Isländer, mit der oft eine ordentliche Portion Alkohol verbunden ist, nicht ganz unschuldig ist am isländischen Kinderreichtum. Man hört ja immer wieder, dass es die Leute hier recht bunt treiben, wenn sie abends fortgehen und am Morgen danach durchaus neben einem Fremden aufwachen. Und Alkohol setzt bekanntlich Hemmschwellen herunter.

Mein Verdacht wird durch folgende Tatsache erhärtet: Mir begegnen laufend ausgesprochen junge Mütter, selbst wenn die isländische Durchschnittsfrau offiziell im Alter von sechs- oder siebenundzwanzig Mutter wird. Das sind drei bis vier Jahre früher als die deutsche. „Ich habe eine einjährige Tochter“ ver-

1 Siehe Kapitel „Arbeitswut“.

kündete einmal ein weiblicher Schnupperlehrling, den Blick auf meinen damals unübersehbaren Babybauch gerichtet. „Du bist aber viel jünger als ich" fiel mir darauf nur ein. „Ja, ich bin achtzehn." Nur gut, dass hier blutjunge und/oder alleinerziehende Elternteile ebenso wenig wie uneheliche Kinder Bedenken haben müssen, was die Akzeptanz von Seiten der Gesellschaft angeht. Als Single-Mama oder -Papa hat man hier auch Vorteile: Beispielsweise kostet ein Kindergartenplatz nur halb so viel.

Wenn ich mir das recht überlege, hätte ich als Erstgebärende mit stattlichen siebenunddreißig Jahren genauso gut Großmutter statt Mutter werden können! Ein eigenartiger Gedanke. Aber auch als „Spätgebärende" stehe ich hier nicht alleine auf weiter Flur. Isländische Frauen kosten nämlich gerne die gesamte Bandbreite ihrer Gebärfähigkeit aus, und das im wahrsten Sinne des Wortes. Denn wie nett ist es doch, so ein Kleines zu haben! Kein Wunder, dass es immer wieder vorkommt, im letzten Moment noch eines obendrauf zu legen. „Die isländische Frau zwischen siebzehn und vierzig ist ständig schwanger", beschrieb eine Nicht-Isländerin mir gegenüber einmal die Lage halb im Scherz. Aber der berühmte Funken Wahrheit daran lässt sich nicht verleugnen. Denn wer sein erstes Kind mit zwanzig oder noch früher hat, kann mit Leichtigkeit fünfzehn bis zwanzig Jahre später das letzte bekommen. Dass daraus eine ganz eigene Familienstruktur resultiert, ergibt sich von selbst.

„Ich habe zwei Papas!" plappert denn auch der Vierjährige auf der Schaukel drauf los, während meine Anna den Sandkasten des Spielplatzes unsicher macht. Der Kleine hat das ganz richtig erfasst: Papa

Nummer eins ist der leibliche Vater, während es sich bei Papa Nummer zwei um den aktuellen Partner der Mama handelt. Eine Tatsache, die kein Geheimnis bleiben muss. Wer ein Problem damit haben könnte, dass ein neuer Lebenspartner möglicherweise Kinder im Schlepptau hat, sollte sein Glück diesbezüglich lieber nicht auf Island suchen. Ich habe mir mit Stefán auch insofern ein seltenes Exemplar geangelt, als er zum Zeitpunkt unseres Kennenlernens noch kinderlos war. Nach bestem Wissen und Gewissen, wie er das so schön auszudrücken pflegt. Und das, obwohl er seinen Dreißiger seinerzeit schon überschritten hatte. Nach echt isländischen Regeln müsste er eigentlich inzwischen mindestens einen Nachfahren im Teenager-Alter haben. Ein ehemaliger Arbeitskollege hatte mit Mitte dreißig fünf Kinder mit drei verschiedenen Frauen. Es ist nämlich nicht nur so, dass viele isländische Frauen bald Mutter werden. Auch Islands Männer sind oft schon in jungen Jahren äußerst treffsicher. Wer aber sein erstes Kind früh hat, sei es Mann oder Frau, wird mit großer Wahrscheinlichkeit mindestens einen Partnerwechsel hinter sich haben, bevor sich das nächste Kleine auf den Weg macht. In meinem Bekanntenkreis gibt es den pikanten Fall, dass ein Mann bereits mit seiner neuen Freundin zusammengezogen war, als sein Sohn aus der vorausgegangenen Partnerschaft geboren wurde.

Das Ergebnis ist die kunterbunte, Island-typische Patchworkfamilie, bestehend aus (Ehe)Paar und Kindern unterschiedlichster Vater-Mutter-Kombinationen. Wenn beide Partner bereits Nachwuchs aus früheren Beziehungen haben und obendrein gemeinsamen, dann geben Namen alleine überhaupt keinen Aufschluss mehr über die Familienzugehörigkeit.[2] Nicht selten sind außerdem alle Altersklassen und damit Entwicklungsstufen innerhalb einer Familie vertreten, vom Säugling über das Kleinkind zum Kind und Teenager. Deshalb hat auch so manches vierzehnjährige Mädchen einiges in Sachen geschwisterliche Baby- und Kleinkinderpflege auf Lager, was manche mittelalte frischgebackene Mutter glatt in den Schatten stellt. Innerhalb meiner eigenen isländischen Verwandtschaft gibt es ein kleines Zwillingspärchen, auf das eine zehnjährige Schwester und ein fünfzehnjähriger Bruder stolz sind. Obwohl gerade letzterer sich vielleicht etwas Spannenderes vorstellen könnte, als Babysitter zu spielen.

Sobald auf Island ein Kindlein unterwegs ist, läuft ungefähr folgendes Szenario ab: Der Arzt mag zwar die offizielle Diagnose stellen, gleich danach verabschiedet frau sich von ihm aber schon wieder – wenn alles wie am Schnürchen läuft. Denn die Schwangerschaftsvorsorge liegt ganz und gar in sicheren Hebammenhänden. Frau ist schließlich nicht krank. Selbst während der Geburt lässt sich im Normalfall kein Arzt blicken, obwohl er natürlich für den Notfall in Reichweite ist. Wer nach getaner Geburtsarbeit glaubt, sich für ein paar Tage in der Klinik erholen zu können, hat meistens falsch gedacht. In Reykjavík darf im Idealfall zwar auch Papa eine Nacht im sogenannten „Nest" verbringen, der Klinikabteilung für die junge Familie, die eher an ein Babyhotel als ein Krankenhaus erinnert. Doch schon am nächsten Tag geht es bereits mit Sack und Pack ins eigene Heim, wo eine Hebamme täglich nach dem Rechten sieht.

2 Siehe Kapitel „Eine kleine Namenskunde".

Zu den üblichen Nestbauaktivitäten, denen werdende Mütter bekanntlich nachzugehen pflegen, gesellt sich für viele isländische Frauen auch folgende Pflichtübung: Spätestens jetzt muss eine persönliche Internetseite für den erwarteten Nachwuchs her! Ab sofort wird unter „Kinderland“ oder „Kindernetz“ absolut alles dokumentiert: Übelkeit und Ultraschall, Bauchumfang und erstes Photo, jedes Gramm Gewichtszunahme und jede volle Windel. Auf diese Weise können sämtliche Familienmitglieder und Freunde das große Abenteuer haarklein und fast live mitverfolgen. In manchen Fällen ist nicht einmal ein Passwort notwendig, so dass ohne weiteres jedermann nackte Babybäuche unbekannter Mamas in spe inspizieren kann. Aus Neugierde betrieb ich diesen Sport auch schon. Mir persönlich ist diese Angelegenheit aber viel zu privat. Bis heute sehe ich deshalb keinen Grund dazu, für unsere Familie eine solche Seite einzurichten. Schließlich lassen sich die nötigen Bilder auch per Email verschicken. Für Überraschung sorgte in unserem isländischen Verwandten- und Bekanntenkreis außerdem das nach deutscher Tradition übliche Kärtchen, mit dem wir unser neugeborenes Mädchen vorstellten. So etwas hatte Island bis dahin noch nie gesehen.

Richtig viel Zeit und Muße für die Vorbereitungen auf das große Finale bleibt allerdings nicht. Auf Island legt nämlich die werdende Mutter den Stichtag selbst fest, an dem ihre Schonfrist beginnen soll. Und sie wird sich – wenn es ihr gut geht – nur in den seltensten Fällen zu dem hinreißen lassen, was beispielsweise das deutsche Mutterschutzgesetz vorsieht: sechs Wochen vor dem errechneten Geburtstermin daheim bleiben? Lieber so lange wie möglich arbeiten! Ich meinerseits konnte meinen Arbeitstag nach und nach verkürzen, dank der Kulanz meines Arbeitgebers sogar ohne ärztliches Attest. Kaum war ich zwei Wochen zu Hause, war ich auch schon Mutter. Dann gibt es natürlich noch eine ganz schlaue Variante: sich krank schreiben lassen, um den Kuchen „Erziehungsurlaub" so lange es geht unangetastet im Schrank zu belassen. So lässt sich von ihm nach hinten hinaus länger zehren.

Geregelt ist der Erziehungsurlaub im allgemeinen folgendermaßen: Beide Elternteile haben Anrecht auf jeweils drei fixe Babymonate. Hinzu kommen weitere drei Monate, die sich die Eltern beliebig teilen dürfen. Der Staat zahlt in dieser Zeit einen monatlichen Ausgleich. Bis zum 31. Dezember 2009 entsprach er noch 80 % des Gehaltes. Seitdem, ganz im Zeichen der Wirtschaftskrise, wurde es für die meisten etwas weniger, wobei insbesondere der Maximalbetrag massiv gekürzt wurde. Am gängigsten ist der Fall, dass Mama neben ihrer dreimonatigen „Pflicht" auch die „Kür" übernimmt und folglich die ersten sechs Lebensmonate bei ihrem Säugling ist. Für die nächsten drei Monate geht Papa an die Windel. Und das macht er ganz vorbildlich.

Der Erziehungsurlaub für den Mann … Woran sich deutsche Arbeitgeber immer noch gewöhnen müssen, ist auf Island schon längst gängige Praxis. „Papas so viel mit den Kindern wie nie zuvor" verkündet eine Tageszeitung im Herbst 2007. Neun von zehn Vätern der Nation machen von ihrem Recht Gebrauch, in Alleinverantwortung Babypopos zu pflegen und Kinderwägen zu schieben. Noch nie zuvor in der isländischen Geschichte waren sie so eifrig bei der Sache. Aber selbst hier fing der Mann einmal klein an und steigerte sich von erst einem über zwei auf die gegenwärtigen drei Monate Vaterschaftsurlaub. Bleibt nur noch die Frage, wie intensiv er sich in dieser Zeit tatsächlich dem Nachwuchs widmet. Eine Studie lässt nämlich durchblicken, dass er es doch nicht ganz lassen kann: im Schnitt arbeitet ein Vater im Erziehungsurlaub trotzdem einen 30 %-Job. Oder er schreibt die Abschlussarbeit für's Studium, so wie das bei uns der Fall war. Anna und ich waren derweil bei Oma und Opa auf Heimatbesuch in Deutschland … Wie dem auch sei. Ein Hoch auf die gesunde Vater-Kind-Beziehung und den Beitrag zur Gleichberechtigung. Denn isländische Personalabteilungen müssen auch dann mit „Ausfallzeiten" rechnen, wenn sie Männer einstellen.

Und was treibt Mama derweil? Sie ist längst wieder „im Job". Tatsächlich arbeiten nur die wenigsten isländischen Frauen über den offiziell gewährten und bezahlten Erziehungsurlaub hinaus „nur" als Hausfrau und Mutter. Bereits in einem vorherigen Kapitel ließ ich anklingen, dass die Frauen der isländischen Nation ein kräftiges Wörtchen auf dem Arbeitsmarkt mitreden. Aber fällt die Entscheidung dafür wirklich immer aus ganz freien Stücken? Ich glaube es nämlich nicht. Vielmehr sehe ich die Lage so: Für viele Familien gibt es aus finanziellen Gründen überhaupt keine Alternative – weder vor, noch nach der wirtschaftlichen „Wende" im Oktober 2008. Die traditionell hohen Lebenshaltungskosten sind noch mehr gestiegen, von enormen Kreditabzahlungsraten ganz zu schweigen. Selbst wer seinen individuellen Lebensstandard notgedrungen heruntergeschraubt hat, wird ohne einen Zweitverdiener in der Familie nur selten auskommen. „Zur Selbstverständlichkeit gewordener Zugzwang" nenne ich gerne die nüchterne Tatsache, dass die meisten frischgebackenen

Islandmütter so bald wie möglich wieder ihrer „gewohnten“ Arbeit nachgehen.

Für Überraschung, wenn nicht sogar Ungläubigkeit sorgte daher meine Handhabung dieser Angelegenheit, und das gleich in mehrfacher Hinsicht: Erstens blieb ich anstelle der üblichen sechs Monate gleich ein geschlagenes Jahr bei meiner Tochter daheim, bei 50 % meines früheren Lohnes. Zweitens nahm Stefán seine drei Vatermonate innerhalb dieser Frist. Mutter *und* Vater zeitgleich im Erziehungsurlaub? Ein Ereignis mit echtem Seltenheitswert, das – wie mir dünkt – nach isländischem Verständnis fast an Verschwendung grenzt. Schließlich verfolgt Papas Einsatz den Hauptzweck, Mama abzulösen! Und drittens ... „Wie, du bist nach zwei Jahren immer noch daheim?!“ Ja, das war ich! Unbezahlt aber mit großer Freude. Eine familieninterne Regelung, für die ich nachweislich immer wieder beneidet wurde: „Wie gerne wäre auch ich damals länger daheim geblieben! Aber der Job ...“

Die isländische Variante in Sachen Kleinkinderbetreuung heißt Tagesmutter. Frühstück ab acht Uhr, Streupartikel aufkehren, Nasen putzen, Trösten, Wickeln, Schläfchen verordnen. Mittagessen kochen, Raubtierfütterung, Kehren, Nachmittagsimbiss, Wickeln und Trösten bis zur Abholung am Spätnachmittag. Bis zu fünf kleine Kameraden wuseln gleichzeitig im Privatquartier der Betreuerin herum, einige davon vielleicht gerade einmal sechs oder neun Monate alt. Als Urlaubsvertretung für eine befreundete Tagesmutter kann ich hiervon selbst ein Liedchen singen und sage nur: Hut ab! Ein echter Knochenjob! Zumindest bis zum Wirtschaftscrash waren Tagesmütter trotz des enormen Bedarfs echte Mangelware, aufgrund der allgemeinen Knappheit an Arbeitskräften. Eltern taten deshalb gut daran, den kleinen Kandidaten möglichst schon vor seiner Geburt bei einer Tagesmutter anzumelden – und sich von Anfang an mit dem Gedanken anzufreunden, dass er sie wahrscheinlich irgendwann „Mama" nennen wird.

Anfangs erstaunte es mich, mit welcher Selbstverständlichkeit isländische Eltern schon ihre Babys in Betreuung geben. Eine Einstellung, mit der sich wohl viele deutsche Köpfe schwer tun. Trotzdem ließ ich mich in Maßen von ihr anstecken. Es ist schließlich kein Geheimnis, dass die Kleinsten von gleichaltriger Gesellschaft sichtlich angetan sind. So wagte ich es einfach und überließ meine achtmonatige Anna den sicheren Händen der Kinderbetreuung im Fitnesscenter, während ich Gymnastik machte. Wunderbar!

Da Islands Kindergärten endlich wieder voll bemannt sind, darf zu Recht gehofft werden, dass bald das Briefchen der Stadt Reykjavík mit der frohen Botschaft eintrifft, für den Sprössling einen Kindergartenplatz zu haben. Am besten spätestens ab eineinhalb Lebensjahren und für acht oder neun Stunden täglich – ein wahrlich langer Arbeitstag.

Bildungshunger

Schule, Hochschule und ab ins Arbeitsleben? Der Isländer ist nicht nur gut gebildet, er hört auch nie auf zu studieren. Die schnurgerade Ausbildungs- und Berufskarriere ist deshalb auf Island selten. Arbeiten und nebenbei einen Kurs belegen. Eine „Studienpause" von der Arbeit nehmen und dann in einer höheren Position wieder einsteigen. Oder umgekehrt nach den ersten Studiensemestern ein paar Arbeitsjahre einlegen, um die persönliche Finanzlage aufzustocken. Solche Variationen sind eher nach isländischem Geschmack.

Dabei muss es nicht einmal ein kompletter Hochschulstudiengang sein. Auch mit nur einem Kurs oder einem Abend pro Woche lässt sich nach und nach, notfalls über ein paar Winter verteilt, selbst neben dem Vollzeitjob ein Abschlusszeugnis nach Hause tragen. Meine ehemalige Nachbarin, Anfang fünfzig und alleinerziehende Mutter zweier Teenager-Töchter befasste sich zum Beispiel an der Abendschule mit Psychologie. Und zwei von Stefáns Cousinen eigneten sich auf diese Weise Führungsqualitäten an.

Winterzeit ist gleichzeitig Lernzeit. Das Kursangebot ist wahrlich überwältigend, insbesondere was die Erwachsenenbildung betrifft. Von der Volkshochschule bis zur Hochschule ist alles geboten, was das isländische Herz nur begehren kann. Vielleicht Computer oder Management? Lieber Buchhaltung oder Fremdsprachen? Sobald sich der Islandsommer im August seinem Ende neigt, kündigt sich eine neue Lernsaison an. Dann legen sich die Kursanbieter mit allen Kräften ins Zeug, um potentielle Teilnehmer zum Anmelden zu verführen. Die Werbeanzeigen und -broschüren quellen nur so aus dem Briefkasten. Ich glaube gar, dass der Lauf des Islandjahres dem isländischen Bildungsdrang angepasst ist: Keine vier Jahreszeiten bestimmen es, sondern die zwei Phasen „Sommer" von Juni bis August und „Studieren" von September bis Mai – ein (Hoch)schuljahr. Kurioserweise gibt es aber überhaupt keinen Winter, wenn man dem Lehrplan glauben soll. Nur Herbst- und Frühlingssemester.

Doch auch im bildungsverrückten Island beginnt die Karriere eines jeden ganz normal: Mit zehn Jahren Grundschulpflicht von sechs bis sechzehn. Bei der Zeugnisvergabe heißt es aufpassen: Denn wer Einser und Zweier einheimst, wird hier kein Lob ernten. Statt dessen gilt es bei einer Bewertungsskala von Null bis Zehn so hoch wie möglich zu punkten. Nach erfolgreich abgeschlossener Grundschule dürfen sich die Teenager mit voller Kraft ins Arbeitsleben stürzen – rein theoretisch zumindest. Doch die allermeisten entscheiden sich dafür, die Schulbank trotz aller Widerwärtigkeiten wie Hausaufgaben an einer weiterführenden Schule vier Jahre länger zu drücken. Für den ganz Fleißigen und Strebsamen lässt sich der Unterrichtsstoff unter Umständen auch in kürzerer Zeit absolvieren. Der eine oder andere wird sich vor dem Weiterlernen zwar erst einmal für eine Weile auf dem Arbeitsmarkt versuchen, aber das ist ja kein Problem. Auf alle Fälle heißt es sich jetzt entscheiden: Welcher Schulzweig darf es sein? Naturwissenschaftlich, sprachlich oder musisch? Oder etwas ganz anderes? Einerseits finde ich es nicht schlecht, die Weichen für den Ausbildungsschwerpunkt erst mit sechzehn zu stellen. Wo doch in deutschen Landen den Eltern die Überlegung oft schlaflose Nächte kostet, wie es für den gerade einmal zehnjährigen Sprössling nach vier Jahren Grundschule weitergehen soll. Anderseits werden natürlich nach der isländischen Methode alle Schüler sehr lange Zeit über den gleichen Kamm geschert. Aber was ist schon ideal … Die Idee, diese vier Zusatz-Jahre in absehbarer Zeit generell um eines zu verkürzen, riecht stark nach G8, der Reduzierung der deutschen Gymnasialzeit von neun auf acht Jahre.

Jährlich im Mai, am letzten regulären Tag des Schuljahres, bevor die Vorbereitungsphase auf die Abschlussprüfungen beginnt, ist *dimisjón* angesagt: Ganze Horden junger Leute in wilden Einheitskostümen wirbeln durch die Stadt, zum Beispiel als Krankenschwestern, Häschen oder Sträflinge verkleidet, und geben damit kund: Wir zählen (hoffentlich) bald zu den Glücklichen, die nach vierzehn Schuljahren den *stúdentspróf* in der Tasche haben, das isländische „Abitur" und damit die allgemeine Hochschulreife. Nur dumm, wenn dann die Prüfung in die Hose geht …

Besondere Erwähnung verdient nach meinem Empfinden das Lehrer-Schüler-Verhältnis. Beide Parteien begegnen sich nämlich in der Regel so, wie es später auch im Arbeitsleben zu erwarten ist: meistens ganz entspannt. Der Lehrer – natürlich nach alter Gewohnheit mit seinem Vornamen und einem „Du" betitelt[1] – ist eher Partner, Freund und Helfer als Respektsperson. Auch was das Sitzenbleiben mangels Leistung und damit die Zwangswiederholung eines Schuljahres betrifft, geht es hier bisweilen weniger

1 Siehe Kapitel „Eine kleine Namenskunde".

streng zu. Tatsächlich soll schon der eine oder andere Wackelkandidat mit vereinten Klassenkräften und einem zugedrückten Auge seitens der Lehrerschaft „hindurch gezogen" worden sein. So hat man es mir erzählt.

Auch vor den Hochschulen der Insel macht diese legere Lern- und Studieratmosphäre nicht Halt. Und davon gibt es wahrlich genug – bei *der* Bildungsfreudigkeit meiner Insulaner. Sieben Stück halten ihre Tore für den Studierwilligen auf und es lässt sich aus dem Vollen schöpfen, was das landesinterne Angebot an Hochschulstudiengängen angeht. Die einen bieten die komplette Bandbreite an Studienzweigen an, andere sind auf bestimmte Fachgebiete wie Landwirtschaft oder Kunst spezialisiert. Wem das nicht genügt, wird bestimmt im Ausland „seine" Uni finden.

Ganz umsonst ist der Studierspaß freilich nicht. Allerdings können die jährlichen Studiengebühren zum Beispiel an der staatlichen Universität von Island – der größten des Landes – durchaus günstiger ausfallen als ein einziger saftiger Strafzettel für Geschwindigkeitsübertretung. Wobei es meines Wissens nach keine Rolle spielt, ob man Vollzeitstudent ist oder nur ein einziges Unterrichtsfach belegt. Private Einrichtungen wie die Universität von Reykjavík sind teurer. Auch für das nötige Unterrichtsmaterial, vor allem Bücher, muss der Student selbst aufkommen. Ja, man lässt sich seine Bildung etwas kosten.

Wenn dann der erste Hochschulabschluss in Sicht kommt, könnte man sich eigentlich sofort in das nächste Lernprojekt stürzen. Einen Master obendrauf setzen? Gar einen Doktor? Oder ein komplettes Zweitstudium? Schließlich ist der Hochschulcampus nicht nur für taufrische Abiturienten gedacht. Wenn ich hin und wieder darüber spaziere, muss ich ohne Einschränkung feststellen, dass ich mit Anfang Vierzig offensichtlich noch im allerbesten Studieralter bin.

Und was meinen Gefährten betrifft ... In Sachen „ewiger Student" ist er geradezu ein Parade-Isländer. In den zwanzig Jahren, die seit seinem Abitur vergangen sind, „erstudierte" er sich eine ganze Palette an Abschlüssen, größtenteils neben der Arbeit her in der Freizeit. „Weil es so viel Spaß macht". Ein Erststudium im Tourismusbereich, zu dem sich später ein Bachelorabschluss plus zwei Mastertitel gesellten. Je ein Masterstudiengang in Erwachsenenbildung und Journalismus. Dazu das Allgemeine Zertifikat der Reiseleiterschule Islands, das später mit den Qualifikationen zum Wanderführer sowie Leiter von Incentive- und Abenteuerreisen verfeinert wurde. Stefáns neuestes Projekt heißt Öffentliche Verwaltung. Und was soll's, wenn bei diesem Dauerprogramm wieder einmal die Semesterarbeit mit reichlicher Verspätung eingereicht wird. Das ist auch nicht weiter tragisch, denn die Dozenten wissen, dass Studieren auch Hobby sein kann.

Schon der deutsche Professor Lidenbrock in Jules Vernes Abenteuerroman *Die Reise zum Mittelpunkt der Erde* wurde aufgeklärt, bevor er in den isländischen Snæfellsjökull-Gletscher stieg: „Die Freude an der Belehrung liegt dem Isländer im Blut." Wie wahr!

Wasser marsch!

Der Kalender zeigt Ende Januar, das Außenthermometer minus 3 °C und Schneeflocken wirbeln durch die Luft. Ich überwinde den inneren Schweinehund, packe mein Badezeug zusammen und mache mich auf den Weg. Mein Haus- und Hofschwimmbad liegt nur ein paar Gehminuten von unserer Wohnung entfernt. Es ist ein Freibad. Trotz der vergleichsweise kühlen bis zuweilen gar schauerlichen Groß- und Kleinwetterlagen, auf die man sich hier verlassen kann, sind Hallenbäder auf Island eher die Ausnahme. Zugegeben, die Strecke zwischen Umkleidekabine und Schwimmbecken kostet mich echte Überwindung, aber wenn mich schließlich das wohlige, von der Natur höchstpersönlich auf etwa 40 °C beheizte Nass im „Heißen Topf" bis zum Hals umplätschert, habe ich die anfänglichen Schrecksekunden vergessen. Herrlich, so lässt es sich aushalten! Und zwar umso besser, je schlechter das Wetter ist. Wer es nicht selbst wagt, glaubt es nicht und schon oft genug wurde ich jenseits der Insel dank meiner winterlichen Freibadexpeditionen insgeheim für verrückt erklärt. Erkältungen jedenfalls haben sich bei mir rar gemacht, seit ich die feuchte Islandtradition für mich entdeckt habe.

Dem Schwimmbad-Vergnügen gehen die Isländer begeistert nach, unabhängig vom Zyklus der Jahreszeiten. Baden ist der Volkssport schlechthin. Jung und alt, groß und klein, dick und dünn, schwanger, krampfadergezeichnet ... ganz egal. Der mehr oder weniger regelmäßige Schwimmbadbesuch ist für viele Insulaner so selbstverständlich wie Zähneputzen. Die werdende Mama hält sich mit

Schwangerschafts-Wassergymnastik fit und der Mini-Isländer kommt sozusagen mit Schwimmhäuten auf die Welt. Kaum ist der Winzling dem mütterlichen Fruchtwasser entronnen, wird er im Babyschwimmkurs auf Tauchstation gesetzt. Der wird bereits ab dem zarten Alter von drei Monaten angeboten. Ich gestehe, dass ich mich dazu mit meiner kleinen Maus nicht überwinden konnte. Trotzdem ist sie eine begeisterte Wasserratte. Gene vom Papa? Tatsächlich begleiten Schwimmen und Baden den Isländer sein Leben lang, vom Anfang bis zum Ende. So sind Schwimmstunden fester Bestandteil des schulischen Lehrplans – eine Einrichtung, die ich persönlich seinerzeit bis auf den Grund gehasst hatte. Und in Seniorenkreisen erfreuen sich die Wassergymnastik-Stunden auf dem Schwimmbad-Programm besonderer Beliebtheit.

Alleine Reykjavík kann mit sieben städtischen Badeanstalten aufwarten, die an Wochentagen bereits zu einer Zeit ihre Umkleideräume öffnen, zu der wenigstens ich noch selig schlummere. Aber wenn jemand um halb sieben Uhr früh, schnell vor der Arbeit, den Sprung ins warme Wasser wagen will: bitteschön! Für Spontane und Vergessliche können Badehose und Handtuch vor Ort ausgeliehen werden. Auch die wasserdichte Schwimmwindel für die Kleinsten gibt es für wenige Kronen. Schwimmflügel warten sogar kostenlos auf ihren Einsatz. Bereits die Tatsache, dass eine im ganzen Land einheitliche Hinweistafel den Weg zum nächsten Becken weist, deutet darauf hin, wie eingefleischt die Institution Schwimmbad ist. Darüber verfügt das kleinste Dorf. Mein Stefán lud mich seinerzeit zum ersten Date ins Schwimmbad ein. Konnte er mich so doch gleich ganz unverfänglich inspizieren, wie er mir viel später gestand. Raffiniert!

Wer glaubt, die Handhabung von Umkleide- und Duschbereich eines isländischen Schwimmbades sei ein Kinderspiel, hat nicht mit den Inselbewohnern gerechnet. Die haben nämlich auch in dieser Hinsicht ihre eigenen Vorstellungen. Pflichtbewusst wie ich bin, halte ich mich immer daran: Vor dem Betreten des Umkleidebereiches ziehe man die Straßenschuhe aus, stelle sie auf ein explizit hierfür vorgesehenes Regal oder packe sie alternativ in eine bereitgestellte Plastiktüte und nehme sie mit zum Kleiderschränkchen. Dann ziehe man sich splitternackt aus, deponiere sein Handtuch für spätere Nutzung in der Abtrockenzone und stelle sich unter die Dusche. Dort wasche man sich gründlich mit Seife. Als Hilfestellung markiert eine Tafel diejenigen Körperzonen, denen man sich bei der Reinigungsaktion besonders zu widmen hat. Nach Anlegen der Schwimmbekleidung steht dem Badevergügen nichts mehr im Wege. Ist man diesem hinreichend nachgegangen, trockne man sich nach dem erneuten Sprung unter die Dusche ab, und zwar in besagter Abtrockenzone. Erst dann geht es in den Umkleidebereich zurück. Vor dem Anziehen darf – meinen Beobachtungen bei den Damen zufolge – eingecremt und gepudert werden, was das Zeug hält. Zuletzt heißt es Schuhe schnüren, selbstverständlich außerhalb der Umkleidezone.

Ich finde es erstaunlich, mit welch eiserner Disziplin sich jeder an diese Vorgaben hält. Die Wettergewohnheiten rechtfertigen sie. Sollte ausnahmsweise jemand aus der Reihe tanzen, weist das Personal freundlich aber deutlich darauf hin. Ein Badmitarbeiter ist ohnehin fast immer unterwegs, um mit Gummischrubber und Besen zum beachtenswerten Gesamtergebnis beizutragen: Die Räumlichkeiten bleiben schön sauber und trocken. Aus genau diesem

Grund sind übrigens nicht nur beim Schwimmbadbesuch die Füße herzuzeigen. Auf Island ist es eine Selbstverständlichkeit, sich vor dem Betreten aller möglichen Innenzonen seiner Schuhe zu entledigen. Das gilt für die Arztpraxis genauso wie für eine Privatwohnung. Raus aus den Schuhen also auch beim Besuch von Oma oder Freundin. Seit ich einmal peinlich berührt war, weil mein Strumpf ein Loch hatte, ist mir ein makelloser Sockenzustand ein besonderes Anliegen.

Dank meiner flexiblen Arbeitszeiten konnte ich mir Zeit für ausgiebige Schwimmbad-Studien nehmen. In Abhängigkeit von Tageszeit, Wochentag und Jahreszeit machte ich dabei folgende Badegast-Kategorien aus: Von Montag bis Freitag, jeweils vormittags, und außerhalb der Sommerferien sind es zum einen Schulkinder, die im Schwimmunterricht ihr Bestes geben, den Anweisungen ihres Trainers zu folgen. Sie haben immer Vorrang und für sie sind einige Beckenbahnen reserviert. Auch Eltern im Erziehungsurlaub, vor allem Mütter, nutzen die Gelegenheit, sich zusammen mit ihren Babies etwas Gutes zu tun. Den Hauptanteil an Schwimmern stellen aber ältere Herrschaften. Sie ziehen ihre Bahnen immer besonders konsequent. Auch bei wassergymnastischen Übungen sind sie hin und wieder zu beobachten. Mit fortgeschrittener Nachmittagsstunde steigt der Anteil an Berufstätigen und vor allem Kindern. Vor letzteren wimmelt es an Wochenenden und vor allem in den langen Sommerferien ganztägig. Dann liegen auch die allseits vertrauten Freibadgeräusche in der Luft.

Sobald auch nur ein einziger Sonnenstrahl durchkommt, gleichen die Bänkchen im Freien im Nu gut besetzten Hühnerstangen und die Liegestühle stehen dicht an dicht. „Flachmagen" wird die Position genannt, in der sich der Sonnenanbeter auf dem Liegestuhl ausstreckt in dem Bemühen, der Sonne eine möglichst große Angriffsfläche zu bieten. Nach allgemeinem Verständnis verträgliche Außentemperaturen sind für derartige Aktivitäten keine Voraussetzung. „This is hardcore, baby!"

Zugegeben, die eigentliche Schwimmerei finde ich bis heute nicht besonders spannend. Aber Brust, Rücken und Schmetterling sind sowieso nicht das Hauptziel eines isländischen Schwimmbadbesuchs. Diese Pflichtübung kann man unter Umständen sogar ganz auslassen. Viel wichtiger ist es, in einem kleinen, runden und „Heißer Topf" genannten Becken zu sitzen und Sozialkontakte zu pflegen. Es stimmt schon, wie es so oft über Island geschrieben steht: Der Engländer geht hierfür in den Pub, der Finne in die Sauna – und der Isländer ins Schwimmbad. Eines hatte ich in diesem Zusammenhang bald herausgefunden: Wer immer zur gleichen Zeit im Topf sitzt, wird mit ziemlicher Wahrscheinlichkeit auch immer wieder die gleichen Leute treffen. Oder wenigstens den harten Kern von ihnen. Nur in seltenen Fällen werden sich die Topfgenossen gegenseitig anschweigen. Vielmehr gehören angeregte Gespräche zum guten Topfton. Thematisch ist fast alles erlaubt. Was mit einem „Das Wetter ist aber schön heute" beginnt, kann den Weg über das Familienfest vom Vorabend nehmen und beim letzten Weltkrieg enden. Was ursprünglich als Zwie- oder Vielgespräch angedacht ist, fällt im ungünstigen Fall auch einmal als Monolog aus. Besonders ältere Herren tendieren dazu. Ich für meinen Teil gewöhnte es mir an, beim Einsteigen in einen „Heißen Topf" die Anwesenden zu begrüßen, es dann aber ihnen zu überlassen, ob sie mich in ihre Unterhaltungen einbeziehen wollen. Wenn nicht, dann genieße ich die Zuhörerrolle, oft genug innerlich schmunzelnd.

Eine befreundete deutsche Frau verbrachte viele Abende ihrer zwei Jahre in Nordisland in einem ganz besonderen Topf: einem ausrangierten Molkerei-Käsebecken. Seinerzeit wurden dort Probebohrungen im Boden unternommen, um an heißes Grundwasser zu kommen. Das fand man auch, leider aber war es unbrauchbares Meerwasser. Damit war die Angelegenheit erledigt. Es dauerte jedoch nicht lange, bis sich eine Handvoll Leute zusammentat und einen Badeverein gründete. Dieser beanspruchte das Bohrloch für sich, organisierte eine Pumpe und besagtes Käsebecken. Ein Windschutz wurde gezimmert und jemand organisierte einen Container, der als Umkleidekabine fungiert. Die nötigen Beziehungen hatte man ja. So kann man jetzt von einem Hügel aus seinen Blick über die herrliche Bucht schweifen lassen, bei Mitternachtssonne Wale beobachten und im Winter mit gefrorenen Haaren vielleicht das Nordlicht. Wer nach Húsavík kommt und es selbst ausprobieren will, möchte aber bitte daran denken, seinen Obulus in den dafür vorgesehenen Kasten zu entrichten. Ehrensache!

Island bekannteste Badeanstalt *Bláa Lónið*, die Blaue Lagune, begann auch einmal als Geheimtip. Längst hat sie sich zum internationalen Tourismus-Aushängeschild gemausert, zumal sie ganz in der Nähe des internationalen Flughafens liegt. Versehen mit Schikanen wie künstlichem Wasserfall oder der Gelegenheit zum Cockailschlürfen im Bade, verlässt kaum ein Islandbesucher die Insel, ohne sich im teuersten Bad

Dezembernachmittag in Reykjavík.

Mitternachtsempfang am längsten Tag des Jahres.

Ein Präsident zum Anfassen: Ólafur Ragnar Grímsson mit Gattin.

Wer ist die Schönste im ganzen Land?

Badezeit ist jederzeit.

Mut zur Selbstironie.

Hoch die Fahnen!

Empfang der „versilberten“ Handballer.

Svið: Auge um Auge, Zahn um Zahn.

Sægreifinn, der Seebaron: ein Original wie es im Buche steht.

Die Ausnahme: Schaf als Streicheltier.

Beim herbstlichen Schafabtrieb.

Pylsa: das wahre Nationalgericht.

Heiß auf Eis bei jeder Außentemperatur.

Isländer aus Überzeugung.

Sommer in der Stadt.

Jährlicher Hundemarsch am *Laugavegur*.

„Amy Poppers“, Drag Queen 2008.

„Elfenstein“: Eintritt in eine andere Welt?

Strickvergnügen für jedermann.

des Landes geaalt zu haben. Aber Achtung: Silberschmuck ist danach schwarz und das Haar mindestens bis zum nächsten Waschen so störrisch wie eine Pferdemähne. Aber es lohnt sich. Ich jedenfalls gehe immer wieder gerne dorthin, besonders im Winter, wenn sich die Besuchermassen der Sommersaison verabschiedet haben. Es ist aber auch ein mystischer Ort, so mitten in der Lava, die im Idealfall mit etwas Schnee überzuckert ist. Ich finde es herrlich, auf dem Rücken dahinzutreiben im Wasser, das fast von alleine trägt. Ein echter Luxus auch für die Seele!

Aber ist es nicht erstaunlich, auf wieviel Zulauf dieses industrielle Versehen stößt? Keine Angst, es bewegt sich alles im grünen Bereich! Geplant war die Blaue Lagune ursprünglich nämlich nicht. Sie liegt auf Reykjanes. Was sich wörtlich mit „Dampfende Halbinsel" übersetzt, kommt nicht von ungefähr, handelt es sich doch um geothermal hochaktives Gebiet. Dort ist das Geothermal-Kraftwerk *Svartsengi* angesiedelt, das Strom und Heißwasser für 20.000 Menschen bereit stellt. Das Bodenwasser wird aus bis zu 2.000 Meter tiefen Bohrlöchern nach oben geholt. Allerdings kann es nicht direkt zum Endverbraucher gepumpt werden. Die unmittelbare Nutzung machen einerseits seine enormen 240 °C unmöglich, andererseits die Salze und Mineralien, vor denen es nur so strotzt und die sämtliche Rohrleitungen nicht nur verstopfen, sondern auch korrodieren lassen würden. Deshalb wird das heiße Bodenwasser erst durch eine Wärmeaustauschanlage geleitet, wo es einen Teil seiner Energie an kaltes, mineralstoffarmes Wasser abgibt. Dieses ruiniert die Rohre nicht. Das jetzt auf etwa 80 °C abgekühlte Wasser hat quasi sein Pulver verschossen und wird wieder in die Freiheit, sprich die Lavalandschaft entlassen. Aber es läuft nicht ab! Dass seine Inhaltsstoffe nicht nur Rohre, sondern auch Lavaporen verstopfen, hatte man zunächst nicht bedacht. So bildete sich eine Lagune, aus der – auf verträgliche Temperatur heruntergemischt – *Bláa Lónið* wurde, die Blaue Lagune. Blau erscheint sie dem menschlichen Auge übrigens deshalb, weil ihr Inhaltsstoff Kieselsäure fast alle Farben des Lichtspektrums verschluckt. Blau dagegen wird reflektiert und damit sichtbar. Massiven Umbau- und Erweiterungsmaßnahmen zur Folge hat sie heute mit dem Original nicht mehr allzuviel zu tun, aber trotzdem … Mir gefällt sie. Allerdings grenzt es gerade im Sommer fast an ein Erlebnis mit Seltenheitswert, dort ein Wort Isländisch zu vernehmen. Doch auch die Einheimischen sind ihrer Lagune treu. Sie eignet sich einfach zu gut als Ziel für einen Familienausflug.

Fast alle Schwimmbecken Islands sind mit naturwarmem Wasser gefüllt. Besonders reizvoll sind jedoch die „echten" Naturbäder. Wer möchte sich nicht einmal von den Armen der isländischen Natur in einer ganz ursprünglich belassenen heißen Quelle aufnehmen lassen? Die allerdings sind keineswegs so dicht gesät, wie man angesichts ihrer allseitigen Lobpreisung vielleicht denken könnte. Vielmehr muss man genau wissen, wo sie aufzuspüren sind. Und das ist auch gut so. Besonders wohltuend sind nämlich diejenigen Naturbadewannen jenseits der Motorisierungs-Grenzen, die sich erst nach einer mehr oder weniger anstrengenden Wanderung erobern lassen. Manchmal wechseln sich warme oder sogar heiße Ströme mit eiskalten ab. Das ist unangenehm. Unter Umständen kann es sogar passieren, dass ein Naturbecken so heiß ist, dass jeglicher Hautkontakt zur Utopie wird. Ich war schon einmal sehr enttäuscht: Ein Bächlein, der Kaltwasserzulauf zu „meiner" Naturbadewanne, war nach längerer regenfreier Periode fast ausgetrocknet und das ersehnte Bad daher aus Temperaturgründen unmöglich.

Mit Islands Geysiren verhält es sich ganz ähnlich wie mit den heißen Quellen: So zahlreich sind sie gar nicht. Ob die weit verbreitete Meinung, dass auf jedem Inselquadratmeter ein Geysir spuckt, wohl darauf beruht, dass *Strokkur*, das „Butterfass", auf dem sogenannten „Goldenen Kreis" besichtigt wird, *der* Tagestour vom Standort Reykjavík aus, die sich selbst der Kurzurlauber nicht entgehen lässt? *Strokkurs* touristische Wirksamkeit ist unbestritten. Die Wasserfontäne, die er zuverlässig alle paar Minuten in die Luft schießt, wird auch den ungeduldigsten Besucher nicht enttäuschen. Dass ich höchstpersönlich zudem *Strokkurs* Nachbarn *Geysir* in seltener Aktion erleben durfte, werte ich als gelungene Überraschung der Natur für mich. Außer diesen beiden Exemplaren kenne ich persönlich allerdings keine andere isländische Springquelle, die ganz ohne menschliche Nachhilfe ihre Schau zum besten gibt. Das isländische Verb *gjósa* bedeutet übrigens „ausbrechen" oder „herausspritzen". Dass Island damit allen Geysiren dieser Welt zu ihrer Bezeichung verholfen hat, ist weithin bekannt.

Erdwärme und Wasserkraft. Im Jahr 2008 konnte die Insel 80 % ihres gesamten Energiebedarfs aus diesen beiden landeseigenen Energiequellen decken. Das knappe Fünftel Importenergie ist in erster Linie dem Schiffsverkehr zuzuschreiben, wo ohne Öl nichts läuft.

Vor diesem Hintergrund überrascht es nicht, dass sich der gegenwärtige Staatspräsident Ólafur Ragnar Grímsson im Jahr 2007 auf USA-Tournee begeben hatte, um die große Nation eines Besseren zu belehren. Denn die Vereinigten Staaten wollen von der ausgereiften und mehr als sieben Jahrzehnte langen Erfahrung profitieren, die Island in der effektiven Nutzung von umweltfreundlicher Energie hat. Ganz aufgeregt hatte mir mein langjähriger amerikanischer und inzwischen weit über neunzigjähriger Freund Ray die Kunde übermittelt, dass „mein" Präsident soeben in „seiner" Heimat Kalifornien weile, um der feierlichen Eröffnung von *Iceland America Energy* beizuwohnen, einem Unternehmen, das sich der Mission „geothermale Energie für Nordamerika" verschrieben hat. Islands Spezialwissen auf diesem Sektor soll dazu beitragen, diese alternative Kraftquelle auch für das Land der sogenannten unbegrenzten Möglichkeiten besser zu erschließen. „Wir können offensichtlich viel von dem isländischen Beispiel zur Nutzung von erneuerbarer geothermaler Energie lernen" äußerte sich mein Ray anerkennend. Er erfuhr von dieser Aktion durch die *Los Angeles Times,* die den hohen Islandbesuch mit ausführlichen Berichten über die Insel im allgemeinen und den dortigen Stand der Energieangelegenheiten im besonderen begleitete. Ólafur Ragnar hielt im Rahmen seines energiegeladenen USA-Programms auch die Eröffnungsrede der neuen Vorlesungsreihe *The Future of Energy* an der berühmten Harvard-Universität in Boston; er traf sich mit dem *Committee on Energy and Natural Resources* des US-amerikanischen Parlaments; eröffnete eine Energie-Konferenz in Alaska ... Ein Beweis dafür, dass auch die vermeintlich Kleinen den Großen mitunter zeigen können, was Sache ist.

Für die Idee der John Lennon-Witwe Yoko Ono, den *Imagine Peace Tower* – ein Kunstwerk und Erinnerungsstück an ihren Mann John Lennon – ausgerechnet auf Island zu errichten, soll neben der unbestrittenen Schönheit der Insel tatsächlich auch die vorbildliche Nutzung der natürlichen Energieressourcen den Ausschlag gegeben haben. Im Jahr 2007 schickte diese „Friedenssäule" erstmals ihren gigantischen Lichtstrahl in den Winterhimmel der Inselhauptstadt.

Um in Reykjavík an das nötige Warmwasser zu kommen, lässt sich der Boden direkt anzapfen. Die über Hauptstadt und Umgebung verteilten, dampfumwaberten Häuschen der Energiewerke Reykjavík zeugen von dieser Praxis. *Perlan*, „Die Perle", ist eine nicht zu übersehende Landmarke Reykjavíks. Unzählige Islandbesucher genießen zu allen Jahreszeiten die Aussicht von diesem beinahe futuristisch anmutenden Komplex, dessen Sockel die Heißwasserspeicher der Stadt bilden. Auf den Tanks sitzt das gleichnamige Panorama-Drehrestaurant.

Auch das Geothermal-Kraftwerk *Nesjavellir*, das östlich von Reykjavík liegt, liefert Heißwasser für die Hauptstadt, über siebenundzwanzig Pipeline-Kilometer. Kaum zu glauben, dass es auf seiner Reise nur knapp 2 °C verliert. So gut ist die Leitung isoliert. Mit einem kleineren Teil des extrem heißen Bodenwassers wird in *Nesjavellir* obendrein Strom erzeugt, der in Reykjavíks Versorgungsnetz eingespeist wird. Der hohe Druck, mit dem der Wasserdampf aus den Tiefen nach oben kommt, treibt die Turbinen an. Elektrische Energie entstammt außerdem den zahlreichen, über die Insel verstreuten Wasserkraftwerken.

Auch was die Nutzung eines anderen umweltfreundlichen Energieträgers betrifft, ist Island führend: Die ersten mit Wasserstoff betriebenen Stadtbusse wurden 2003 in Betrieb genommen. Seit Frühjahr 2008 wird außerdem die Lichtmaschine eines Reykjavíker Walbeobachtungsbootes mit Wasserstoff betrieben. Als erstes Schiff der Welt! Das macht den dezibel-intensiven Generator überflüssig, der vorher für den nötigen Strom an Bord gesorgt hatte. Wie schön, nun an windstillen Tagen den Motor auf See ausschalten und die Wale in aller Ruhe genießen zu können.

Nicht nur die Tatsache, dass es für den Badefreund ohne Gänsehaut abgeht, ist Islands Naturkräften zu verdanken. Auch dass Gewächshäuser mit üppiger Ernte aufwarten; dass menschliche Behausungen wohlig warm sind. Denn Wasser aus geothermaler Quelle heizt die meisten Gebäude und speist außerdem die Warmwasserleitungen in Bad und Küche, selbstverständlich auch in unserer Wohnung. Quasi im Nebeneffekt können sich Reykjavíks Einwohner das winterliche Schneeräumen sparen. Das erledigt statt dessen die eingebaute Abtauautomatik unter einigen Straßen, Gehsteigen und Plätzen der Stadt. Das Abwasser aus den häuslichen Heizungen ist nämlich immer noch 30 bis 40 °C warm. Um diese Restenergie zu nutzen, sind hin und wieder die Abfluss-Leitungen in engen Schlangenlinien knapp unter der Bodenoberfläche verlegt. Eine Freiluft-Fußbodenheizung … Gibt es das noch einmal auf der Welt? Wo die fehlt, schlägt es zeitweise Schneealarm, das ist die Kehrseite der Medaille. Schließlich kann das Schneeräum-Kommando der Stadt Reykavík unmöglich überall gleichzeitig sein. Wer sich mit dem Kinderwagen rückwärts durch eine ausgewachsene Schneedecke pflügen muss, wird diese Stadt manchmal hassen. „Bei uns auf Island räumt keiner", kommentierte Stefán seinen ersten Winterbesuch in

Nürnberg, als mein Papa treu und brav seiner bürgerlichen Räum- und Streupflicht nachkam und schon vor dem gemeinsamen Frühstück seine Morgenschicht hinter sich hatte.

Ein gutes Stück Vorsicht ist bei der Nutzung des häuslichen Heißwassers allerdings geboten. Selbst wenn es zunächst kalt aus dem Hahn kommt – im Winter hin und wieder so kalt, dass es weh tut – wird es irgendwann 70 bis 80 °C erreichen und damit so heiß sein, dass echte Verbrühungsgefahr besteht. Immer wieder einmal wird von einem verheerenden Unfall berichtet. Die Kampagne „Wärmeaustauscher im Privathaushalt" kommt daher nicht von ungefähr. Trotzdem war die Heißwasserleitung in unserem Haus bei einer seltenen Frostperiode von minus 10 °C einmal eingefroren. Sie konnte nur mit viel Geduld und einem elektrischen Heizofen wiederbelebt werden. Neben der Temperaturtücke ist dem isländischen Warmwasser diese besondere Schwefelnote eigen. Je nach Standort auf der Insel fällt sie mehr oder weniger aufdringlich aus. Gleich in meinen ersten Stunden auf isländischem Boden, beim Zähneputzen, machte ich damit Bekanntschaft. Und schnell gab ich es auf, mein Essen in Wasser aus dem heißen Hahn zu kochen. Doch kaum ein Nachteil ohne Vorteil: Islandwasser ist so weich, dass ein verkalkter Wasserkocher oder eine hechelnde Kaffeemaschine kein Thema sind.

Reykjavíks Kalt- und damit Trinkwasser kommt aus einer anderen, eigenen Quelle und ist von ganz hervorragender Qualität. Kaum ein Isländer wird freiwillig zugeben, dass außer „seinem" irgendein anderes Leitungswasser dieser Welt schmeckt. „Unser Wasser ist das beste!" Es ist aber auch wirklich gut und Leitungswassertrinken ist Lebensstil. Ein Glas Wasser, am liebsten mit ganz vielen Eiswürfeln drin, gehört einfach dazu, zum Cappuccino genauso wie zum Edelmenü. Gratis versteht sich. Einmal gingen Stefán und ich zum Essen aus. Dekorative Kristallkelche standen auf unserem Tisch bereit, die das obligatorische Tischwasser aufnehmen sollten. So geschah es auch. Als Stefán jedoch in seinem Glas den typisch schwefeligen Geschmack feststellte, den bereits einige Tropfen aus der Heißwasserleitung verursachen, bat er die Bedienung höflichst um frisches, dieses Mal richtig kaltes Wasser. Da die junge Frau kein Isländisch verstand, brachte Stefán seinen Wunsch auf englisch vor. Klar, deutlich und einfach. Als uns die Bedienung dann eine Teekanne voll heißen Wassers brachte und daraus ins Edelkristallweinglas einschänkte, konnten wir uns nur mit Mühe das Lachen verkneifen. Oder hätten wir lieber weinen sollen? Dieses persönliche Erlebnis erhärtete meinen Standpunkt, dass wenigstens im Servicebereich ausreichende Englischkenntnisse Pflicht sein müssten. Aber das ist wieder ein anderes Thema.

Meine deutsche Seele ist dazu erzogen, mit Wasser sparsam umzugehen. Immerhin schraubte der Deutsche dank dieser Einstellung bis zum Jahr 2007 seinen täglichen Wasserverbrauch im Schnitt auf gut 120 Liter herunter. Im Vergleich dazu las ich einmal, dass der Isländer alleine schon 220 Liter Kaltwasser pro Tag verplätschert plus 1.100 Liter Heißwasser! Sicherlich ist das Heizungswasser eingeschlossen. Aber trotzdem … Bei solchen Zahlen kann ich nur zu dem Schluss kommen, dass sich auf Island der Gedanke „Wassersparen“ noch nicht durchgesetzt hat. Selbst ich habe mich mittlerweile in die Meisterklasse der Kategorie „Isländisch Abspülen“

hochgearbeitet – unter reichlich fließendem Wasser. Und das, obwohl ich seit Studentenzeiten den WG-Orden „wassersparendster Abspüler" trage. Denn die Natur meint es doch so gut hier, sie lässt das kalte und warme Nass im Überfluss rauschen …

Und Müll trennen? Oder besser noch vermeiden? Ein Blick in die Mülltonnen unserer Hausgemeinschaft offenbart mir alles kreuz und quer: Der Restmüll ist mit alten Zeitungen, organischen Abfällen, Milchtüten, Kleidungsstücken, Glas- und Plastikflaschen vergesellschaftet. Meine eigenen Kartoffelschalen landen auch darin, obwohl es mir gegen den Strich geht. Wie und wo sonst sollte ich sie entsorgen? Ich bin auch einer der ganz wenigen, die auf weiter Supermarkt-Flur mit einem mitgebrachten Einkaufskorb unterwegs sind. Der Isländer kauft jedesmal die nötigen Transport-Plastiktüten.

Am Wertstoffhof *Sorpa* stehen Sammelcontainer schon längst parat, für Papier und Altkleider etwa. Nur mit der Bereitschaft zum Sammeln, Hinfahren und Abliefern hapert es noch. Am ehesten scheint mir das mit leeren Softgetränkeflaschen zu klappen, denn für die gibt es Geld. Immer wieder suchen Obdachlose unsere Mülltonnen nach dieser lukrativen Einkommensquelle ab. In Anbetracht des rekordverdächtigen Konsums an braunem amerikanischem Edelgesöff, den meine Inselnation für sich verbuchen kann, rentiert sich das. Aber vielen Leuten ist wohl einfach der Aufwand zu groß, selbst aktiv zu werden. Nicht etwa, dass man sich hierzulande keine Gedanken zur Auflösung des Knotens macht: Wer sammel- und trennwillig ist, sich den Weg zu *Sorpa* aber sparen will, kann sich eine spezielle „Wiederverarbeitungstonne" für Papier aller Art, Verpackungen,

Metall und Batterien anschaffen – der „Gelbe Sack“ Islands. Auch blaue Altpapiertonnen werden regelmäßig geleert. Aber beides kostet extra. Geld sparen ließe sich mit der „Grünen Tonne“ für Restmüll, die nur im Zweiwochentakt anstatt wöchentlich geleert wird. Und die kostenlos verteilten, wiederverwendbaren Sortier- und Sammeltaschen eignen sich beispielsweise auch hervorragend zum Aufbewahren von Kinderspielzeug …

Es wird wohl noch eine gute Weile ins Land gehen, bis sich ein flächendeckender Wiederverwertungswille in der Bevölkerung entdecken lässt. Ich für meinen Teil bin mir sicher, dass auch Island letztendlich nicht darauf verzichten kann, Müll wenigstens einigermaßen konsequent zu trennen beziehungsweise zu vermeiden. Es dauerte schon manches Mal länger, bis irgendetwas seinen Weg auf die Insel fand – sei es die Zitrone oder die Globalisierung. Doch war es erst einmal angekommen, gab es kein Halten mehr.

Die Kunde von Kraft und Macht des isländischen Wassers ist auch jenseits der Inselgrenzen kein Geheimnis mehr. Das Ausland hat längst mehr als nur ein Auge darauf geworfen. Insbesondere Aluminium verarbeitende Unternehmen fassten hier bereits Fuß. Nicht etwa dass es aus Islands Boden Aluminium zu holen gäbe. Der Rohstoff wird importiert, aus Australien etwa, um ihn auf Island zu schmelzen. Auch für Computer- und Internet-Giganten wie Microsoft, Yahoo! oder Google könnte die Nordatlantikinsel eine Überlegung wert sein – als potentieller Rechenzentrums-Standort. Kostengünstiger Strom in rauhen Mengen, eine geeignete Infrastruktur und die relativ sichere Lage zwischen Nordamerika und Resteuropa.

Tatsächlich verbraucht die Schwerindustrie mit über 60 % den Löwenanteil der landesintern erzeugten Energie. Für ihre Zwecke wurde im Herbst 2006 der Stausee des Wasserkraftwerkes Kárahnjúkar im Osten der Insel geflutet. Für die Zukunft bedeutet das unter anderem, dass weite, bislang unberührte Hochlandflächen zum Unterwasserdasein verdammt sind und Flussläufe zum Austrocknen. Im Zeichen der Industrie oder besser des Geldes? Hoffentlich sieht so nicht Islands Zukunft aus. Ich jedenfalls möchte von meinem „Heißen Topf" aus lieber Menschen als Fabriken beobachten.

Wie zehn Ziffern über Sein oder Nichtsein entscheiden

171268-2499. Das bin ich. Rein amtlich betrachtet. Es ist meine *kennitala*. Personenkennziffer, Identitätszahl oder wie man es sonst nennen mag. Bleiben wir am besten bei *kennitala*. Wer keine hat oder sie nicht weiß, wird sich schwer tun, auf Island über die Runden zu kommen. Ein Bankkonto eröffnen, eine Überweisung tätigen, den Arbeitslohn ausgezahlt bekommen, ein Auto oder eine Immobilie besitzen, sich in der Volkshochschule oder dem Fitnesscenter einschreiben, einen Arztbesuch tätigen, wählen, ein Buch oder Video ausleihen … Ganz egal, um welches Geschäft es geht: Ohne *kennitala* wird nichts daraus. Schnell wurde mir deshalb klar, weshalb im Isländisch-Sprachkurs die eigene *kennitala* für Übungen zum Zahlenlernen herhalten musste. Erst wer sie im Schlaf herunter rattern kann, hat den Test bestanden und damit sein Überleben auf der Nordinsel gesichert. „Was ist deine *kennitala*?" „171268-2499" „Ursula?" „Ja." Jetzt kann es losgehen.

Folglich gehört es zu den ersten Aktivitäten eines jeden *Neuen Isländers,* sich eine *kennitala* zu besorgen. Ich erledigte das im Schnellverfahren, als ich meiner zukünftigen Insel den ersten längeren, knapp dreimonatigen Besuch abstattete und ein Bankkonto benötigte. Auf dem Einwohnermeldeamt füllte ich das passende Formblatt aus und keine zehn Minuten später hatte mich das Nationalregister erfasst. Als 171268-2499 war ich „im System drin" und mein Leben auf Island konnte beginnen. Meine *kennitala* wird mir bis zum bitteren Ende auf den Leib geschrieben bleiben.

Unsere in Reykjavík geborene Tochter hatte es noch einfacher als ich: Kaum geschlüpft, hatte sie auch schon (fast) automatisch ihre Nummer weg. Die Geburtsklinik übernimmt es nämlich, den isländischen Behörden einen Neuankömmling zu melden. Ein kluger Schachzug, denn würde man diesen Amtsakt den frischgebackenen Eltern überlassen, könnte er glatt in Vergessenheit geraten. Dass meine lieben Isländer bisweilen an fortgeschrittener Planungslosigkeit leiden, weiß der Leser dieses Buches ja bereits. Und das auch ohne den Ausnahmezustand, den ein neues Familienmitglied bisweilen auszulösen pflegt.

Als allerdings dank der seinerzeit rosigen Wirtschaftslage ganze Scharen von Einwanderern auf der Insel Einzug hielten[1], ging das *kennitala*-Ritual des *Neuen Isländers* offenbar nicht mehr so ruckzuck und reibungslos über die Bühne wie früher, zu „meiner" Zeit. Der persönliche Weg hinein „ins System" konnte auf einmal wesentlich mehr Zeit und auch Nerven kosten. So weiß ich von mehreren nicht-isländischen Familien, die wegen überlasteter Behördenmühlen das Nachsehen hatten. Ihre Kinder waren monatelang nummernlos, nur weil die Registrierungs-Anträge am Amt unbearbeitet auf Halde lagen. Für einen der betroffenen Zwerge war es deshalb bis auf weiteres aussichtslos, einen Kindergartenplatz zu ergattern. Und eine andere Familie musste entgegen der sonst üblichen Praxis die ersten Standard-Impfungen für ihr Neugeborenes aus eigener Tasche bezahlen.

Der Kindergartenplatz ließe sich notfalls eine Zeit lang verschmerzen, aber die Absicherung im Krank-

1 Siehe Kapitel „Neue Isländer".

heitsfall! Die *kennitala* ist nämlich vor allem auch der Schlüssel zu Islands staatlichem Sozialversicherungs- und Gesundheitssystem. Krankenversicherung, Krankengeld, Kindergeld, Arbeitslosengeld, Rentenzahlungen ... Ohne die berüchtigten zehn Ziffern wird nichts daraus. Anfangs ließ ich mich davon irritieren, dass es gesetzliche Krankenkassen nach deutscher Tradition nicht gibt – AOKs oder Barmer Ersatzkassen etwa. Immer wieder lag ich Stefán damit in den Ohren, ich müsste mich doch endlich bei einer Krankenkasse anmelden. Deren Funktion übernimmt auf Island das Staatliche Versicherungsamt. Es finanziert sich mit einem Teil der Steuern, die von den Bruttogehältern der Verdiener abgeführt werden. Und selbst wer zum Beispiel als Leiterin eines eigenen Familienunternehmens als Hausfrau und Mutter für eine Weile auf dem Arbeitsmarkt „unsichtbar" ist, genießt im Krankheitsfall die nötige Absicherung.

Allerdings muss der isländische Neubürger erst einmal ein halbes Jahr nach seiner Registrierung überstehen, bis dieses System greift. „Wie lange bist du denn schon hier?" war deshalb die erste Frage, als ich mich telefonisch zur Schwangerschaftsvorsorge anmeldete. Natürlich hatte die Dame am anderen Ende der Leitung an meinem Akzent gemerkt, dass ich keine gebürtige Isländerin sein konnte. „Zwei Jahre." „Gut, dann übernimmt der Staat die Kosten für die Untersuchungen." Trotzdem musste ich auch vorher nicht bangen: Denn das erste halbe Jahr nach der Erfassung im System ließe sich mit dem Formular E-104 überbrücken, klärte mich seinerzeit ein Mitarbeiter jenes Staatlichen Versicherungsamtes auf. Dieses Anrecht hätte ich, als Bürger eines Staates im Europäischen Wirtschaftsraum. Wo in Deutschland ich es jedoch auftreiben konnte, wusste hier keiner. Also auf zu eigenen Recherchen. Die halbe Bundesversicherungsanstalt in Berlin machte ich rebellisch, um an ein Schreiben zu kommen, das meine bisherigen Krankenversicherungszeiten bestätigte. Als ich es endlich siegessicher den isländischen Behörden präsentierte, wurde es jedoch nicht anerkannt. Ein Geistesblitz ließ mich irgendwann noch bei der örtlichen deutschen Krankenkasse nachfragen, bei der ich seinerzeit versichert gewesen war. Na also! Genau dort wurde das verzweifelt gesuchte Formular ausgestellt und meine Behördenodyssee war zu Ende. Inzwischen wird dieses Papier, soweit ich weiß, durch die Europäische Krankenversicherungskarte ersetzt.

Recht schnell hatte ich sogar einen Hausarzt. Das ist, zumal für einen Nicht-Isländer, keine Selbstverständlichkeit. Irgendwann wurde ich Stefáns medizinischem Ansprechpartner zugeteilt, der wohl zufällig gerade einen Patientenplatz frei hatte. Dieses Glück hat nicht jeder. Aber was heißt hier Glück … Die Tatsache, einen Hausarzt zu *haben* heißt nämlich noch lange nicht, ihn jemals zu Gesicht zu bekommen! Wenn mich einmal der Gesundheits-Schuh drückt, läuft in der Regel folgendes Szenario ab: Nehmen wir an, ich wache mit einer schlimmen Erkältung auf. Obwohl ich mich hundeelend fühle, quäle ich mich aus dem Bett, um beim medizinischen Versorgungszentrum anzurufen, eine Art Gemeinschaftspraxis mehrerer Allgemeinärzte, der man gemäß Wohnadresse zugeteilt ist. „Ich bin krank. Kann ich heute vorbeikommen?“ „Wer ist dein Hausarzt?“ „XY“ „Bei dem ist heute nichts mehr frei. Komm nach 16 Uhr.“ Also, eben wieder einmal erst dann, wenn mein sogenannter Hausarzt bereits Feierabend hat. Mir scheint wirklich nur derjenige die Chance auf einen spontanen Hausarzttermin zu haben, der die eigenen Unpässlichkeiten entsprechend lange vorauszusehen vermag und sich so seinen Termin rechtzeitig sichern kann. Ich für meinen Teil besitze dieses Talent nicht. Vielleicht versuche ich das nächste Mal mein Glück lieber gleich beim ärztlichen Notdienst, der seine Tore öffnet, wenn mein medizinisches Versorgungszentrum schließt. Unter Umständen legt gerade dann und dort mein sogenannter Hausarzt eine abendliche Sonderschicht ein. Bis dahin bleibt er für mich ein Phantom.

Dieser eigenwilligen Gesetzmäßigkeit verdanke ich es, dass mir meine Gesundheit wohl oder übel schon teurer zu stehen kam als es eigentlich notwendig sein sollte – zumindest auf den ersten Blick. Denn kein Arztbesuch ist hier „umsonst". Beim Allgemeinarzt wird dem Patienten jedesmal gleich bei der Anmeldung ein Sümmchen abgeknöpft, das in etwa der deutschen Quartals-Praxisgebühr entspricht – sollte es gelungen sein, vor der magischen 16-Uhr-Grenze einen Termin zu ergattern. Bereits eine Minute später vervielfacht sich diese Gebühr wie durch Zauberhand. Noch deutlich tiefer darf man beim Spezialisten in die Tasche greifen. Ob Hautarzt, Ohrenarzt oder Frauenarzt ... Pro Sitzung war ich bislang immer mit rund 70 % Selbstbeteiligung am Behandlungs-Gesamtbetrags dabei.

Allerdings muss ich eines hinzufügen: Wer über das Kalenderjahr hinweg eine bestimmte Summe berappt hat, bekommt auf Antrag eine Rabattkarte, die vergünstigte Gesundheitsservice-Leistungen für die Zukunft verspricht. Dumm ist dabei nur, dass zu jedem ersten Januar alles verfällt und es wieder bei Null von vorne losgeht. Wer wie ich allerdings das Glück hat, nur selten reif für den Doktor zu sein, wird es wahrscheinlich gar nicht bis zur Rabattkarte bringen.

Auch was Medikamente betrifft, wird der Patient zur Kasse gebeten. Er trägt 0 bis 100 % der Kosten selbst, je nach Art der Medizin. Lebensnotwendige Mittel gegen Krebs oder Diabetes zum Beispiel werden selbstverständlich gänzlich erstattet. Dabei kann der Gang zur Apotheke mit dem Rezept in der Hand echte Einkaufsgefühle auslösen. „Willst du warten oder wiederkommen?" Warten selbstverständlich! Bis die verordnete Tablette, Salbe oder Tinktur hergerichtet ist, gibt es nämlich viel zu Erkunden. Wie ein Drogeriemarkt ist die isländische Apotheke ausgestattet. Vitaminpillen und Babyschnuller, Zahnbürste und Hautcreme, Dior, Chanel und Clinique. „Ursula!" reißt mich eine Stimme aus dem Parfumschnuppern. Jetzt steht mein verschriebenes Medikament zur Abholung bereit. Sorgfältigst eingetütet, verklebt und mit meinem Namen darauf.

Zu Beginn meiner Islandzeit musste ich mich von jedem Arzt- und Apothekenbesuch erst einmal erholen, in Anbetracht der vergleichsweise hohen Summen, die ich dort regelmäßig hinterließ. Je mehr ich allerdings an die monatlichen Krankenkassenbeiträge in Deutschland dachte, desto besser gefiel mir die Methode Island. Bislang jedenfalls bin ich sehr gut damit gefahren. Es schadet nämlich gar nicht zu realisieren, was das Doktorspielchen eigentlich kostet.

Gut und schön, aber was macht man eigentlich, wenn man zwar körperlich, nicht jedoch verwaltungstechnisch auf Island zu Hause ist? Wo steht zum Beispiel ein Mitarbeiter der Deutschen Botschaft, der einerseits eine *kennitala* hat, aber nach deutschem Recht und in Deutschland angestellt ist? Eine Bekannte hatte in dieser Hinsicht ihr ganz eigenes Erlebnis, als sie sich nach Kräften darum bemühte, ihre auf Island geborene Tochter sowohl auf die Warteliste der städtischen Kindergärten zu befördern als auch in die gesetzliche Krankenversicherung. Brav wurden die Angaben von den jeweiligen Amtsstellen entgegengenommen, doch zwei Wochen später erhielt sie die Mitteilung, dass das Mädchen nicht registriert werden könne. Seine *kennitala* enthalte nämlich keinerlei persönliche Daten und das Kind würde deswegen im Nationalregister wie eine Vollwaise beziehungsweise als Mutter/Vater seiner selbst geführt … Die leicht verwirrte Mutter wurde nun gebeten, eine Aufenthaltsgenehmigung für die Kleine beim isländischen Einwohnermeldeamt zu beantragen. Nur so könne man die Daten richtig erfassen und die Anträge bearbeiten. Dort erhielt sie jedoch die Auskunft, dass das nicht möglich sei. Die Behörden-Odyssee ging weiter. Isländisches Außenministerium, deutsche Krankenkasse … und wieder zurück nach Island. Irgendwann erhielt die arme Frau dann einen Anruf von der Stadt Reykjavík mit der Entwarnung: das Mädchen könne zwecks Datenschutz durchaus auch mit einer „unsichtbaren" *kennitala* „bearbeitet" werden … Fluch oder Segen des isländischen Verwaltungssystems? Letztendlich war meine Botschafts-Angestellte trotz gewisser Nervenverluste doch wieder mit Island versöhnt – dank der Hilfsbereitschaft, des Verständnisses und Entgegenkommens, das sie von Seiten der isländischen Behörden erfahren hatte. „Gegen Menschlichkeit ist eben keine Bürokratie gewachsen."

Besagtes Nationalregister, in dem alle Bürger Islands verzeichnet sind, war bis vor ein paar Jahren öffentlich zugänglich. Jeder konnte es einsehen, auch außerhalb von Island. Irgendwann bekam ich einen Anti-Walfang-Brief von Greenpeace an meine isländische Adresse geschickt. Abgeschickt war der Brief in Deutschland. Wie kam das und warum ausgerechnet ich? Bald stellte sich jedoch heraus, dass viele Isländer dieses Schreiben bekommen hatten. Eigentlich fast jeder, den ich kannte. Natürlich, das Nationalregister! Das hatte für die Greenpeace-Kampagne hergehalten. Um derartigen und vor allem wesentlich gravierenderen Missbrauch auszuschließen, ist jetzt der Zugang zu diesem ehemals allzu weltoffenen System beschränkt. Trotzdem kann ich darin stöbern. Isländische Firmen können das Nationalregister nämlich als Serviceleistung für ihre Kunden zugänglich machen. Wenn ich mich für das Homebanking meiner isländischen Bank einlogge, komme ich „rein". Ich kann beliebige Personen anhand ihrer *kennitala* suchen und umgekehrt. Da die ersten sechs ihrer insgesamt zehn Ziffern immer das Geburtsdatum ihres Trägers sind, kann kein Islandbürger geheim halten, wann er geboren ist.

Schon oft fragte ich mich, was wohl alles am Bildschirm erscheint, wenn meine *kennitala* auf der anderen Seite des – sagen wir – Bibliotheksschalters in den Computer eingetippt wird? Bei welcher Bank mein Konto ist? Ob ich einen Kredit aufgenommen habe? Ob ich vorbestraft bin? Wann ich bei welchem Arzt war? … Wie nachvollziehbar bin ich hier? Manchmal glaube ich gar, dass das Bild vom gläsernen Menschen der isländischen Realität gefährlich nahe kommt.

Die heimlichen Weltmeister

Von etwaigen Finanzkrisen einmal abgesehen ... Der Isländer ist überzeugt von seinen Qualitäten – und denen seines Landes. Bescheidenheit ist nicht seine Stärke, wenn es um die eigenen Reihen geht. Alles, was aus Island kommt, ist Spitzenklasse. Von vorne herein und ohne darüber nachzudenken. Es ist einfach so. Nehmen wir nur einmal die Musik als Beispiel. Sobald irgendein neues Album auf dem Markt erscheint, das auch nur im Entferntesten isländisch ist, wird es in unsere private Musiksammlung integriert. Seine Qualität ist dabei sekundär. Ich vermute, das ist nicht nur in unserem Heim so. Deshalb wird hier auch Durchschnittsgeplänkel schnell hochgepriesen und es glänzt mit Verkaufszahlen. Alleine die Tatsache genügt, dass etwas der Heimatinsel entsprungen ist, um jedes objektive Beurteilungsvermögen automatisch abzuschalten. Island, Island über alles! Dabei spielt es überhaupt keine Rolle, ob es sich um Musik, Schokoladenkonfekt oder Kartoffeln handelt. Meine Insulaner sind so eingenommen von der Qualität alles Isländischen und damit von sich selbst, dass sie schlicht und einfach jegliches Relativieren vergessen.

Isländer müssen auch alles zuerst haben, was neu auf dem Markt ist. Fast automatisch steigt dadurch die Wahrscheinlichkeit, auf den vordersten Statistik-Plätzen dieser Welt zu rangieren. Und dort wollen sich meine Insulaner sehen. So oft wie möglich. Was ihr Interesse an Neuheiten betrifft, hatten sie ihre Nasen offenbar schon immer ziemlich weit vorne. Mit großem Vergnügen schmökerte ich wieder einmal in meinem Island-Merianheft von 1972, aus einer Zeit, in der die Nation dort droben im Norden für die Außenwelt wirklich noch geradezu jungfräulich war. Bereits dieses „Frühwerk" bescheinigt den Isländern eine „sehr moderne Einstellung zu Wissenschaft und Technik". Sie interessierten sich „außerordentlich für alle neuen Erfindungen auf dem Gebiet der Technologie. In ihrer Begeisterung für Neuheiten steckt fast etwas Kindliches. Sie sind in einem Ausmaß „neuheitensüchtig", dass sie fast keinen neuen Artikel unausprobiert lassen. Dies gilt vor allem für Küchengeräte und Autos. Die meisten Häuser Islands verfügen über fast sämtliche elektrische Haushalts- und Küchengeräte, die der internationale Markt anbietet." Diese Grundaussage ist bis heute uneingeschränkt gültig, auch wenn als Maß für den technischen Stand der Dinge sicherlich nicht mehr Mixer & Co gelten, sondern vielmehr die modernen Mittel der Kommunikation.

Handys! Alleine in unserem Haushalt liegen vier Stück auf Abruf. Von meinem eigenen, bewährten Exemplar abgesehen, hat mein lieber Gefährte gleich drei dieser Dinger parallel in Einsatz. Er will auf die langen Listen der eingespeicherten Rufnummern Zugriff haben. Ein elfjähriger Bub erzählte mir mit größter Selbstverständlichkeit, er hätte bereits seit seinem fünften Lebensjahr ein Handy, und das gegenwärtige sei sein sechstes. Als auf Island 3G, der Mobilfunkstandard der dritten Generation, seine Ankunft ankündigte, sah man dieser Revolution mit entsprechend großer Spannung entgegen. Wie erwartet, wurde sie mit offenen Armen in Empfang genommen. Mich wundert es nicht, dass Island fast ebenso viele registrierte Handys wie Bewohner aufzubieten hat.

Auch was die Nutzung von Computer und Internet betrifft, führt Island die Statistiken an. Im Jahr 2009 waren nach Auskunft des Statistischen Amtes Islands 90 % aller isländischen Haushalte vernetzt, nahezu alle mit einer Hochgeschwindigkeitsverbindung. Dabei hätten über 90 % aller Inselbewohner zwischen 16 und 74 Jahren diese Einrichtung innerhalb der letzten drei Monate vor der Studie auch genutzt. Vergleichend dazu weiß *Eurostat*, das Statistische Amt der Europäischen Gemeinschaften, zu berichten, dass ein Jahr zuvor der Europadurchschnitt aller Haushalte mit Internetzugang bei 60 % und der eines High Speed-Anschlusses bei knapp 50 % lag. Auch das Weltwirtschaftsforum bestätigt den skandinavischen Ländern Plätze unter den Top Ten, wenn es um die Nutzung der neuesten Informations- und Kommunikationstechnologie geht. Angeführt wird die Liste von Dänemark und Schweden. Mein Inselvölkchen rangiert auf Rang sieben. Logisch, dass auch ich meine Rechnungen per Mausklick bezahle.

„Isländer bekommen den neuen Harry Potter zuerst!" lässt die Presse stolz verlauten, als sich das siebte und letzte Zauberbuch im Sommer 2007 ankündigt. Tatsächlich sind sie die ersten Europäer, die es in Händen halten dürfen. Wegen der Zeitverschiebung, dank der Island im Sommer eine Stunde hinter Großbritannien her ist. Somit darf der Verkauf der englischsprachigen Originalversion auf Island schon um 23:01 Uhr Ortszeit steigen. Auf so etwas muss man erst einmal kommen!

Das isländische Phallusmuseum wurde zum sonderbarsten Museum der Welt gekürt. Der Museumsleiter Sigurður Hjartarson ist stolz auf die

Auszeichnung, ist sie doch äußerst werbewirksam. „Erste Bananenernte auf Grönland“: Oh Schreck, beinahe hätte diese Zeitungsmeldung den Rekord in Sachen nördlichste Bananenpflanzung der Welt gestürzt. Doch auf den zweiten Blick darf aufgeatmet werden. Das grönländische Narsaq, in dem besagtes Bananengewächshaus steht, liegt südlicher als Islands „Gewächshausstadt“ und Bananenpflanzungszentrum Hveragerði. Da ist Island gerade noch einmal davongekommen! Das weltbeste Trinkwasser, die weltbesten Geländewagen, die weltbesten Lebensmittel.

Gibt es etwas, das ich persönlich auf dem Spitzenrang ansiedle? Natürlich! Manches lässt sich selbst nach objektivster Betrachtung nicht übertreffen. Ganz abgesehen vom besten Mann der Welt liebe ich isländische Tomaten. Tatsächlich, die gibt es, erzeugt im geothermal beheizten Gewächshaus und das ganze Jahr über so wunderbar tomatig im Geschmack, dass sich die winterlichen Wassertomaten aus der Restwelt verstecken können. Auch Lammfleisch und Fisch sollen schon so manchen notorischen Verweigerer überzeugt haben. Auf isländische Outdoorbekleidung und Wollerzeugnisse lasse ich genau so wenig kommen. Wo sie recht haben, haben sie recht, meine Insulaner.

Sollte es mit einer absoluten Spitzenleistung einmal nicht klappen, wenden die findigen Insulaner eine einfache, aber äußerst wirksame Umrechnungsmethode an: Nackte Zahlen werden auf die Gesamtbevölkerung umgelegt. „Pro Kopf“ heißt das Zauberwort. Weltrekord auf isländisch. Und schon kommt Klein plötzlich groß raus. Manchmal sogar so groß, dass man sich vor Ehrfurcht verneigen möchte. Nehmen wir noch einmal Miss World her, von denen – wie berichtet – Island drei und Deutschland eine zu bieten hat. Islands knapp 320.000 Einwohner stellen dabei Deutschlands 82 Millionen in den tiefsten Schatten. Denn nach der Pro-Kopf-Methode entfallen auf einen isländischen Bürger zirka 260 deutsche und folglich auf eine isländische Schönheitskönigin 260 aus deutschen Reihen. Letztendlich bräuchte Deutschland also drei mal 260, das heißt 780 Miss World, um mit Island mithalten zu können! Noch eindrucksvoller fällt die Rechnung aus, wenn sie mit den USA gemacht wird. Dort entsprechen einem Isländer ziemlich genau 1.000 Bürger. Möchten die USA in Sachen Schönheit so erfolgreich sein wie Island, müssten sie 3.000 Damen krönen. Das sind wirklich Ausmaße, die ihresgleichen suchen.

Just zu der Zeit, in der ich meine isländische „Relativitätstheorie" zu Papier brachte, erschien in einer isländischen Tageszeitung ein zweiseitiger Artikel: „Die Kunst, Isländer zu sein oder wie es ist, Weltspitze zu sein, wenn die Welt davon nichts weiß". Sein Autor ist Hallgrímur Helgason, seines Zeichens Schriftsteller, Künstler und – ganz wichtig – Isländer. Als einer, der es wissen muss, nimmt er seine eigene Nation auf die Schippe und trifft den Nagel auf den Kopf. Ich will für den Leser ein paar Zeilen daraus übersetzen. „Mitte des vergangenen Jahrhunderts kamen Isländer darauf, dass in Amerika Cola getrunken wird. Wir beschlossen, das gleiche zu tun. NUR MEHR. Wir haben nicht einmal ein Jahrzehnt gebraucht, um die Amis unter den Colatisch zu trinken. Und wir sind noch dabei. Wir trinken mehr Cola als die US-Amerikaner und essen mehr Hamburger als sie. Wir verdrücken mehr Pizzas als die Italiener und bestellen mehr Café Latte als sie. Wir haben mehr Computer als die Japaner. Benutzen das Internet mehr als die Bewohner von Hongkong. Leben länger als die Kaukasen. Haben mehr Schönheitsköniginnen als Venezuela. Und haben mehr Sex als die Franzosen. Außerdem feiern wir länger als die Spanier und singen viel mehr als die Schweden. ... Jetzt ist unser Selbstbild derart, dass wir die Besten der Welt sind. Die kleinste Nation der Welt sitzt ganz oben auf allen internationalen Statistiken. Die meisten Autos pro Haushalt. Die meisten Computer pro Haushalt. Die meisten Schriftsteller pro Haushalt. Nur raus damit. Wir sind in allem am besten. Der Haken daran ist nur, dass niemand davon weiß. Wir sind die unsichtbaren Weltmeister." [1]

Richtig, der Rest der Welt weiß dummerweise nichts von Islands Spitzenleistungen. Deshalb werden sie jedem Unwissenden unter die Nase gerieben, so oft es nur geht. Eine Position als Reiseleiter beispielsweise bietet hierfür ein geradezu ideales Forum. Ob mein Stefán dieser Beschäftigung deshalb mit so großer Passion nachgeht? Manchmal kann ich ihn begleiten. Dann warte ich nur darauf, dass er mit seiner Islandlobpreisung beginnt. Enttäuscht werde ich nie, da er es wie so viele Insulaner einfach nicht lassen kann. Meistens beginnt eine derartige Aufklärungskampagne mit einem „*Wir* sind/haben ...". Wie schön, wenn man sich so uneingeschränkt identifizieren kann mit seiner Nation! „*Wir* haben die schönsten Frauen und stärksten Männer!" Das weiß der Leser bereits. Damit aber noch nicht genug, denn zu ihnen gesellte sich mit Bobby Fischer ein Schachweltmeis-

1 Quelle: Isländische Tageszeitung *Fréttablaðið* vom 2. Dezember 2007, Seiten 22 und 23.

ter. Anfang der 1970er entschied er das Match gegen Boris Spassky für sich, das – tata! – in Reykjavík stattfand. Von 2005 bis zu seinem Tod im Januar 2008 lebte Bobby als isländischer Staatsbürger in der Landeshauptstadt. Seine letzte Ruhestätte fand er ebenfalls auf der Insel. Moment … Miss World, stärkster Mann der Welt und Schachweltmeister? Wenn das nicht jeden Inselbewohner zu der Vorstellung verleitet, selbst schön, stark und intelligent zu sein!

Abschließend bleibt nur noch eines zu ergründen. Was ist die Ursache für dieses Überall-vornedran-sein-wollen, für diese Rekordsucht? Aus isländischer und damit erster Hand wurde ich über die tieferen Beweggründe dieses Verhaltens aufgeklärt: „Wir leiden an einem Minderwertigkeitskomplex, der kleinen Staaten eigen ist, insbesondere kleinen Inselstaaten. Wir müssen uns selbst und anderen beweisen, dass wir mithalten können mit dem Rest der Welt. Und das müssen wir ständig tun.“ Der bereits erwähnte Schriftsteller Arnaldur Indriðason spricht in seinem Krimi *Menschensöhne* von „unerträglichen Minderwertigkeitskomplexen, die dann … mit Größenwahn kompensiert werden.“ Im konkreten Fall meint er damit zwar die Bevölkerung im nördlichen Island. Ich wage es aber, diese Aussage zu verallgemeinern, und das ohne schlechtes Gewissen.

Was kann ich bissig sein! Ob ich mir solche Gedanken lieber verkneifen sollte, um es mir mit „meinen“ Isländern nicht zu verscherzen? Aber ich stehe mit meiner Meinung nicht alleine auf weiter Flur, sondern bekomme sie sogar aus isländischem Munde immer wieder bestätigt. Ja, selbst mancher Insulaner sieht sich in diesem Licht. Das ist dann allerdings meist einer, der eine Weile im Ausland verbracht hat, was bekanntlich den eigenen Horizont erweitert. „Wir Isländer sind nicht normal", bekundet Stefán, ohne mit der Wimper zu zucken. Eine junge Isländerin, schätzungsweise Ende zwanzig und frisch zurückgekehrt vom Aufenthalt in der Fremde, konnte sich mir gegenüber gar nicht genug auslassen über ihre eigene Nation. „Isländer sind total durchgeknallt. Wie ist es nur möglich, hier zu leben!?"

Es tut immer gut, über den eigenen Tellerrand zu schauen und der Heimat für eine Weile den Rücken zu kehren. Die Angelegenheit von außen zu betrachten, an die Relation des eigenen Landes zum Rest der Welt erinnert zu werden. Das gilt freilich nicht nur für Island. Doch meine Insulaner legen eine besonders ausgeprägte Weltgewandtheit an den Tag. Sie liegt ihnen im Blut. In den vergangenen zwei Jahrzehnten weilten immerhin 55.000 Isländer zumindest für ein paar Jahre im Ausland. Das enthüllen die abendlichen Fernsehnachrichten im Mai 2007. Auf der Zielland-Hitliste ganz oben stehen mit drei Vierteln die übrigen Nordländer, allen voran Dänemark. Dort lebten im Jahr 2006 insgesamt 7.600 Isländer. Von der „alten Hauptstadt" Kopenhagen geht aus historischen Gründen offensichtlich immer noch große Anziehungskraft aus. Insgesamt dürften an die 30.000 isländische Staatsbürger irgendwo im Ausland verstreut sein.

Bevor ich zum ersten Mal nach Island kam, begegneten mir auf meinen ausgedehnten Reisen niemals Isländer, zumindest nicht bewußt. Aber jetzt, wo ich in dieser Sache sensibilisiert und obendrein der Landessprache mächtig bin, tauchen sie plötzlich überall auf. Ich ertappe mich sogar dabei, explizit nach ihnen Ausschau zu halten. Flughäfen

– besonders die Wartehallen und Gepäckausgabezonen – sind für derartige Aufeinandertreffen naturgemäß besonders prädestiniert. Doch auch mitten im schönsten Kurzurlaub im bayerischen Alpenvorland machte ich auf einer Alm eine Isländerin ausfindig, die eine internationale Konferenz dorthin verschlagen hatte. Natürlich musste ich mich mit ihr unterhalten. Die Dame war anfangs ganz verwirrt durch die Enthüllung, dass hier noch jemand ihrer Sprache mächtig war. Sie deutete auf die traumhaft schöne Landschaft und meinte nur: „Ich verstehe nicht, dass irgend jemand Island schön finden kann!" Ein andermal stieß ich in Schottland auf einen starken Isländer, der auf Highland Games seine Kräfte bewies. Keine Frage, dass er meine volle moralische Unterstützung hatte. Denn auf Island-fernem Boden fühle ich mich den Bewohnern meiner Wahlheimat besonders verbunden.

Insgesamt sechs von sieben „ausgewanderten" Isländern kehren irgendwann in die Heimat zurück. Viele davon sind dann um zweierlei reicher: um einen nicht-isländischen Partner und die Erkenntnis, dass Island eben doch nicht das absolute Maß aller Dinge ist.

Isländer sein – mit ganzem Herzen

Könnte doch nur jede Nation so auf die moralische Unterstützung ihrer Landsleute zählen wie Island! Ich glaube, nur hier gibt es ihn noch, den Nationalstolz in seiner reinsten Form. Sogar wissenschaftlich ist es erwiesen, dass das isländische Herz daheim schlägt. An der Universität von Akureyri in Nordisland wurde der Nationalstolz junger Isländer untersucht. Offensichtlich wird er bereits in die Wiege gelegt. Denn 70 % aller Zehntklässler des Landes sind sehr stolz darauf, Isländer zu sein. Selbst wenn nur ein Elternteil von der Insel stammt, liegt die Quote noch bei knapp 60 %. Wer allerdings für eine Weile im Ausland wohnte, trägt weniger Nationalstolz zur Schau.

„*Wir* haben gewonnen!" Strahlend kommt Stefán vom Sport-Schauen auf der Großleinwand heim und der Abend ist gerettet. Wie die meisten Isländer ist er mehr als nur stolz auf seine Nation. Er identifiziert sich geradezu mit ihr, hält zu ihr in guten wie in schlechten Zeiten. Sieg und Niederlage werden zum persönlichen Anliegen. Dabei muss es nicht einmal eine komplette Mannschaft sein. Ein einziger Insulaner ist völlig ausreichend. Hauptsache er tritt in irgendeiner Form irgendwo gegen irgendwen an. Schließlich gilt es, die viel zu oft ignorierte Insel wieder einmal dem Rest der Welt – oder einem Teil davon – in Erinnerung zu bringen und sie dagegen zu verteidigen. Wer in einem solchen Moment beispielsweise eine Versammlung anberaumt, ist selber schuld. Die Teilnahme wird mit Sicherheit dürftig ausfallen, außer es gibt die Live-

Übertragung des Ereignisses gleich inklusive. Einmal wurde im Rahmen einer amerikanischen Reality-TV-Show der Sänger für eine Rockband gesucht. Wie es das Schicksal so wollte, war ein isländischer Musiker mit im Rennen. Selbstverständlich hing die komplette Nation wochenlang vor dem Fernseher. Der Isländer würde notfalls meilenweit gehen, um so ein Gerät zu finden, vor dem er seinem Landsmann oder seiner Mannschaft die Daumen drücken kann.

Eine erstklassige Gelegenheit, das Nationalbewusstsein bis an seine Grenzen auszureizen, bot sich der isländischen Nation im Sommer 2008, als die Handball-Nationalmannschaft der Männer an den Olympischen Spielen in Peking teilnahm. Das Team ist stark. So stark sogar, dass es glorreich ins Halbfinale einzieht. Die isländischen Zuschauer vor Ort in Peking unterstützen ihre Mannschaft mit inbrünstigen „Island, Island!"-Rufen. Derweil sitzen sieben von zehn Isländern auf der Heimatinsel vor dem Fernseher, denn selbstverständlich wird das Spiel hier live übertragen. Auch die Straßen unseres Wohnviertels sind wie ausgestorben. Aus allen Wohnzimmern schallen lautstarke Anfeuerungsrufe.

„Bist' wohl kein echter Isländer, oder was?" Diese Rüge musste ich einstecken, als ich es ein paar Tage vorher versäumt hatte, früh um sechs Uhr aufzustehen, um eines der vorausgegangenen Spiele mitzuverfolgen. Viel schlimmer noch, ich hatte nicht einmal im Traum daran gedacht, dass die isländische Handballmannschaft ihren Auftritt hatte. Aber das Halbfinale schaue auch ich mir an. Und das, obwohl der einzige Vollblutisländer der Familie nicht einmal zu Hause ist.

Bevor ich auf Island ansässig wurde, hatte ich mich nie für Handball interessiert. Aber die Begeisterung steckt an, die meine Wahlheimat „seiner" Mannschaft entgegenbringt. Sie griff nicht nur auf mich über, sondern sogar auf meinen deutschen Bekannten- und Verwandtenkreis. Jetzt bekomme ich regelmäßig Gratulationsanrufe, wenn Island irgendetwas gewinnt. Selbst wenn – aus Mangel an Relevanz – die entsprechenden Sendungen beziehungsweise Spiele in meiner alten Heimat gar nicht übertragen werden. Während der Handball-Weltmeisterschaft 2007 war auch Stefán auf Deutschland-Besuch. Wie enttäuscht wäre er gewesen, hätte er nicht alle Island-Spiele live mitverfolgen können. Selbstverständlich war sein Wunsch Befehl und das Ganze endete jedes Mal damit, dass alle Anwesenden vor dem Bildschirm saßen, egal wo wir gerade waren. Mein lieber Mann schaffte es dabei immer wieder, seine nationalen Gefühle auf die anderen Fernsehgucker überspringen zu lassen, von denen die allermeisten – so wie ich – vorher nie das geringste für Handball empfunden hatten. Ein Jahr später, bei der Europameisterschaft, verlor Island zwar gegen den amtierenden Weltmeister Deutschland. Aber mich begeisterte es trotzdem, dass die Nationalmannschaft der 320.000 Seelen-Insel (fast) genauso gute Sportler hervor zaubert wie die deutschen 82 Millionen. Freilich versetzte mich das Spiel auch in eine moralische Zwickmühle. Zu wem sollte ich halten? Im Zweifelsfall zu Island.

Überhaupt hat es mit dem Trio Island, Deutschland und Handball eine besondere Bewandtnis. Gummersbach, Lemgo, Wilhelmshaven, Kiel oder gar Nettelstedt-Lübbeke ... Warum wohl sind diese Örtlichkeiten so vielen Isländern ein Begriff? Warum heißt eine regelmäßige Sport-Fernsehsendung „Der deutsche Handball"? Darauf kann es nur eine Antwort geben: Die dort ansässigen Vereine haben oder hatten isländische Handballspieler oder Trainer. Der beste Handball mit den besten Spielern wäre eben in Deutschland zu suchen, äußerte sich einer dieser isländischen Sportler anerkennend – und gestand damit ausnahmsweise einmal einer anderen Nation als seiner eigenen den Spitzenplatz zu.

Es darf übrigens auch Fußball sein. Das allgemeine Interesse am englischen Fußball könnte zwischenzeitlich allerdings etwas gelitten haben, als Islands Starfußballer und Kapitän der isländischen Nationalmannschaft Eiður Smári Guðjohnsen von Chelsea erst nach Barcelona und dann nach Monaco wechselte. Doch jetzt wird er ja wieder bei Tottenham auf britischem Boden kicken. Nicht ohne Stolz darf ich bei der Gelegenheit anmerken, dass mein Nürnberger Heimatverein 1. FCN eine Zeit lang auf gleich doppelte Verstärkung aus isländischen Reihen zählen konnte, mit dem Zwillingspaar Arnar und Bjarki Gunnlaugsson aus der „Fußballstadt" Akranes nicht weit von Reykjavík.

Nationalstolz und Zusammenhalt können auch auf ganz anderem Gebiet als Sport zum Ausdruck kommen. Zum Beispiel dann, wenn etwas schier Unerhörtes das so wohl behütete Inselareal zu beschleichen droht. Ganze Wellen der Empörung löste eine geplante Veranstaltung mit dem schönen Namen *Snow Gathering* aus. Es sollte ein Treffen derer werden, die im Pornogeschäft tätig sind. Trotz ihrer ausdrücklichen Zusicherung, die Nordinsel lediglich auf die allgemein übliche Art genießen zu wollen, anstatt nahe liegenden und nicht jugendfreien Beschäftigungen nachzugehen, wurde die Veranstaltung im letzten Moment von isländischer Seite her abgesagt. Der massive Druck aus Medien- und Politikkreisen hatte keine andere Wahl gelassen. Auch Teilnehmern des berühmten Motorrad- und Rockerclubs *Hells Angels* wurde das Betreten der Insel untersagt, weil es angeblich erwiesen sei, dass nicht jedes Mitglied eine ganz und gar blütenweiße Weste habe. Kaum zu glauben, welcher Aufschrei über die Insel schallte! Wie wenn es sich jeder einzelne zur persönlichen Aufgabe gemacht hätte, seine Heimat „schadlos" zu halten. Fairerweise muss ich sagen, dass trotz allem auch Gegenstimmen laut wurden, die Unverständnis und Beschämung für das Verhalten des eigenen Landes zum Ausdruck brachten.

Was das weiter oben angesprochene Olympia-Halbfinale betrifft, behielten die Isländer so gut wie immer die Oberhand. Nur ein einziges Mal konnten die gegnerischen Spanier ein paar Minuten lang einen höheren Punktestand verzeichnen. Da Stefán in seiner Funktion als Reiseleiter unterwegs war und sich meines Wissens nach ausgerechnet dieses Spiel entgehen lassen musste, hielt ich ihn mittels SMS über den aktuellen Spielstand auf dem Laufenden. Ich schickte umso mehr, je weiter das Spiel fortschritt, denn „das ist ein Abenteuer, das kein Ende nehmen sollte!" ergötzte sich der Kommentator an der hervorragenden isländischen Leistung. Endstand 36-30 für Island. Das bedeutete den Einzug ins Finale, sicheres „Silber" und damit den bislang größten Erfolg der isländischen Sportgeschichte. Die erste Medaille in einer Mannschaftssportart und insgesamt die vierte in Islands Olympia-Geschichte. Viel mehr noch, niemals zuvor durfte eine dermaßen kleine Nation überhaupt eine solche Trophäe nach Hause tragen. „Ich hoffe, dass sich unser Volk dessen bewusst ist, welch unglaublicher Sieg das ist. Dieses Team schrieb ein neues Kapitel nicht nur in der Sportgeschichte, sondern auch der Geschichte der Republik", so Staatspräsident Ólafur Ragnar Grímsson nach dem Spiel. Er erlebte es mit seiner Gattin Dorrit in China hautnah. „Island ist im Endspiel! Ich kann es gar nicht glauben, dass ich das sagen darf!" Nicht nur der Kommentator und die Spieler vergossen Freudentränen, sogar ich.

Letztendlich wurde es Silber. Für die Spieler gab es einen beinahe königlichen Empfang in der Heimat, einen Orden aus Präsidentenhand und in einer Hinsicht wahrscheinlich doch Gold: auf der Medaillenstatistik, nach dem Pro-Kopf-Prinzip bemessen.[1] *Til hamingju Ísland,* herzlichen Glückwunsch!

1 Siehe Kapitel „Die heimlichen Weltmeister".

Der Eurovision Song Contest – ein Straßenfeger

Ein bisschen Frieden. Wer kennt das Liedchen nicht, mit dem die Sängerin Nicole Anfang der 1980er Jahre den Sieg für Deutschland beim *Eurovision Song Contest* einheimste – oder beim *Söngvakeppni Evrópskra Sjónvarpsstöðva,* wie er auf isländisch heißt. Hier ist der jährliche Liederwettbewerb weit mehr als nur Musik in den Ohren. Als in schönster Regelmäßigkeit wiederkehrendes Forum, sich den übrigen Nationen Europas zu zeigen und dabei isländischen Nationalstolz in seiner ganzen Pracht zur Schau zu tragen, hat er echten Kultstatus.

Ich glaube kaum, dass ein anderes Teilnehmerland das zu übertreffen vermag, was auf Island vor, während und nach dem *Eurovision Song Contest* geboten ist, dem jährlichen Großereignis im Wonnemonat Mai. Das muss man wirklich einmal erlebt haben, um es zu glauben. Nehmen wir als Beispiel die Veranstaltung in Helsinki 2007. Zunächst wird der isländische Beitrag ausgewählt. Damit dem Bürger die in Frage kommenden Songs rechtzeitig geläufig sind, werden sie in einem vierteiligen Fernsehprogramm vorgestellt. Ist dies geschehen, entscheidet die Nation in einer großen, live im Fernsehen übertragenen Show mittels Telefonwahl darüber, wer der Auserwählte sein soll: Es gewinnt Eiríkur Hauksson mit dem Song *Ég les í lófa þínum* im isländischen Original beziehungsweise *Valentine Lost* in der englischen Version. Ein alter Eurovisionshase soll also antreten, der schon zweimal zuvor an besagtem Wettbewerb teilgenommen hat. Einmal in Islands Eurovisions-Premieren-Jahr 1986 und später für seine Wahlheimat Norwegen. Stehen die Sterne folglich gut?

Seit ein paar Jahren ist es üblich, etwa einen Monat vor dem großen Tag und auf mehrere Fernsehabende verteilt jeden einzelnen Teilnehmersong einzuspielen und seine Chance im europaweiten Wettbewerb einzuschätzen. Das geht so: Die Nordländer Dänemark, Schweden, Finnland, Norwegen und selbstverständlich Island stellen je ein Jurymitglied, das jeden Song kommentiert und eine Punktewertung vergibt. Wenn man der Einschätzung von fachmännischer Seite her glauben kann, sieht es für Island und die übrigen skandinavischen Länder stets gut aus, landen sie doch zuverlässig auf patriotisch hohen Rängen. So kommen Vaterlandsliebe und Freundschaft zum Nachbarland zum Ausdruck. Tatsächlich trug Skandinavien schon einige Eurovisions-Siege davon. 1974 zum Beispiel, als die allseits bekannten schwedischen Abba mit dem Song *Waterloo* starteten. Oder die norwegischen Bobbysocks, die 1985 mit *La det swinge* alle anderen hinter sich ließen. Dänemark konnte mit seinen Ohlsen Brothers im Jahr 2000 *Fly on the Wings of Love* in den Siegersong verwandeln. Und 2009 sahnte der junge Norweger Alexander Rybak mit *Fairytale* ab. Ihr erinnert euch doch daran, liebe Leser? Der echte Isländer tut es auf jeden Fall. Er kann auch die Antworten zu Fragen aus dem Ärmel schütteln wie „Wann nahm Island zum ersten Mal teil?“ „Welchen Platz belegte der-und-der Interpret im Jahr so-und-so mit dem-und-dem Beitrag?“ „Wo wurde der Wettbewerb vor fünf Jahren ausgetragen?“.

Zur Steigerung der allgemeinen Vorfreude bietet eine große Bank einen Erlebnistag mit Eurovisions-

Feeling in allen Filialen. Highlight ist das Erscheinen Eiríkurs höchstpersönlich. Auf der Website besagter Bank ist außerdem ein Online-Gewinnspiel ausgeschrieben mit dem Hauptgewinn, als einer von Eiríkurs Gefolgsleuten mit nach Helsinki zu reisen. Ein anderes Geldinstitut nahm den Eurovisionstag in den Kunden-Jahreskalender als „roten Tag" auf so wie Ostern, Himmelfahrt oder Pfingsten. Modehäuser und sogar ein Autohändler gewähren Eurovisionsrabatt. In sämtlichen Lebensmittelläden bieten die am besten positionierten Regale Vollverpflegung für den Feier-Abend: Chips, Softgetränke und Dünnbier. Stärkere Alkoholika sind nur in den hierfür lizenzierten Geschäften erhältlich. Und natürlich informiert eine Website über Aktuelles und Aktuellstes zum Thema.

Wie es der Zufall so will, erscheinen in kurzer Abfolge aufeinander mehrere Musikalben. Erstens die CD mit allen isländischen Songs, die als Beitrag zur Auswahl standen. Sofort landet sie in den Top Ten. Außerdem Eiríkur Hauksons neues Werk, das den Namen des Beitragssongs als Titel trägt: *Valentine Lost*. Und obendrein *Eurovision 2007 – the official album* mit allen Songs der Show 2007. Sämtliche ältere, alte und uralte Eurovisions-Scheiben sind obendrein im Angebot. Würden sie in Deutschland einen vergleichbar reißenden Absatz finden?

Endlich ist es dann soweit: auf nach Helsinki. Die Hauptstadt Finnlands hatte sich durch den Sieg der „Monster"-Band Lordi im Vorjahr mit *Hardrock Hallelujah* als Austragungsort 2007 qualifiziert. Dort muss sich Island in der Vorentscheidungsrunde erst einmal gegen mehr als zwei Dutzend andere Nationen behaupten. Nur die besten Zehn qualifizieren sich für den Hauptwettbewerb zwei Tage später. Vorentscheidung? Davon weiß Deutschland vielleicht gar nichts, da sie dort gar nicht übertragen wird. Und genau darin liegt für Island der Knackpunkt: Seit vor ein paar Jahren diese Vorrunde wegen der zunehmend steigenden Zahl an Teilnehmerländern eingeführt wurde, schaffte meine Insel den Sprung in den Hauptwettbewerb bis dato noch nie. Wie denn auch, bei der Übermacht an osteuropäischen Ländern, die sich schlicht und einfach gegenseitig wählen! Eiríkur hält sich wacker, macht seine Sache wirklich gut, aber auch er befördert seine Heimat leider nicht in den Hauptwettbewerb. Platz dreizehn reicht einfach nicht.

Weit gefehlt, wer jetzt glaubt, diese „Niederlage" täte der Aktion und Attraktion *Júrovision* – so die isländische Schreibweise – einen Abbruch. Mitwählen beim Hauptwettbewerb darf Island ja trotzdem, und daher gilt: jetzt erst recht! Also Fahnen aller Teilnehmerländer und Eurovisions-CDs zurecht gelegt, Chips in die Schüssel gefüllt und es kann losgehen. Eurovision überall. Nach vollbrachter Live-Fernsehübertragung geht's zum Aprés-Eurovisions-Clubbing. Wieder einmal wird eingeladen zur offiziellen Eurovisions-Party, gespickt mit isländischen Eurovisions-Stars und -melodien. Es darf gefeiert werden, denn Island hat mit Eiríkur einen neuen Helden. Hat er doch bewiesen, wie präsent Island in Europa ist.

Puh … Wieder einmal wäre es vollbracht. Doch Island ruhte sich nicht lange auf seinen mehr oder weniger üppig ausgefallenen Lorbeeren aus. Denn bereits nach der Sommerpause ging es im Herbst 2007 in die nächste Runde. Die Vorauswahl für den

Song kam ins Rollen, der im Folgejahr der Auserwählte sein sollte. Über Monate hinweg, Samstag für Samstag abend, fiel die beste Sendezeit der Fernsehshow „Samstagsmelodien" zum Opfer. Ich war wirklich sehr tapfer, denn wer so wie ich das Sofa mit einem Isländer teilt, hat keine Alternative. Stefán fand alles nur halb so schlimm: „Eurovision ist Teil der Kultur, mit der ich aufgewachsen bin." Im Mai 2008 konnte Island schließlich erstmals die Vorauswahl-Hürde nehmen. Dass dann aber im Folgejahr die blutjunge Yohanna mit *Is it true?* den zweiten Gesamtplatz einnahm, war das Tüpfelchen auf dem „i" der isländischen Glückseligkeit.

Ob meine Stimme zu diesem Erfolg wenigstens ein bisschen beigetragen hat? Ich muss nämlich etwas gestehen: Obwohl ich den 2009er Wettbewerb nur aus der Ferne miterlebte, auf einem Heimatbesuch in Nürnberg, gelang es mir beim besten Willen nicht, mich ihm ganz zu entziehen. Als meine Insel in der Endausscheidung auf der Bühne auftauchte – das Ergebnis der Vorauswahl war mir unbekannt – konnte ich den kleinen Freudenschrei nicht unterdrücken, der mir in der Kehle steckte. Ich musste einfach mitwählen. *Áfram Ísland* – vorwärts Island!

Gaumenfreuden

„Halten Sie Ihre Miene im Zaum!" ermahnte Professor Pfeiffer ehemals seine Schützlinge, als Leiter des Fachgebiets Bromatologie – Hygiene und Technologie der Nahrung und Lebensmittelrecht an der Technischen Universität München-Weihenstephan. Dort hatte ich zuerst studiert und später als wissenschaftliche Assistentin gearbeitet. Herr Professor meinte damit den angemessenen Respekt im Umgang mit Lebensmitteln, selbst wenn sie keine spontanen Sympathien wecken. Nur nicht durch ein „Igitt" oder den gleichbedeutenden Gesichtsausdruck Traditionen beleidigen! Als Ökotrophologin, der das Interesse an unbekannten Lebensmitteln auf den Leib geschrieben ist, beherzigte ich diese Regel nach bestem Wissen und Gewissen, als ich mit einigen ganz und gar traditionellen Lebensmitteln meiner Wahlheimat Bekanntschaft machte. Und in diesem Unterfangen gilt es mitunter tatsächlich, sein kulinarisches Stehvermögen unter Beweis zu stellen.

Zum Einstieg nahm ich mir *hákarl* vor, fermentierten Haifisch. Frisch ist er schlichtweg giftig, da sein Fleisch Stoffwechselendprodukte enthält, die aus Ermangelung eines Nierensystems nicht – wie sonst üblich – über den Harnweg ausgeschieden werden können. Der Haifisch uriniert nämlich nicht. Um die Giftstoffe zu eliminieren und den Fisch damit für den Menschen genießbar zu machen, grub man ihn ursprünglich für mehrere Wochen fest in groben Sand oder Kies ein, am besten am Strand. Dort war die regelmäßige Spülung gleich inbegriffen. Heutzutage presst man die Haifischstücke statt dessen in große Plastikbehälter mit Abtropflöchern. Der nächste Verarbeitungsschritt heißt Trocknen. Gar nicht weit von meinem Reykjavíker Domizil steht ein kleines, luftiges Holzhäuschen, das von eigentümlichen Duftwolken umweht ist. Durch die Ritzen in der Wand entdeckte ich irgendwann die in Reih und Glied aufgehängten Haifischstücke. Serviert wird das Ergebnis der Prozedur meist in Form von kleinen, weißlichen Würfeln. Schon ihr Geruch verspricht, was beim Verzehr zu erwarten ist: Er ist der Begegnung mit konzentriertem Ammoniak nicht unähnlich. Doch ohne mit der Wimper zu zucken verspeiste ich mein erstes *hákarl*-Probierhäppchen. Belohnt wurde ich mit der ungeteilten Be- und Verwunderung der Umstehenden. Nein, ich brauche ihn trotzdem nicht zu meinem Glück, den *hákarl,* und habe nicht vor, mir in absehbarer Zeit mehr davon einzuverleiben. „Wie ein uralter Socken aus dem Wikingerzeitalter" soll einmal jemand über ihn geurteilt haben.

Und doch gibt es in der Aroma-Kategorie „Ammoniak" noch eine Steigerung: *skata,* fermentierter Rochen. Glattrochen, genau genommen, der wie der Haifisch keine Niere hat und somit im Rohzustand ebenfalls ungenießbar ist. Auch er muss sich vor dem Verzehr einer entsprechenden Kur unterziehen. Seinen großen Tag hat *skata* am 23. Dezember. Dann ist *Þorláksmessa,* die an den Todestag des Heiligen Þorlákur im Jahre 1193 erinnert. Fünf Jahre später sprach das Parlament *Alþingi* den isländischen Bischof heilig, nachdem erwiesen schien, dass er tatsächlich Wunder vollbracht hatte. Erst 1985 gab Papst Johannes Paul II seinen Segen auf diesen Akt und erhob Sankt Þorlákur sogar zum Schutzpatron Islands.

Als eines schönen Arbeitstages im Dezember bereits vormittags dieser unverkennbar penetrante und tagelang präsente Geruch aus der Kantine drang und damit kundtat, was sich anbahnte, hatte ich trotzdem noch Hoffnung. Dass der Mittagstisch dann aber gar nichts anderes als *skata* hergab, war nicht fair. Die obligatorischen Kartoffeln als Beilage nebst heißem, flüssigem Talg waren auch nicht gerade das, was man sich im allgemeinen unter einer halbwegs anständigen Mittagsmahlzeit vorstellt. Tröstlicherweise empfand nicht nur ich das so, sondern schätzungsweise auch die gute Hälfte der isländischen Belegschaft. Tatsächlich bringt nach meiner Erfahrung nur die Minderheit der Inselbewohner dem „Gammelrochen" Sympathie entgegen, wie *skata* mitunter in der deutschen Übersetzung genannt wird. Viele schüttelt es schon beim bloßen Gedanken daran. Auch ich konnte an diesem Arbeitstag nicht anders, als mich mit Butterbrot zu verpflegen.

Für denjenigen, der die kulinarische Herausforderung nicht im Aroma, sondern alternativ in der Optik suchen will, habe ich ebenfalls einen Vorschlag: Hinter der Bezeichnung *svið* verbirgt sich ein halber Schafskopf mit einem Auge, halber Zunge und halbem Kiefer, in dem noch die Zähne stecken. Auge oder Zunge, welches von beiden ist denn die wahre Delikatesse? Ich konnte mich nicht entscheiden, als ich seine professionelle Zerlegung haarklein demonstriert bekam, exklusiv für mich, um für den Ernstfall gewappnet zu sein. So ein Schafsköpflein bringt durchaus die besondere Atmosphäre auf den Tisch. Wer sich in der Öffentlichkeit nicht heranwagen und eine erste Zwiesprache lieber daheim im stillen Kämmerlein suchen will, könnte sich seine Portion *svið*, traditionell serviert mit Steckrübenmus und Kartoffelbrei, zum Beispiel von Reykjavíks zentralem Busbahnhof nach Hause holen. Im dortigen

Selbstbedienungsrestaurant mit angeschlossener *Drive in*-Luke steht Koch Bjarni am Herd, der für seine Islandküche bekannt und beliebt ist. Nicht von ungefähr fühlt er sich als Bewahrer des isländischen Schafkopfes, obwohl er selbstverständlich auch Internationales in seiner Theke hat – für alle Fälle. Jung und Alt, Arm und Reich stehen bei ihm an. Ich sah schon höchst elegant gekleidete Herrschaften genüsslichst Schafköpfe zerlegen, die offensichtlich einen Opern- oder Theaterbesuch stilvoll abrundeten. Ich persönlich bevorzuge den Gesichtsausdruck des lebendigen Schäfleins.

Für den *svið*- und *hákarl*-Jäger kommt es geballt zur Zeit des winterlichen Festes *Þorrablót*. *Þorri* heißt der vierte Wintermonat des altisländischen Kalenders. Er beginnt immer an dem Freitag, der zwischen dem 19. und 25. Januar liegt. An diesem Stichtag ist der Winter zur Hälfte überstanden und es geht hoch her. Die Tische biegen sich unter den Nahrungsmitteln, die diese Jahreszeit schon in uralter Zeit hergab. Geräuchertes, Fermentiertes, Gesalzenes, Getrocknetes und Gesäuertes. Konservierungsmethoden vor dem Zeitalter des Kühlschranks. Auch *blóðmör* und *lifrarpylsa*, Blut- und Leberwurst, sind mit von der Partie. Vom Hauch des ganz Besonderen umweht sind *súrhvalur*, Walspeck, und *hrútspungar*, Schafshoden, beides sauer eingelegt in Molke, um nur einige Beispiele zu nennen. Da kommt der eine oder andere Schluck *brennivín*-Schnaps, auch „Schwarzer Tod" genannt, recht gelegen. Dieses geballte Abtauchen zu den kulinarischen Wurzeln ist unter den Einheimischen äußerst beliebt. Die *Þorrablót*-Buffets jedenfalls, die zahlreiche Restaurants anbieten, sind regelmäßig ausgebucht. Auch Isländer fern der Heimat schlemmen und feiern zu dieser Jahreszeit miteinander, beispielsweise die isländisch-kanadische Gemeinde in Winnipeg.

Ich ließ mir berichten, dass *Þorrablót* vor allem auf dem Land ein wichtiges kulturelles Ereignis darstellt. In jeder Gemeinde soll es einen speziellen Ausschuss geben, der die Festlichkeit organisiert. Während des Essens werden dann Sketche vorgeführt und Reden geschwungen – so satirisch wie möglich. Jedes Gemeindemitglied bekommt dabei sein Fett weg. Die Beschreibung erinnerte mich an das bayerische „Politiker derblecken", das besonders beim jährlichen Starkbieranstich auf dem Münchener Nockherberg Tradition ist.

Ganz allgemein lässt sich die traditionelle Küche Islands am trefflichsten mit den Worten „aus Mangel geprägt" beschreiben. Man hatte nicht viel, und was man hatte, wurde (fast) mit Haut und Haar verspeist. Bisweilen treten dabei auch interessante und durchaus gewöhnungsbedürftige Kombinationen von Süß und Pikant zu Tage. Reisbrei mit Zimtzucker und Rosinen zusammen mit Blut- und Leberwurst beispielsweise. In der Kategorie „echtes Kulturerlebnis" rangiert bei mir die Beobachtung, wie eine Schale solchen Reisbreis Löffel für Löffel im Mund meines Tischnachbarn verschwand, im rhythmischen Wechsel mit Schafwurststückchen. Oder soll der Brei eher den knurrenden Mägen derjenigen zu Hilfe kommen, die von den traditionellen Inselgerichten weniger begeistert sind? Es überrascht mich nicht, dass vor allem Vertreter der älteren Generation für die „alten" Lebensmittel eine besondere Vorliebe haben.

Falls nach diesen Ausführungen dem einen oder anderen Leser der isländische Geschmack etwas abwegig vorkommt, will ich ihm eines vor Augen halten: Wir Deutschen essen saure Lunge und Nieren, Saukopf und Geflügelinnereien in Blutsoße ... Sind wir um einen Deut besser?

Ich gebe jedoch Entwarnung: Der tagtägliche Speiseplan Islands ist trotzdem äußerst breitentauglich. Isländer sind im allgemeinen ein Volk der Fisch- und Fleischesser. *Fiskur* und anderes Meeresgetier einschließlich Hummer gehören seit jeher auf den Teller, war und ist die Fischerei doch ein wichtiges Stück Inselleben. Fleisch hat in erster Linie als *lambakjöt*, Lammfleisch, lange Tradition. Und dabei kann ich eines versichern: Fisch und Lamm sind hier von ganz vorzüglicher Qualität. Um Lammfleisch hatte ich vor Beginn meiner Islandkarriere einen großen Bogen gemacht, kannte ich doch nur die Geschichte vom alten zähen Hammel. Aber hier ließ ich mich von seiner Güte überzeugen.

Der *fiskur* auf dem Essteller fällt im einfachsten Fall als Schellfisch oder Kabeljau aus. In der Pfanne gebacken oder gedünstet mit gekochten Kartoffeln als Beilage, stellt er eines *der* isländischen Alltagsgerichte dar. Etwaige Fisch- und Kartoffelreste lassen sich grob zerdrücken und in Mehlschwitze mit Zwiebeln vereinen. Schon wieder ist eine Mahlzeit fertig: *plokkfiskur*, zu dem am besten dick mit – übrigens meistens gesalzener – Butter bestrichenes *rúgbrauð*, Roggenbrot, passt. Dieses tiefbraune und deutlich süßliche Brot lässt sich am ehesten mit deutschem Pumpernickel vergleichen, der ebenfalls sehr lange bei niedriger Temperatur gebacken wird. Mitunter wird *rúgbrauð* sogar als nach alter Tradition gebackenes „Quellenbrot“ verkauft. Denn Feuerholz zum Backen war früher knapp. Alternativ dazu stellte Mutter Natur höchstpersönlich heiße Quellen oder Erde in vulkanisch aktiven Zonen zu Verfügung. Der geothermale Backofen war entdeckt. Heute noch gilt Quellenbrot als besondere Spezialität.

Genauso unentbehrlich wie zu *plokkfiskur* ist bebuttertes *rúgbrauð* als Beilage zu *síld*, Heringshäppchen in Senf-, Curry- oder Gewürzmarinade. Wirklich lecker. Ein etwas ungemütliches Gefühl beschleicht mich persönlich dagegen, wenn es um *harðfiskur* geht, getrockneten Fisch. Ihn könnte man vielleicht als isländisches „Geld" der alten Tage bezeichnen, mit dem vor allem ausländische Händler bezahlt wurden. Gleichzeitig war *harðfiskur* auch das „Brot", mit dem die sonst einseitige Diät bereichert wurde. Denn Mehl war damals nicht alltäglich. Heute noch wird getrockneter Fisch gerne – so wie Brot – großzügig mit Butter bestrichen. Nur einmal schmeckte mir *harðfiskur* wirklich gut: an einem Zeltabend im isländischen Hochland, nach einem anstrengenden Trekkingtag. Nicht nur als getrocknetes Filet, auch in mundgerechten Stückchen ist der Trockenfisch erhältlich, die ähnlich wie Kartoffelchips abgepackt sind. Etwas Geduld muss der Verzehrer allerdings beweisen, um die Bissen mit Speichel aufzuweichen. Wer es eilig hat, der wird Trockenfisch-Essen eher mit „Sägespäne essen" assoziieren, wie es einmal beschrieben wurde.

Auch *saltfiskur*, salzkonservierter Fisch, ist aus Island nicht wegzudenken. Meistens Kabeljau, ist er andernorts auch unter der Bezeichnung Baccalao bekannt. Nicht nur auf dem isländischen Ernährungsplan spielt er schon lange eine wichtige Rolle. Einmal war er *die* Exportware Islands. Bereits um 1800 sollen die ersten Schiffe, bis zum Rand mit Salzfisch beladen, in die weite Welt hinaus gegangen sein. Wer es einfach haben will, kann *saltfiskur* in Wasser kochen, so wie es schon seit jeher üblich ist. Dazu Kartoffeln, Gelbe Rüben und ein Stückchen Butter … fertig.

Authentisches Island-Gefühl verbreitet außerdem *Lýsi,* Fischöl oder Lebertran, mit dem der Start in den Tag nur zu gerne begangen wird. Schon bei Kindern wird größter Wert auf den täglichen Löffel *Lýsi* gelegt. Das wäre „altmodisch und romantisch", wie einem Zeitungsartikel zu entnehmen ist. Das altbewährte Mittelchen überzeugte auch mich von seinem Gesundheitswert, dank seines hohen Gehaltes an Vitaminen und Omega-3-Fettsäuren, aber als reines Öl kann ich *lýsi* bis heute beim besten Willen nicht schlucken. Doch zu meinem Glück gibt es das auch in Kapselform.

Nun aber zum isländischen Lammfleisch, einem völlig natürlichen, biologischen Produkt – ohne dass dieses Prädikat extra ausgelobt werden müsste. Schließlich verbringt der Schafnachwuchs fast sein ganzes kleines Leben draußen bei Mama auf der Weide oder sogar in völliger Freiheit und ernährt sich erst von Muttermilch, dann von wilden Kräutern. Das Ergebnis ist geschmacklich einzigartig und von höchstem Gesundheitswert.

Im Winter tummeln sich an die 450.000 Schafe auf isländischem Boden. Damit überrunden sie die menschlichen Inselbewohner zahlenmäßig bereits, bevor dann im Laufe des Frühlings die Lämmer zur Welt kommen. Bis zum Herbst hat sich deutlich mehr als eine Million der netten Vierbeiner zum Grasen bis auf die abgelegensten Hochlandweiden verzogen. Sie möglichst alle wieder zu finden, ins Tal zu treiben und ihren Besitzern zuzuordnen, bevor in den Bergen der erste Schnee fällt, ist jedes Jahr eine große, mit Spannung erwartete Aufgabe. Dieser Schafabtrieb im September, *réttir* genannt, ist in der Tat *das* Herbstereignis, das die Landwirte einer Region gemeinsam angehen. Schon seit Jahrhunderten zählt es zu den Zusammenkünften mit echtem Sozialwert. Erntedankfest auf isländisch vielleicht. Oder Volksfest auf dem Lande. Reitertrupps sind manchmal tagelang im Hochland unterwegs und übernachten in einfachen Berghütten, bevor sie wieder ins Tal hinunter kommen, Schafherden unterschiedlichen Ausmaßes vor und zwischen sich hertreibend. Nicht nur in Irland, Schottland und Neuseeland kann es folglich zu Schafstau auf der Straße kommen. Zielort des Abtriebes sind zunächst große Pferche mit kreisrundem, zentralem Sammelplatz, von dem aus viele kleine Türchen in tortenstückähnliche Segmente führen, für jeden Bauern eines. Von dort aus werden die Tiere später in den heimischen Stall verfrachtet. Erst einmal heißt es jedoch, sie aus dem Durcheinander in der Mitte nach Ohrmarkierung und somit Besitzer zu sortieren. Hierfür packen alle verfügbaren Hände mit an oder versuchen es zumindest, vom Kleinkind bis zum Opa. Auch der Neuling und Neugierige darf ran ans Schaf, hat sich ein *réttir*-Besuch doch längst zum festen Bestandteil, wenn nicht sogar Höhepunkt eines herbstlichen Islandbesuchs gemausert. Das ist vielleicht ein buntes, lustiges Bild, das die Lachmuskeln schwer strapaziert! Ein einziges Ziehen und Zerren, Scheuchen und Hampeln, Kräftemessen zwischen Schaf und Mensch. Ich hätte nicht gedacht, dass Schafe so hoch springen und derartige Haken schlagen können. Besonders köstlich ist der menschliche Nachwuchs, der am Schaf hängt wie die Maus am Presssack und oft genug vom Schaf in die nächste Ecke verschleppt wird. Gleichzeitig dürfte diese Herbstaktion die landesweit größte Ausstellung an wolligen Islandpullovern sein. Die haben sich, mit knallig-orangefarbenen Gummioveralls darüber, offensichtlich als praktikabelste Kampfausrüstung bewährt. Schließlich arten derartige Sammel- und Sortiermaßnahmen regelmäßig in echte Schlammschlachten aus. Auch Lieder dürfen bei diesem Spektakel nicht fehlen, ebenso wenig wie der eine oder andere wärmende, oft starke Tropfen und auch einmal ein Tänzchen.

Was die küchentechnische Zubereitung von Lammfleisch angeht, überlasse ich die Ehre einer gelungenen Keule oder eines perfekt gebratenen Rückens lieber den Damen meiner isländischen Familie. Bei *kjötsúpa* lege ich selbst Hand an. Ein echter Herbst- und Winterklassiker ist die kräftige Fleischbrühe aus Suppenfleisch am Knochen und Einlage. Kartoffeln, Gelbe Rüben, Steckrüben. Kohl vielleicht, Reis oder Graupen.

Auch geräuchert wird Lammfleisch, stark geräuchert sogar. Nach dem Schlachten im Herbst wurden die guten Fleischstücke früher über das Herdfeuer gehängt. Durch das tägliche Kochen darunter waren sie dann bis Weihnachten gerade richtig geräuchert – über Schafsdung, dem traditionellen Brennmaterial. Heute noch bilden dicke rosafarbene Scheiben *hangikjöt*, Hängefleisch, das traditionelle Weihnachtsessen, serviert mit Dosenerbsen der Marke Ora und gekochten Kartoffeln, die in Mehlschwitze zu ertrinken drohen. Die ist aber auch notwendig, um den rauchig-intensiven Lammfleischgeschmack wenigstens etwas auszugleichen. Kartoffeln landen zur Abwechslung auch gerne karamellisiert auf dem Teller. Wesentlich lieber, da milder, ist mir soeben genanntes *hangikjöt* als kalter, dünner Aufschnitt auf einem mit Butter bestrichenen *flatkaka,* Flachkuchen oder Flachbrot. Dieser Fladen entspricht ziemlich genau dem, was ich mir unter einem ganz dezent angebrannten Pfannkuchen aus Brotteig vorstelle.

Gepökeltes *saltkjöt,* Salzfleisch, kommt nicht nur zum beschriebenen *Þorrablót* auf den Tisch, sondern auch am „Fleischverabschiedungsfest". Das wird zeitgleich mit Deutschland begangen. Genau, Karneval! So heißt das ja wörtlich: „dem Fleisch ade sagen". Es gilt also, ein letztes Mal gründlich zuzuschlagen, bevor es in die zumindest früher fleischlose Fastenzeit geht. Anstelle unserer deutschen Krapfen stapeln sich auf Island am Rosenmontag, dem *bolludagur,* die Windbeutel. Großzügig mit Schlagsahne gefüllt und einem dunklen Schoko-Häubchen obendrauf. Kinder können diesen Tag kaum erwarten, gilt es doch die Eltern in aller Frühe unsanft aus dem Schlaf zu reißen durch Klapse mit einem Stock, der eigens zu diesem Zwecke präpariert ist. Ziel ist es, Mama und Papa damit möglichst oft zu erwischen, denn genau so viele *bollur,* also Windbeutel darf man vernaschen. Auch sonst wird an diesem Tag gerne „rund" gespeist, zum Beispiel Küchlein aus Hackfleisch oder Fischfarce, *fiskibollur.* Tags darauf gibt es soviel Fleisch bis man beinahe zerplatzt nach der Mahlzeit. Das lässt schon die isländische Bezeichnung des Faschingsdienstags erkennen: *sprengidagur.* Haarscharf vorbei schrammte ich an einem kulinarischen Sakrileg, als ich mich mit besagtem *saltkjöt* und seinen *baunir* als Beilage bekannt machte. Letztere entpuppten sich nicht als Bohnen, wie die Bezeichnung nahe legt, sonders als gelbes, ziemlich dünnflüssiges Erbsenpüree. Bohnen, Erbsen, Linsen, sogar Mais, offensichtlich das gesamte Hülsenfrüchtesortiment, alles ist auf Island „Bohne". Eine Platte mit Pökelfleisch am Knochen hatte ich vor mir und daneben diese *baunir*. Wie ist das nun zu essen? Mutterseelenallein in der Kantine, dank einer verspäteten Mittagspause, war niemand vor Ort zum Fragen oder Abschauen. So lud ich ein Stück Fleisch auf meinen Teller, goss Erbsen darüber und nahm Messer und Gabel zur Hand. Die inselgerechte Version lautet allerdings anders, wie ich im letzten Moment herausfand, als sich doch noch ein isländischer Kollege zu mir gesellte: Was ich fälschlicherweise als Soße angesehen hatte, war Erbsen*suppe*. Folglich Fleisch entbeinen, kleinschneiden, Fleischbrocken in die Erbsensuppe werfen und zum Löffel greifen. Wieder hatte ich eine Lektion gelernt. Apropos Fasching: Die Kinder verkleiden sich hier nur an einem einzigen Tag, nämlich am Aschermittwoch, wenn nach deutschen Maßstäben alles vorbei ist. Ähnlich wie beim amerikanischen Halloweenfest ziehen sie – die ganz Kleinen in erwachsener Begleitung – durch Geschäfte, Hotels und Banken, um Süßigkeiten zu ergattern. Das war es dann aber schon mit Fasching. Von rauschenden Kostümbällen habe ich bis heute jedenfalls nichts bemerkt.

Obwohl das isländische Lamm mittlerweile von Geflügel- und Schweinefleisch harte Konkurrenz bekommen hat, wird es wohl auch in Zukunft ein wichtiger Fleischlieferant sein. Nicht zuletzt wäre da noch Walfleisch, ein heikles Stichwort, zu dem sich jeder selbst seine Meinung bilden muss. Als Isländer nutzte man seit jeher die Speisekammer Meer und deshalb gilt auch der Wal als Nutztier. Der Walfleischverzehr ist heute auf Island im Vergleich zu früher minimal. Wer sich trotz aller Zweischneidigkeit der Thematik selbst an einem Happen Walfleisch versuchen möchte, könnte das zum Beispiel bei dem Seebaron *Sægreifinn* tun, einer urigen Lokalität an Reykjavíks altem Hafen. Im umfunktionierten und inzwischen erweiterten Hafenschuppen – der großen Nachfrage sei Dank – darf der Gast auf blauen, ursprünglich für die Fischaufbewahrung genutzten Plastiktonnen Platz nehmen. Das Essen wird größtenteils auf Einweggeschirr serviert. Und dass der eine oder andere Winkel unter Umständen nur ab und zu von Meister Propper Besuch bekommt, macht das Ambiente nur noch authentischer. Kjartan Halldórsson, der Meeresbaron höchstpersönlich, wartet auf mit seiner legendären Hummersuppe – der „vollkommenen", wie die *New York Times* anerkennend feststellt – diversen Fisch- und Zwergwalhappen am Spieß sowie einer Auswahl an anderen Traditionsgerichten. Dass Walfleisch etwas von „zähem Rindfleisch mit leichtem Meeresgeschmack" hätte, kann auch ich seit meinem Besuch dort nicht ganz von der Hand weisen. Meines Wissens spricht der alte Seebär und ehemalige Schiffskoch Kjartan bis heute keine andere als seine Muttersprache. Als Original, wie es im Buche steht, legt er seinen Isländerpullover nur selten ab und wirbt nicht nur in Londons U-Bahn-Gängen für einen Besuch seiner Heimatinsel.

Das isländische Sortiment an Obst- und Gemüse war ursprünglich äußerst begrenzt. Kartoffeln, Gelbe Rüben, Steckrüben, Kohl … Eine viel größere Auswahl gibt der Inselboden freiwillig nicht her. Auch Rhabarber beweist die rare Fähigkeit, auf Island ganz ohne Nachhilfe zu gedeihen. Eine tragende kulinarische Rolle kommt ihm in Form von *rabarbarasulta* zu, eingekochtem Rhabarber, der an dunkles dickes

Pflaumenmus erinnert. Fast jedem Fleischgericht wird automatisch eine kräftige Portion davon verpasst, selbst einem panierten Schnitzel. In meiner Mittagspause schleppte jedenfalls immer irgendwer den Fünfliter-Eimer *rabarbarasulta* in die Kantine, sobald Fleisch auch nur in Sicht kam. Außerdem sind Johannisbeersträucher weit verbreitet. Sie zieren viele Gärten und auch ihre Beeren schaffen es aus eigener Kraft, auf der Atlantikinsel zu reifen. Ein paar Wildbeeren noch dazu, Blaubeeren vor allem, und das war es dann im Prinzip schon mit dem traditionellen Freiland-Sortiment. In neuerer Zeit gesellen sich hin und wieder auch Garten-Erdbeeren dazu, die es tatsächlich zur Reife bringen, verglichen mit Deutschland allerdings verspätet.

Den geothermalen Energievorräten meiner Wahlinsel ist es zu verdanken, dass seit geraumer Zeit in landeseigenen Gewächshäusern zum Beispiel Tomaten, Gurken und Paprika hervorragend gedeihen. Das hätte sich zur Zeit der Besiedlung niemand träumen lassen. Zusätzlich fand natürlich ganz im Zeichen der Globalisierung auch der „Rest" seinen Weg hierher. Nicht nur die komplette Bandbreite an Obst und Gemüse inklusive Südfrüchte, sondern alle vorstellbaren Lebensmittel überhaupt. Es gibt nichts, was hier nicht zu haben ist. Eine Tatsache, die sich der Unbedarfte oft nur schwer vorstellen kann. Als ich einem deutschen Gastkoch schon im Vorfeld seines Auftrittes im Restaurant „meines" Hotels assistieren durfte, konnte ich nur mit größter Mühe seine Zweifel darüber ausräumen, dass wirklich alle Zutaten auf seiner Einkaufsliste vor Ort aufzutreiben wären. Natürlich gibt es auf Island zum Beispiel Zitronengras zu kaufen. Wenn ausnahmsweise der Ananasplatz im Supermarktregal leer bleibt, liegt das höchstens daran, dass die Schiffslieferung zwar im Hafen vor Anker liegt, aber wegen Sturms noch nicht gelöscht werden konnte. Ich habe es selbst erlebt.

Dank dieser Lebensmittel-Auswahl können auch Islands Profiköche aus dem Vollen schöpfen. Und das Ergebnis kann sich sehen lassen: Hier etablierte sich eine Spitzengastronomie mit Spitzenköchen. Insbesondere in der Landeshauptstadt ist das Angebot an erstklassigen Restaurants wirklich enorm. Und wenn ein kulinarischer Schlemmerabend auf dem Programm steht, wird man sich auch äußerlich in Schale werfen. Schick sein lautet die Devise. Deshalb fällt der Island-Urlauber im Insel-Restaurant in seinen Jeans, den Wanderschuhen, der Gore-Tex-Jacke und dem obligatorischen Rucksack überdurchschnittlich auf.

Doch nicht nur in den eigenen Reihen beweisen die isländischen Kochmeister ihr Können. Ob nationaler, nordischer oder internationaler Kochwettbewerb: Die Insel schickt ihre Teilnehmer mit großem Erfolg ins Rennen. Das Isländische Kulinarische Team durfte ich sogar einmal unterstützen, als es im Herbst 2004 bei der „Olympiade der Köche" in Erfurt antrat. Ich übersetzte die isländische Speisekarte in meine Muttersprache. Lamm-Confit mit Lauch und Thymian serviert im Tütchen zum Beispiel. Oder Rentier gehüllt in Portobello-Pilze mit Kartoffel-Gratin. Sesam-überkrusteter Thunfisch mit Königskrabben-Terrine. Frittierte Schokolade-Kroketten mit Ananas … Mit Hákon Már Örvarsson, meinem ehemaligen Chef, hat Island sogar einen Bronzemedaillen-Gewinner im weltbekannten und begehrten *Bocuse d'Or*-Kochwettbewerb. Man bedenke, das entspricht

260 deutschen Kochkünstlern, knapp 1.000 US-amerikanischen …[1]

Umgekehrt holen sich Islands Köche regelmäßig Kollegen aus aller Herren Länder ins eigene Land. In Sachen „Gastkoch auf Island" wurde besonders das kulinarische *Food and Fun*-Festival zur Institution. Das mittlerweile größte Gourmetfest Skandinaviens und gleichzeitig eines der größten seiner Art in Europa steigt seit 2002 in der Regel im Februar, und das mit zunehmender internationaler Beachtung. Es funktioniert ungefähr so: Rund ein Dutzend erstklassiger Köche sind zeitgleich in je einem ausgewählten Reykjavíker Restaurant zu Gast, etwa die Hälfte von ihnen aus den Vereinigten Staaten und die übrigen aus dem restlichen Europa. Deutschland ist freilich auch mit von der Partie. Zunächst zaubern die Küchenmeister an drei Abenden ihr ganz persönliches Viergang-Feinschmecker-Menü. Dieses In-Schwung-Kochen geht nahtlos in den Kochwettbewerb der Gastköche über, vielleicht den Höhepunkt des Festivals. Drei Gänge: Fleisch, Fisch und Dessert für je acht Personen, angerichtet auf dem Portionsteller, so weit wie möglich isländische Rohwaren, drei Stunden Zeit lautet die Aufgabenstellung. Schon beim gemeinsamen Einkauf für das große Kochereignis sind die Medien immer und überall präsent. Dann fällt der Startschuss. Zur Seite steht jedem Starkoch als Assistent ein Kochlehrling im letzten Ausbildungsjahr an der Hotel- und Lebensmittelschule. Eine echte Ehre für den Nachwuchs. Erst tags zuvor hatten sich Meister und Lehrling kennengelernt. Auch das Servicepersonal lernt an jener Schule, das die Speisen zwischen Köchen, Jury und geladenen Essensgästen

1 Siehe Kapitel „Die heimlichen Weltmeister".

zu manövrieren hat, möglichst pannenfrei vorbei an ein paar tausend Topfguckern. Zu letzteren gehörte ich schon mehrfach. Mir gefällt die spannende, aber keinesfalls angespannte Atmosphäre, die sich schnell auf den Beobachter überträgt. Es wird geschnippelt, gebraten, gebacken und angerichtet. Als besonders angenehm empfinde ich die Art und Weise, wie die Wettbewerber miteinander umgehen. Es ist kein Gegeneinander, sondern ein Miteinander. Da wird dem Berufskollegen auch einmal Hilfe angeboten, insbesondere wenn es langsam aber sicher dem Ende zugeht und die Zeit etwas knapp wird. Munter und gut gelaunt beantworten die Küchenmeister Fragen seitens der vielen „ganz normalen" Zuschauer sowie der Fachleute. Probieren darf man obendrein. Aber doch bitte nicht von dem Kunstwerkteller, der gerade eben für die Jury hergerichtet wurde! Ich habe es mit eigenen Augen gesehen. Ob es nicht schwierig sei, mit einem fast fremden Assistenten auf Anhieb zusammenzuarbeiten, noch dazu in einer Wettbewerbssituation? „Ach nein," höre ich einen Gastkoch antworten. „Hier auf Island ist das ohnehin ganz anders, wir haben alle unseren Spaß dabei." „Die Küchensprache ist ja auf der ganzen Welt gleich", stimmt ihm ein zweiter zu und äußert sich im gleichen Atemzug anerkennend zum hohen kulinarischen Standard auf Island „Man weiß, dass die Isländer in den letzten Jahren im französischen *Bocuse d'Or*-Kochwettbewerb immer auf den oberen Rängen zu finden waren. Aber dass es gleich so viele gute Restaurants in Reykjavík gibt!" Bald hat die Jury alle Hände und Münder voll zu tun. Pro Wettbewerber rollen je eine Vorspeise, ein Hauptgericht und ein Dessert in unmittelbarer Aufeinanderfolge an. Alles ist nach Aussehen, Zusammensetzung und Geschmack zu beurteilen. Allerlei ausgefallene Kreationen kommen dabei zum Vorschein. Ich entdeckte beispielsweise blanchierten Kopfsalat und frittierte Lakritze. Dann ist es vorbei, es wird aufgeräumt und schnell kommt Aufbruchstimmung auf. Bleibt nur noch die Verkündung der Gewinner. Je einen Preis gibt es für das beste Fleischgericht, das beste Fischgericht und das beste Dessert. Und der Gesamtsieger darf den Titel *Food and Fun Chef of the Year* nach Hause tragen.

Fassen wir es so zusammen: Island hat auch kulinarisch für jeden etwas zu bieten. Für den Neugierigen und Mutigen, den Bodenständigen und Modernen, den einfachen und den exklusiven Geschmack. Bei den vielen verschiedenen Nationen, die inzwischen die Insel ihre Heimat nennen[2], mangelt es auch an internationaler Küche nicht. In Reykjavík haben sich obendrein mehrere Restaurants ganz der fleischlosen Küche verschrieben. Somit darf selbst der Vegetarier mit der berechtigten Hoffnung nach Island reisen, sich nicht notgedrungen einer Abmagerungskur unterziehen zu müssen.

Na denn, guten Appetit!

2 Siehe Kapitel „Neue Isländer“.

Eine mit allem – das wahre Nationalgericht

Lammbraten und Fisch hin oder her. Das isländische Nationalgericht hat einen anderen Namen. Was mir als waschechte und überzeugte Nürnbergerin meine „Drei im Weckla" bedeuten, die berühmten drei original Nürnberger Rostbratwürste im Brötchen, ist dem Isländer seine *eina með öllu*: eine mit allem. Die „eine" heißt *pylsa* und ist ein längliches, hellbraunes Würstchen, das einem Wiener oder Frankfurter zum Verwechseln ähnlich sieht. Im Aroma unterscheidet es sich davon durch einen dezenten Hauch von Schaf. „Alles" sind Remouladensoße, Ketchup, Senf sowie rohe und geröstete Zwiebeln. Ihre Vereinigung feiert die „eine" mit dem „allem" im eigens diesem Zweck angepassten, formgerechten Weichbrötchen. Und schon ist es fertig, das Hot Dog à la Island. Aus der Getränkekarte hierzu besonders empfohlen: *kók*, Cola, eiskalt. Die orangefarbene und original isländische Limonade *appelsín* tut es notfalls auch.

Pylsa oder besser im Plural *pylsur* sind überall zu haben. Kein Kiosk und keine Tankstelle könnten es sich erlauben, dieses isländisch-essentielle Grundnahrungsmittel nicht im Wasserbad vorrätig zu haben. Und dann gibt es noch die „Würstchenwagen". Allen voran die Bude „Die Stadtbesten" *Bæjarins beztu* in Hafennähe, an denen seinerzeit auch ein gewisser Bill Clinton bei seinem Besuch in Reykjavík nicht vorbeikam. Die zentrale Lage macht's ebenso wie die perfekten Inkredienzen. Denn „Isländer essen *SS-pylsur*" verkündet die Werbung und gemeint sind damit die Würstchen der Schlachtvereinigung Süd,

Sláturfélag Suðurlands, kurz SS. Unschlagbar sollen die bekanntlich sein. Hier lohnt es sich anzustehen. Die Warteschlange ist mitunter immens, ich glaube gar, sie reißt nie ab, zu keiner Tages- und vor allem Nachtzeit. Am Wochenende haben „Die Stadtbesten" bis vier oder fünf Uhr früh geöffnet, je nach Bedarf.

Was einmal als echter Isländer-Treffpunkt begann, fand wohl irgendwann seinen Weg in einen Reiseführer. Dann in einen zweiten. Als sogenannter „Geheimtipp". Jetzt ist es keiner mehr. Heute laben sich Isländer und Inselgäste gleichermaßen an *eina með öllu*. Für den wirklich Hungrigen dürfen es auch zwei oder mehr sein. Ein paar Tischchen laden zum Verweilen ein. Ein Würstchentrip ist auch die ideale Verschnaufpause auf der Partynacht und der perfekte Abschluss des Familienausfluges auf den Flohmarkt *Kolaportið* gleich nebenan, ein ideales Schlechtwetterziel fürs Wochenende.

Auf mehr als siebzig Betriebsjahre brachte es bereits der umsatzstarke, vielleicht sogar lukrativste Quadratmeter Islands *Bæjarins beztu*. Wer dort sein Würstchen verzehrt, kann sich nebenbei über die Meilensteine der Würstchenbude informieren, die untrennbar mit der Geschichte Islands und überhaupt der ganzen Welt verknüpft sind. Eine malerische Tafel in Wurstformat[1] gibt darüber detailliert Auskunft. Welchen Stein im Brett „Die Stadtbesten" bei den Hauptstadtbewohnern haben, beweist auch die Tatsache, dass sie sich in dem Buch *Northern Delights. Reykjavík Cuisine* neben edlen Hauptstadtrestaurants stolz behaupten.

---

1 Siehe Kasten.

„*Pylsur* für alle" lautet folglich der Lockruf, will man sich dem Zustrom isländischer Massen sicher sein, egal ob beim Tag der offenen Tür in der Bankfiliale oder im Zeichen des Wahlkampfes. Am besten umsonst.

70 Jahre *Bæjarins beztu* – „Die Stadtbesten"

Ein Auszug aus der Geschichte des Würstchenwagens, Islands und der Welt überhaupt

1937: Jón Sveinsson kauft den Würstchenwagen
1939: „Vom Winde verweht" hat Premiere. Der Taschentuchverkauf steigt
1940: Die Briten besetzen Island. Sie wissen die Würstchen von *Bæjarins beztu* sehr zu schätzen
1943: Der Würstchenwagen wird vergrößert und erhält Stromanschluss
1944: Die isländische Republik wird ausgerufen
1947: Der Vulkan Hekla bricht nach 102 Jahren Schlummer aus
1955: Halldór Laxness erhält den Literatur-Nobelpreis
1960: John F. Kennedy wird Präsident der USA
1963: Die Insel Surtsey wird geboren
1964: Der Bürgermeister genehmigt *Bæjarins beztu* eine Öffnungszeit bis 0:30 Uhr
1966: Das isländische Fernsehen nimmt die Ausstrahlung auf, bis 1986 jedoch weder donnerstags noch im Juli
1969: Der erste Mann auf dem Mond, nach Übungen auf einem isländischen Lavafeld
1971: Hundehaltung wird in Reykjavík verboten
1972: Bobby Fischer und Boris Spassky spielen in Reykjavík um den Schach-Weltmeistertitel

1973: Der Buchstabe „Z" wird aus dem Alphabet verbannt. Respektierte Einrichtungen wie *Bæjarins beztu* behalten ihn
1977: Elvis Presley stirbt
1980: Vigdís Finnbogadóttir wird Staatspräsidentin und ist damit das weltweit erste weibliche Staatsoberhaupt, das aus allgemeinen Wahlen hervorgeht
1981: „Karl Bretaprins" und Diana Spencer heiraten
1982: Der alte Würstchenwagen wird durch einen neuen ersetzt
1985: Island ist Weltspitze! Jón Páll Sigmarsson ist der stärkste Mann und Hólmfríður Karlsdóttir die schönste Frau der Welt
1986: Island nimmt erstmals am *Eurovision Song Contest* teil. Gipfeltreffen zwischen Ronald Reagan und Michail Gorbatschow in Reykjavík
1988: Linda Pétursdóttir wird Miss World
1989: Bier wird nach 75 Jahren Bann wieder legal
1994: Handys kommen auf den Markt
1996: Ólafur Ragnar Grímsson wird Staatspräsident
1997: Prinzessin Diana verunglückt tödlich. Wissenschaftler klonen das Schaf Dolly
1999: Island landet auf Platz zwei des *Eurovision Song Contest*
2000: Ein Erdbeben der Stärke 6,5 auf der Richter-Skala erschüttert das südliche Island
2004: *Bæjarins beztu* serviert das wahrscheinlich berühmteste Würstchen der Welt: der frühere US-Präsident Bill Clinton genehmigt sich „eine mit Senf"
2007: *Bæjarins beztu* feiert seinen 70. Geburtstag

Wie gesund is(s)t der Isländer wirklich?

Frische Meeresluft, sauberes Trinkwasser und eine hohe Lebenserwartung. „Öko"-Lamm und Seefisch auf dem Speiseplan. Leben die Isländer wirklich so gesund? Die Ökotrophologin in mir kann nicht anders, als diesen Sachverhalt etwas näher unter die Lupe zu nehmen.

Was die isländischen Ernährungsgewohnheiten betrifft, sind *pylsur* – die isländischen Hot Dogs[1] – nicht der einzige kulinarische Ausrutscher. Obendrein überschwemmen Hamburger und Pizza meine Wahlheimat. Die Filialen großer amerikanischer Fast-Food-Ketten sind nicht zu übersehen. Auch so lässt sich die Nähe zum Kontinent der vermeintlich unbegrenzten Möglichkeiten erahnen. Amerikas Ostküste liegt tatsächlich nur etwa sechs Flugstunden von Island entfernt. Doch halt: Seit November 2009 ist Island McDonald's-freie Zone. Der Preis für die importierten Rohwaren wie Fleisch, Weichbrötchen und Soßen war mit dem Fall der isländischen Landeswährung dermaßen in die Höhe geschossen, dass man vor Ort auf ein neues Konzept umstieg: Inländische Rohwaren heisst jetzt die Devise. Seitdem sind die beliebten Burger unter dem Geschäftsnamen *Metro* zu haben. Wenn das kein Plus für die heimische Wirtschaft ist!

Außer seiner Vorliebe für die superschnelle Küche zeichnet den Isländer im allgemeinen ein geradezu verhängnisvolles Liebesverhältnis zu Süßigkeiten

1 Siehe Kapitel „Eine mit allem – das wahre Nationalgericht".

jeglicher Art aus. *Nammi* werden sie umgangssprachlich genannt und Samstag ist *nammi*-Tag. Dann ist das Kilo aus der *nammi*-Bar von Supermarkt, Kiosk oder Tankstelle im Vergleich zu den übrigen Tagen der Woche meistens zum halben Preis zu haben. Vor allem für Kinder ist der samstägliche Gang zur Süßigkeitenbar geradezu eine Institution. Dann wird geschaufelt und gemischt, was das Zeug hält. Diese *bland í poka,* die „Mischung in der Tüte", ersetzt auch einmal eine richtige Mahlzeit. Dieser Ausdruck steht übrigens auch ganz allgemein für „irgendeine bunte Sammlung" oder für „von jedem ein bisschen etwas". Was hast du da in der Tasche? Nichts besonderes, nur eine *bland í poka.*

Daraus zum Vorschein kommen bunte Zuckerdragees und Lakritze. Letztere erfreuen sich hier ganz besonderer Beliebtheit. Lakritzschnecken, -stangen, -bonbons und -kugeln. In jeder Form ist die schwarze Kreation zu haben. Ob Fisch, Katze, Schnuller oder Totenkopf … selbstverständlich landesintern produziert und am allerliebsten unmittelbar mit Schokolade vergesellschaftet. Schokolierte Lakritzkugeln zum Beispiel. Nirgendwo anders in der Welt begegnete mir bislang eine solche Kombination. Isländische Lakritze sollen natürlich auch besonders gut sein. Ich persönlich kann das nicht beurteilen, da ich mich damit noch nie anfreunden konnte. Aber meine Isländer sind verrückt danach.

Selbst das traditionelle und ebenfalls heißgeliebte Softeis wird auf Wunsch bis zum Anschlag in Lakritzstückchen gewälzt. Ähnlich wie vor einem Würstchenwagen sind auch Warteschlangen vor der Eisbude an der Tagesordnung. Mir kommt es beinahe so vor, als wäre deren Länge umgekehrt proportional zur Außentemperatur: je kälter desto länger. Der Lohn aller Ansteh-Mühen liegt in einer isländischen Kinderportion, die locker für zwei deutsche Erwachsene reicht.

Bei solchen Vorlieben muss man sich nicht darüber wundern, dass dem Isländer die fragwürdige Ehre zukommt, in Sachen Zuckerverzehr nicht nur innerhalb der Nordländer Spitzenreiter zu sein – mit durchschnittlich einem knappen Kilo pro Woche oder umgerechnet etwa 140 Gramm täglich. Der Deutsche mit seinen 100 Gramm kommt im Vergleich dazu noch glimpflich weg. Dabei sollte es aber selbst bei ihm nicht mehr als die Hälfte davon sein.

Solche „erlaubten" 50 Gramm täglicher zugesetzter Zucker entsprechen ziemlich genau der Menge, die in einem halben Liter Cola versteckt ist. Und davon fließt, wie bereits wiederholt angeklungen ist, mehr als genug die isländischen Kehlen hinunter. Auch die leckeren isländischen Pfannkuchen sind oft mit blankem Zucker gefüllt und aus jeder Bäckertheke leuchten dicke, am liebsten zartrosa Zuckerguss-Schichten von Plunder- und Hefeteilchen. Überhaupt ist isländisches Kaffeegebäck so süß, dass ich nur ein paar Bissen davon essen kann. Nicht nur deshalb bin ich hier ein schlechter Bäckerkunde. Auch das normale Brot erwies sich mir gegenüber schon oft als schnittfest gemachte Luft. Es war so schwach auf der Brust, dass es schon beim bloßen Anblick einer Scheibe Käse oder Schinken in die Knie ging. Ohne vorheriges Toasten zur Steigerung seiner Tragfähigkeit ging gar nichts.

Mayonnaise zählt ebenfalls zu den beliebten Nahrungsbestandteilen vieler Isländer. Sogenannte Thunfisch-, Schinken-, Lachs-, Krabben- oder Hummersalate sind weit verbreitet, verdienen nach meinem Dafürhalten allerdings eher die Bezeichnung Mayonnaise-Salat, in Anlehnung an ihre Hauptkomponente. Üppig werden die gehaltvollen Mischungen zwischen Toastbrotschreiben unterschiedlichen Ausmaßes platziert. Außer regulären Sandwiches lassen sich so auch „Brottorten“ zaubern, die pikante Kuchenalternative. Dabei handelt es sich um echte Kunstwerke, die etwa folgendermaßen geschaffen werden: Entweder schneide man ein ganzes Toastbrot der Länge nach in Scheiben oder man besorge sich drei bis fünf spezielle, überdimensionale Brotscheiben von Toastqualität. Auch ein Kaliber von schätzungsweise 30 × 50 cm liegt dabei noch im Rahmen. Diese Riesenscheiben werden im Wechsel mit üppigem Mayonnaise-Salat zu einem Block gestapelt, der anschließend ordentlich mit Mayonnaise „verputzt“ wird. Jetzt darf der Bastler seine künstlerische Ader ausleben, denn die Krönung des Ganzen ist eine üppige Verzierung vorzugsweise mit Zutaten, die auf den Inhalt der Brottorte schließen lassen. Räucherlachsröschen, Schinkenröllchen, Hummerschwänze, gedrehte Gurkenscheiben, Petersiliensträußchen und dergleichen. Geradezu eine Hochzeitstorte. Exakt zu diesem Ereignis werden Brottorten auch serviert. Ebenso bei den familiären Großereignissen Taufe, Konfirmation und Leichenschmaus. Beim „Kaffee-Buffet“ im Anschluss an meine erste isländische Beerdigung kam ich aus dem Staunen nicht heraus. Für einen Moment war ich mir sogar sicher, mich auf eine Hochzeitsfeier verirrt zu haben. Der Tisch mit süßen und pikanten Leckereien war einfach riesig. Außer den besagten Brottorten fand ich dort reich verzierte Sahne- und Schokokuchen, die leider allesamt binnen Minuten ihre Zier einbüßten. Im Ganzen serviert, ohne vorgeschnittene oder zumindest vormarkierte Portionsstücke schnitt und schlachtete jeder willkürlich an ihnen herum. Tortenstatus haben zudem auch Sahneberge, aus denen sich Einlagen wie Schokopralinen oder frische Beeren bergen lassen. Die bereits erwähnten Flachkuchen mit *hangikjöt*-Belag sind ebenso Teil des Pflichtprogramms wie *kleinur*, das traditionelle isländische Schmalzgebäck. Besonders schnell gilt es zu sein, will man *snittur* ergattern, Schnittchen. Diese aufwändig verzierten Häppchen gehen grundsätzlich weg wie die warmen Semmeln. Shrimps mit Zitrone, Roastbeef mit Remoulade, Räucheraal mit Rührei, marinierter Hering mit hartgekochtem Ei, Räucherlachs mit Meerrettichsahne. Lecker, lecker. Zum Anfeuchten des Ganzen gab es Kaffee, gut und reichlich wie immer auf Island, und … Softgetränke.

Was hier dagegen sehr zu wünschen übrig lässt, ist der Obst- und Gemüsekonsum gerade von isländischen Kindern und Jugendlichen. Er zählt zu den niedrigsten innerhalb Europas. Bei den Erwachsenen sieht es auch nicht viel besser aus bei einem Durchschnittskonsum, der nicht einmal die Hälfte der empfohlenen 500 Gramm pro Tag beträgt. Auch wenn es auf Island Obst und Gemüse schon längst in Hülle und Fülle gibt, hat es bisweilen immer noch einen schweren Stand. Nicht jeder kann sich damit anfreunden. Gerade Insulaner der älteren Generation haben ihre Vorbehalte: „Ich weiß nicht einmal, wie Salat aussieht!" Ich glaube, es fehlt ganz einfach die nötige Tradition in der Gemüsezubereitung.

Diese Esskultur hinterlässt mittlerweile schwere Spuren auf meiner Insel. So belegt Island einen der oberen Plätze auf der weltweiten Übergewichts-Statistik. Insbesondere Kinder, die aus dem Gewichtsrahmen fallen, sind ein zunehmendes Problem der kleinen nördlichen Nation. Ja, das Thema Wohlstandskrankheiten liegt auch auf Island auf dem Diskussions-Tisch. Und die Kosten, die sie für das Gesundheitssystem verursachen. Diabetes im Kindesalter und Fit-Kid-Sportprogramme. Wieder einmal beschleicht mich das Gefühl, dass Island aufgeholt hat und jetzt genau an dem Punkt angekommen ist, an dem Deutschland schon vor geraumer Zeit stand. Die Nahrungsergänzungsmittel, die in rauen Mengen angeboten werden und sich enormer Beliebtheit erfreuen, werden die Lage wahrscheinlich auch nicht mehr retten.

Ein echter Schönheitsfehler im klassischen Bild des stattlichen, gutaussehenden Isländers.

Die Flaniermeile

Reykjavíks Innenstadt ist sehr lebendig. Die vielen Cafés sind immer gut besucht. Bei einladenden Wetterbedingungen lässt sich nur mit Geduld und Glück ein Stuhl im Freien ergattern. Dann sind auch sämtliche Stadtwiesen von Sonnengenießern aller Altersklassen dicht belagert, allen voran der „Ostplatz" *Austurvöllur.* Eine wichtige Rolle für die Entfaltung der Stadtseele kommt auch dem *Laugavegur* zu, dem „Weg zu den heißen Quellen". Die leicht abschüssige Einbahnstraße wird in ihrer Verlängerung zur Stadtmitte hin erst zur *Bankastræti,* dann zur *Austurstræti.* In alten Tagen schleppten die Bewohner der Landeshauptstadt ihre schmutzige Wäsche über diesen Pfad ins *Laugadalur,* das „Tal der heißen Quellen". Dort wurde dann geschrubbt und gebadet, was das Zeug hielt. Der historische Waschplatz ist noch zu sehen.

Heutzutage ist der *Laugavegur* zum einen wie geschaffen für Straßenparaden jeglicher Art – oder „Freudengänge", nimmt man den isländischen Begriff wörtlich. Für den Zug der Homosexuellen im Rahmen der jährlichen Gay-Pride-Tage im August zum Beispiel. Der ist ein Kapitel für sich. Ich merke immer wieder, dass man jenseits der Inselgrenzen nicht so recht weiß, wie man auf meinen Bericht von diesem bunten Treiben reagieren soll. Auf Island jedenfalls ist die Parade eine Attraktion für Jung und Alt, ganz unabhängig von geschlechtlichen Neigungen. Die 80.000 Menschen, die bei der Reykjavíker Schwulen- und Lesbenparade 2009 im Stadtzentrum mitfeierten, sprechen für sich. Offenheit und Toleranz werden hier ohnehin groß geschrieben. Nach meiner Ankunft in der Wahlheimat dauerte es deshalb auch gar nicht lange, bis ich eine ganze Reihe netter Leute persönlich kannte, die mit einem gleichgeschlechtlichen Partner glücklich sind.

Im Herbst führt der jährliche Gang der Hundehalter mit ihren vierbeinigen Freunden den *Laugavegur* hinunter. Diesen einen Tag ausgenommen, ist Gassigehen dort und in weiten Bereichen des Stadtzentrums tabu. Das macht ein spezielles Verkehrsschild unmissverständlich klar. Einmal im Jahr darf und muss es aber doch sein. Besonders zuschauer- und medienwirksam sind dabei die eigens für diesen Zweck kostümierten Prozessionsteilnehmer von Dobermann mit Hut bis Schoßhündchen im maßgeschneiderten Islandpulli.

Offiziell gilt der *Laugavegur* allerdings als Reykjavíks Haupteinkaufsstraße. Mode, Schmuck und Souvenirs. Die Tax-Free-Fahnen vor vielen Schaufenstern richten ihren Einkaufs-Wink mit dem Zaunpfahl auch an Islandurlauber.

Doch für die Einheimischen – den Isländer im allgemeinen und den „Reykvíkingur" im besonderen – ist das Einkaufen am *Laugavegur* oft nur noch Nebensache. Denn dafür sind jetzt Einkaufszentren da, *Kringlan* oder *Smáralind,* die wettersicheren Alternativen auch für den Sonntagsausflug mit der ganzen Familie. Mit Eis, Würstchen oder sogar einem Kinobesuch.

Der *Laugavegur* erfüllt statt dessen nach meiner Beobachtung und Erfahrung einen anderen Zweck: sehen und gesehen werden. Es ist geradezu ein Reykjavíker Ritual, den *Laugavegur* in mehr oder weniger regelmäßigen Abständen auf und ab zu bummeln in der berechtigten Erwartung, auf bekannte Gesichter zu stoßen. Die seltenen, gemeinsamen Stadtspaziergänge, zu denen ich Stefán animieren kann, werden für mich jedes Mal zum langwierigen und mühevollen Unterfangen nach dem Stop-and-Go-Prinzip. Mein lieber Begleiter hält nämlich alle paar Meter zu einem ausgiebigen Schwatz an. Derweil habe ich mehr Zeit für Stehkaffee als mir lieb ist. Gut, mir ergeht es auch ein bisschen so. Kaum einmal komme ich von einem Stadtbummel nach Hause, ohne eine Bekanntschaft aufgefrischt zu haben.

Eine besonders beliebte Variante ist das Flanieren auf vier Rädern „den *Laugavegur* hinunter". Das lässt sich grundsätzlich nur im Schneckentempo bewältigen und macht sich besonders gut in schicken, frisch polierten Karossen. Zum ersten Mal begegnete ich diesem isländischen Freizeit- und vor allem Wochenendritual auf meiner schicksalsträchtigen Urlaubsreise im nördlichen Akureyri. Ich saß im Café, und irgendwann fiel mir auf, dass in regelmäßigen Abständen immer wieder die gleichen Autos vorbeizogen. Ob das daran liegt, dass es mitunter nicht viel anderes zu tun gibt? Dass sich Straßenecken als Freiluft-Jugendtreff aus wettertechnischen Gründen nicht unbedingt eignen? Ihren besonderen Reiz hat die bereifte *Laugavegur*-Tour zur nächtlichen Stunde. Wer einmal einen isländischen Verkehrsstau erleben will, hat dort weit nach Mitternacht die beste und sicherste Gelegenheit dazu. Sollten Stefán und ich einmal zu später Stunde mit dem Auto unterwegs sein, nehmen auch wir die Flaniermeile mit. Vorsicht ist dabei allerdings besonders am Wochenende geboten, gilt es doch nicht nur torkelnden Partygästen auszuweichen, sondern auch den vielen Glasscherben, mit denen Gehsteig und Straße im Laufe der Nacht übersät werden. Die vereinzelten, im Ganzen abgestellten Gläser sammeln wir manchmal ein mit dem Ergebnis, dass der Großteil unserer privaten Trinkglassammlung von Reykjavíks Innenstadtstraßen stammt.

Denn *föstudagur er flöskudagur.* Freitag ist Flaschentag. So wie Samstag *nammi*-Tag ist.[1] Reykjavíks heißes Partyleben brachte es zu Weltruhm. Egal ob taghell oder stockdunkel, ob Sommer oder Winter. Nachts brummt die Innenstadt. Auch Island wird dabei dem zweifelhaften Ruf gerecht, den die Nordländer in Sachen Alkohol im allgemeinen genießen. Die Prozente fließen reichlich. Und trotzdem: „Auf Island wird pro Person wenig getrunken. Die isländische Nation ist eine der fünf, in der am wenigsten Alkohol konsumiert wird." Dieses Ergebnis einer innerhalb der dreißig OECD-Staaten durchgeführten Studie wurde Ende 2007 veröffentlicht und überraschte vielleicht nicht nur mich. Die Feststellung „Isländer trinken am wenigsten aller europäischen Nationen", die ich im Januar 2008 in einer anderen Zeitung fand, hörte sich gleich noch besser an. Denn auf Island darf für Alkoholika nicht geworben werden, ihr Preis ist hoch und der Zugang beschränkt. Soweit die gute Nachricht.

Entgegenzuhalten ist dieser frohen Botschaft allerdings, dass der Alkoholkonsum meiner Insulaner in einem guten Vierteljahrhundert innerhalb der OECD am meisten zunahm, oder anders ausgedrückt um fast zwei Drittel. Die Kaufkraft ist gestiegen, der Preis insgesamt gefallen und die Verkaufsstellen sind mehr geworden. Außerdem werden jetzt weniger harte Sachen konsumiert, dafür mehr Leich-

1 Siehe Kapitel „Wie gesund is(s)t der Isländer wirklich?".

teres wie Wein und Bier. Der Grund hierfür ist offensichtlich: Zu Beginn des 20. Jahrhunderts forderte eine Volksabstimmung Alkoholverbot, angesichts der verheerenden Folgen, die der Konsum von geistreichen Getränken leider allzu oft nach sich zieht. Ein Jahr später war es beschlossene Sache. Aber na ja … so einfach ließ man sich den Alkohol nicht verbieten und statt dessen wurde schwarz gebrannt. Außerdem lässt sich bekanntlich mit der Alkoholsteuer die Staatskasse aufstocken … 1922 wurde dann der Import von spanischem Wein erlaubt, um im Gegenzug die Ausfuhr von Salzfisch in den Süden zu erleichtern. Der Verkauf und folglich Konsum von Bier war allerdings noch bis 1989 illegal mit der nicht ganz handfesten Begründung, Bier würde Jugendliche zum frühen Alkoholkonsum verleiten. Denn die behalfen sich statt dessen mit harten Sachen …

In trockenen Zahlen ausgedrückt konsumierte im Jahr 2007 jeder mindestens fünfzehnjährige Inselbewohner 7,5 Liter Alkohol. Das ist zwar ein guter halber Liter mehr als in Schweden und fast 1 Liter mehr als in Norwegen, aber vergleichsweise wenig gegen fast 10 Liter in Deutschland und 10,5 Liter in Finnland. Großbritannien und Dänemark schauten noch etwas tiefer ins Glas und Irland hatte gleich knapp 13,5 Liter zu verdauen, bei einem OECD-Durchschnitt von 9,7 Litern.

Ist es also doch nicht so schlimm um die isländische Leber bestellt, wie es sich mir rein gefühlsmäßig aufdrängt? Ich erinnere mich mit ungutem Gefühl an meinen ersten Betriebsausflug. Kaum hatte der eigens hierfür bereitstehende Kleinbus den Parkplatz verlassen, kam das Flaschenbier zum Vorschein. Nach einer guten Stunde hatten wir unser

Ziel erreicht, ein stilvolles Restaurant, in dem ein ebensolches Menü auf uns wartete. Als Belohnung für harte Arbeitswochen, die hinter uns lagen. Bereits als der Hauptgang serviert wurde, waren zwei Kollegen in Führungsposition so betrunken, dass sie mit den Fingern in der Mahlzeit herumbohrten und grölten. Den Restaurant-Angestellten blieb nichts anderes übrig, als die übrigen Gäste ins Nebenzimmer auszulagern. Ich für meinen Teil hatte meine Lektion für die Zukunft gelernt und ziehe mich seitdem von alkoholhaltigen Feierlichkeiten rechtzeitig zurück.

Ich war auch dabei, als mein junger und wirklich sympathischer Arbeitskollege mangels Stehvermögen nach Hause geschickt werden musste. Handgreiflichkeiten im Partygerangel der Innenstadt kenne ich zwar nur aus den Medien, aber in unserer Nachbarwohnung war die Polizei regelmäßig zu Gast, oft mehrmals in der Woche, um Drohgebrüll und fliegenden Möbeln Einhalt zu gebieten. Bis unsere Hausgemeinschaft diese Mitbewohner loswurde, verging über ein Jahr. Grund für Peinlichkeiten geben derartige Ausrutscher aber nicht. Das Leben geht am nächsten Tag weiter, als wäre nichts geschehen. Ohne Bange darf man seinem Chef wieder vor die Augen treten. Und umgekehrt. Man muss sich ja für nichts schämen.

Ein ganz spezielles Partywochenende ist besonders legendär und folgenreich: das *Verslunarmannahelgi*, der Handelsfeiertag am ersten Augustmontag einschließlich des davor liegenden Wochenendes. Zelten ist ohnehin ein Sommerhit, aber zu besagtem Termin sind Nächte unter Islands Himmel geradezu Pflicht. Diese wilden Tage sind Zeitungsberichten zufolge auch besonders dazu geeignet, zum Beispiel Papas nagelneuen Jeep den Fluten eines Gletscherflusses zu opfern, da das Furten wohl doch nicht so einfach war wie es zunächst aussah. Gefeiert bis zum Umfallen wird an diesen Tagen auch auf dem Outdoor-Musik-Festival der Insel Heimaey, wo sogar der Golfplatz vorübergehend zur Zeltstadt wird. Heimaey liegt als Teil der Westmännerinseln nur einen Katzensprung vor der Südküste der „Hauptinsel". Auf überdurchschnittliche Feier-Aktivitäten deutet alleine schon die Tatsache hin, dass etwa neun Monate nach dem Intensiv-Wochenende auffallend viele Kinder auf die Welt kommen. Tatsächlich sollen laut Statistik die meisten Isländer am 28. April Geburtstag haben, ziemlich genau eine Schwangerschaftsdauer nach dem *Verslunarmannahelgi*.

Für mich sind die isländischen Feier- und Trinkgewohnheiten nichts. Schon ein ganz normales Weggehen am Wochenende funktioniert ungefähr so: Da angesichts der allgemeinen Preislage ein reiner Kneipen-Rausch auf die Dauer zu teuer wird, ist es üblich, zunächst auf häuslichem Boden für eine angemessene alkoholische Grundlage zu sorgen. Ist der zollfreie Vorrat vom letzten Einkauf im Duty Free-Laden am Flughafen bereits aufgebraucht, steht als Vorbereitung auf ein erfolgreiches Partywochenende der Gang in eine *vínbúð* an. So heißen die etwa fünfzig landesweiten Filialen des staatlichen Alkohol- und Tabakmonopols *Áfengis- og tóbaksverslun ríkisins*, kurz ÁTVR. Wer im Supermarkt sucht, wird nur Dünnbier finden. Selbst das, was isländisches Pilsner heißt, hat gerade einmal 2,25 % Alkohol und ist folglich nicht wirklich Bier. Alleine macht das Warmtrinken keinen Spaß, daher lädt man sich hierfür Freunde ein oder besucht selber welche. Fairerweise sollte jeder Besucher vorab seinen persönlichen Verbrauch realistisch einschätzen und entsprechende Trinkvorräte selbst mitbringen, ein ungeschriebenes Gesetz, das für viele Partys gilt. Ist die rechte Stimmung aufgekommen, kann es losgehen. Das wird schätzungsweise nach Mitternacht sein. Auf ins Nachtleben! Die Uhrzeit alleine ist für mich bereits Grund genug, dass ich mich mit Weggehen auf Island nicht anfreunden kann. Es war noch nie mein Ding, nächtelang durchzumachen, und schon gar nicht, einen nach dem anderen zu heben. Mit dem massiven Gequalme ist es allerdings seit 2007 auch auf Island vorbei. Seit diesem Stichtag herrscht striktes Rauchverbot in allen Speise- und Unterhaltungslokalen. Da sollte dem gelegentlichen Bier für den Nichtraucher wie mich eigentlich nichts mehr im Wege stehen, aber um zehn Uhr abends herrscht noch gähnende Leere in Reykjavíks Kneipenszene. Dafür sind nach hinten keine Grenzen gesetzt. Als ich eine Zeitlang Wochenend-Frühschicht arbeitete und schon um halb sieben den Dienst antrat, begegneten mir auf dem Weg zur Arbeit fast nur Taxis, die fleißig damit beschäftigt waren, Partygänger nach Hause zu schaffen. Vereinzelt bemühte sich jemand zu Fuß Richtung Bett. Und das Heimkehrer-Gegröle, das mich regelmäßig aus dem Wochenendschlaf reißt, wird mir ein ewiges Ärgernis bleiben.

Hat der routinierte Partygänger die Nacht von Freitag auf Samstag überstanden, geht abends die Prozedur noch einmal von vorne los. Sonntag Vormittag kommt dann auch die Stadt auf dem Zahnfleisch daher. Nicht nur die Überreste auf Gehsteigen und in Winkeln zeugen von der wieder einmal geschlagenen Schlacht. Von einem Stadtbummel am Sonntag Vormittag rate ich deswegen ab. Doch bereits nachmittags ist der *Laugavegur* wieder einsatzbereit zum Flanieren, zum Sehen und Gesehenwerden.

Ein Grund zum Feiern

Isländer sind gesellige Menschen, sie feiern gerne. Abgesehen von Angelegenheiten wie Geburtstag oder Konfirmation lassen sie auch keinen der „roten Tage" aus. Während die kirchlichen Feiertage ganz dem Familienkreis gewidmet sind, schafft es Reykjavík an den staatlichen Feiertagen regelmäßig, seine Straßen mit wahren Menschenmassen zu füllen. Das kann ungefähr so aussehen:

Sumardagurinn fyrsti, der erste Sommertag. Dieser offizielle Feiertag beginnt mit dem Hissen der Nationalflagge und einem speziellen Gruß, dem *gleðilegt sumar* – frohen Sommer! Die herzerwärmende Floskel darf ruhig noch ein paar Tage länger benutzt werden. Sie tut der Seele so gut. Spätestens nach dem Mittagessen heißt es dann rein in die Stadt mit Kind und Kegel. Der Eintritt in die Reykjavíker Museen ist frei, es werden Stadtführungen angeboten, Rundflüge, Bootsfahrten, Bustouren in die sowie Wanderungen in der Umgebung und vieles mehr. Nach dem alten isländischen Kalender fällt der erste Sommertag immer auf einen Donnerstag zwischen dem 19. und 25. April. Angesichts dieses Datums tut gerade der Nicht-Isländer gut daran, vorsichtshalber nicht mit dem zu rechnen, was er im allgemeinen unter „Sommer" versteht. Macht nichts, es wird trotzdem gefeiert – oder gerade deswegen. Wussten doch schon die Vorväter, dass die kalte Jahreszeit um diesen Stichtag herum in die (relativ) wärmere übergeht. 10 °C vielleicht? Das könnte nach meiner Schätzung hinkommen. Dem echten Isländer ist das egal. Er zieht ab sofort nur noch T-Shirt an.

Auch andere Aktivitäten pflegen unter den Einheimischen ab dem ersten Sommertag gehäuft aufzutreten. Die Warteschlangen vor sämtlichen Eisbuden des Landes werden noch länger, als sie es ohnehin schon sind. Durch die Lüfte zieht der Duft von gegrilltem Fleisch. Die Grillsaison ist eröffnet. Man muss wissen: Ein Grill ist für den Island-Balkon obligatorisch. Dabei fällt der Apparat meistens so groß aus, wie es der Balkon gerade noch zulässt. Man kann deshalb nur zu dem Schluss kommen, dass ein möglichst wuchtiger Grill hierzulande ein anerkanntes Statussymbol ist. Unser eigener Haushalt stellt die grillfreie Ausnahme dar. Aber ich kann sehr gut beobachten, was auf den Nachbarbalkons abläuft. Das heißt, eigentlich tut sich fast gar nichts. Denn meistens brutzelt das Grillgut in stiller Einsamkeit vor sich hin. Nur hin und wieder lässt sich eine menschliche Seele blicken, um es zu inspizieren. Sämtliche Essensgäste halten sich drinnen im Zimmer auf. Wahrscheinlich aus Platzmangel, weil der Grill den Balkon für sich beansprucht. Dank dieser Praxis soll es auch schon vorgekommen sein, dass dreiste Möwen die Steaks vom Grill stibitzten.

Auch sämtliche Heckenscheren und Rasenmäher werden zum ersten Sommertag aus ihrem Winterlager geholt. Letztere werden in den kommenden Wochen und Monaten nicht mehr still stehen, da dem Graswachstum fast nicht beizukommen ist. Rasenmähen wird zur echten Sisyphusarbeit. Rasen übrigens, der hierzulande in aller Regel nicht ausgesät, sondern als Rollrasenteppich verlegt ist. Kleine Elektromäher und Mähtraktoren verschiedenen Kalibers rattern überall. Der Sommer ist da.

Am 17. Juni grüßt ganz Reykjavík in den Nationalfarben. Auch der Kinderwagen meiner Tochter ist zur Feier des Tages rot, weiß und blau geschmückt. Er fügt sich damit bestens in das Gesamtbild ein. Ein kleiner patriotischer Ausbruch meinerseits. Es ist *Lýðveldisdagurinn,* der isländische Nationalfeiertag. Wie es das Schicksal so will, feierte Deutschland bis 1990 an genau diesem Datum seinen Tag der deutschen Einheit. Deshalb kann ich mir das isländische Datum so gut merken. Hier wurde am 17. Juni 1944 die Republik ausgerufen. Damit hatte sich die Insel endgültig von Dänemark losgesagt. Seitdem ist sie unabhängig. Das Datum wurde zu Ehren von Jón Sigurðsson gewählt, Leitfigur und Vorkämpfer in der isländischen Unabhängigkeitsbewegung des 19. Jahrhunderts. Er hatte am 17. Juni Geburtstag. Die feierliche Kranzniederlegung zum Jahrestag an seinem Grab verpasse ich grundsätzlich. Aber nachmittags sind auch wir mit von der Partie. *Gleðilega hátið* – frohe Festlichkeit! lautet dieses Mal die Grußformel des Tages. Der Festzug wird von den Pfadfindern angeführt, die stolz die Nationalflagge tragen. Bunte Luftballons und Zuckerwatte für die Kinder. Hüpfburg, Riesenrutschbahn und Dosenwerfen. Oldtimer-Ausstellung als Attraktion für kleine und große Männer. Warteschlangen vor dem Kaffeeausschank und der Waffelbäckerei. Jubel, Trubel und Heiterkeit für die ganze Familie. Es liegt Volksfeststimmung in der Luft. Jeder geht hin, jedes Jahr. So kommt es mir vor. Gleichzeitig bietet der Tag *die* Gelegenheit, sich im Nationalkostüm zu zeigen, das – wie ich finde – der traditionell bayerischen Tracht gar nicht unähnlich ist. Auch ich hatte mich kurzfristig mit dem Gedanken getragen, mir ein schönes isländisches Gewand zuzulegen, bin dann aber zu dem Schluss gekommen, dieses Vorrecht den „echten" Isländern zu lassen.

Reykjavík City schafft es immer wieder, Zehntausende auf einen Streich in seinen Bann zu ziehen. Wo diese Massen nur immer herkommen? Winterlichtfest mit Museumsnacht und Food-&-Fun-Gourmet-Festival im Februar. Kunstfestival im Mai. Gay-Pride-Parade, Reykjavík-Marathon und Kulturnacht im August. Iceland-Airwaves-Musikfestival im Oktober.

Dann kommt der Winter. In den alten Tagen hatte man sich in der dunklen Jahreszeit besonders vor einer Gestalt in Acht zu nehmen: vor Grýla, der Menschenfresserin. Leibspeise: ungezogene Kinder. Ehemann: Leppalúði. Haustier: die Kinder verschleppende Weihnachtskatze. Grýlas dreizehn Söhne sind vielen Island-Interessenten bereits bekannt: Der lange, dürre Schafpferchpfosten *Stekkjarstaur,* der sich an die Milch der Mutterschafe heranzumachen versucht. Schluchtenkobold *Giljagaur,* der mit Vorliebe den Milchschaum aus den Melkeimern schleckt. Der Knirps *Stúfur* ist damit beschäftigt, Essensreste aus Pfannen zu kratzen. Kochlöffelschlecker *Þvörusleikir* macht sich an die hölzernen Umrührer heran. Vor Topfschaber *Pottasleikir* und Napfschlecker *Askasleikir* ist auch keine Küche sicher. Dazu gesellen sich Türenknaller *Hurðaskellir,* Quarkfresser *Skyrgámur,* Wurstklauer *Bjúgnakrækir* und Fenstergucker *Gluggagægir.* Der großen Nase von Schnüffler *Gáttaþefur* entgeht nichts und Fleischkraller *Ketkrókur* sowie Kerzenklauer *Kertasníkir* vervollständigen die Bande. Jahr für Jahr, immer wenn Weihnachten naht, machen sie sich auf den langen Weg herunter von ihrem Domizil in den Bergen zu den Menschen. Schön nacheinander in oben genannter Reihenfolge, jeden Tag einer, beginnend mit dem 12. Dezember, genau dreizehn Tage vor Weihnachten. Am 24. Dezember weilt dann die komplette Brüderschar unter den Menschen. In ihren Anfängen stand die Wilde Dreizehn ihrer Mutter in Sachen Skrupellosigkeit nicht nach. In isländischen Menschenfamilien war es deshalb wohl durchaus üblich, ein unartiges Kind mit einem dieser bösen Buben einzuschüchtern. Er würde gleich kommen und es buchstäblich einsacken. Doch nach und nach stieß sich die Bande ihre Hörner ab. Heute treibt sie es nicht einmal mehr mit ihren lästigen Späßen – Naschen, Klauen und Stören – so wild wie früher. Die Buben wurden direkt zahm. Wahrscheinlich ließen sie sich etwas vom Bild des bärtigen, schenkfreudigen Santa Claus inspirieren, das nach und nach auch auf der Insel im Nordatlantik bekannt wurde. Kaum ein Kind auf Island wird es daher heutzutage versäumen, am Vorabend des 12. bis 24. Dezembers jeweils vor dem Zubettgehen einen Schuh ins Fenster zu stellen. Denn jeder weiß: Wer brav war, findet am nächsten Morgen eine kleine Leckerei darin, geliefert vom Weihnachtsmann des entsprechenden Tages. Für unartige Kinder kann die Schuh-Gabe dagegen auch einmal als Kartoffel ausfallen, die je nach Schwere des Vergehens angefault ist. In Kindergartenkreisen dürften die morgendlichen Funde eines der heißesten Dezember-Themen sein. Am 25. Dezember macht sich der erste Weihnachtsmann wieder auf den Heimweg, und von da an jeden Tag ein weiterer, so wie sie gekommen waren. Am dreizehnten Tag nach dem Fest tritt der letzte ab, am „Dreizehnten", der dem deutschen Dreikönigstag am 6. Januar entspricht. Danach geht alles wieder seinen gewohnten Gang. Doch auch Freunde des Adventskalenders nach deutscher Tradition müssen nicht darben. Die schokoladige Variante gibt es mit ziemlicher Sicherheit im nächsten Supermarkt.

Von der Invasion der Weihnachtsmänner abgesehen fühlt sich Weihnachten auf Island eigentlich fast wie in Deutschland an. Beide Länder haben schließlich die gleiche Grundvoraussetzung: das Christentum. Auf Island wurde es im Jahr 1000 nach Christus per Beschluss des Parlaments *Alþingi* quasi „adoptiert". Bis dahin war ein Großteil der Bevölkerung den alten nordischen Göttern Óðinn, Þór, Freyja und wie sie alle heißen treu. Aus wirklich freien Stücken ging die religiöse Umorientierung daher nicht über die Bühne. Doch sie war dringend angeraten, wollte man zum einen seine guten Beziehungen zum bereits missionierten Norwegen nicht aufs Spiel setzen. Allein schon aus wirtschaftlicher Sicht konnte es sich Island praktisch nicht leisten, es sich mit diesem wichtigen Handelspartner zu verscherzen. Und ein weiterhin heidnisches Island hätte Norwegen wohl kaum akzeptiert. Auch an einem anderen Argument war nicht zu rütteln: Zwei Religionen in einem Land würden zu Uneinigkeit führen. Es stand also „Herz" gegen „Kopf". Letztendlich gewann der „Kopf" und das Christentum wurde auf Island offiziell angenommen.

Doch zur gleichen Zeit begab es sich, dass das Land eine große Menge Lava aus seinem Inneren spie, noch dazu ganz in der Nähe der alten Parlamentstätte. Für die Gegner der Parlamentsentscheidung war das der untrügliche Beweis dafür, dass ihre bewährten Götter ganz und gar nicht damit einverstanden waren, einfach abserviert zu werden. Doch die Befürworter und Beschließer konterten geistesgegenwärtig: „Und worauf waren die Götter zornig, als all die anderen, älteren Lavafelder entstanden?" Heute trägt besagtes Lavafeld den trefflichen Namen Christenheitslava. Es liegt nur etwa eine halbe Fahrstunde östlich von Reykjavík auf der Ringstraße Nummer eins. Wer sich auf den Weg nach Hveragerði macht, wird es durchqueren.

Heute gehören etwa 80 % aller Isländer der evangelisch-lutherischen Staatskirche *þjóðkirkjan* an. Nicht dass sie große Kirchgänger wären, das sind sie sogar ganz gewiss nicht. Dieses Thema gehen meine Insulaner so gelassen an wie vieles andere auch, vom unbändigen Nationalstolz natürlich abgesehen. Spätestens mit der Ankunft der *Neuen Isländer* aus allen Winkeln dieser Welt[1] hielt eine Vielfalt von Glaubensrichtungen ihren Einzug auf die Insel. Buddhisten, Baptisten und Betanier, Moslems, Pfingstgemeindler und Zeugen Jehovas. Über dreißig verschiedene Religionsvarianten sind beim Statistischen Amt Islands registriert. Und die alten nordischen Götter haben auch noch nicht ausgedient. Schon damals, als das Christentum vor eintausend Jahren angenommen wurde, war es ihren Anhängern zugestanden, den heidnischen Glauben im stillen Kämmerlein weiter zu pflegen. Anfang der 1970er Jahre wurde er wiederbelebt, als sich die „Asengläubigen" zusammenfanden. Die Rituale, die heutzutage regelmäßig zelebriert werden, sind immer wieder einen Fernsehbericht wert. Doch egal, an wen und was man glaubt, in der Regel lebt es sich friedlich-tolerant nach Islandart miteinander.

Ich selbst bin evangelisch getauft und kann mich daher auf Island kirchentechnisch wie zu Hause fühlen. Weihnachten von Advent bis Dreikönigstag, Ostern, Himmelfahrt und Pfingsten. Glaubensbekenntnis, Vaterunser und Konfirmation. Alles läuft in dem Rahmen ab, den ich von Kindesbeinen an kenne. Mit meinem Stefán allerdings habe ich auch insofern einen seltenen Fund gemacht, als er zu den gerade einmal 3 % Katholiken Islands zählt. Die Is-

1 Siehe Kapitel „Neue Isländer".

länder waren nämlich zunächst einmal katholische Christen, bis Mitte des 16. Jahrhunderts die Reformation anrollte. Daran, dass Martin Luthers Gedanken ihren Weg nach Island fanden, sind vielleicht auch die hanseatischen Kaufleute nicht ganz unschuldig, die in Reykjavíks Nachbargemeinde Hafnarfjörður sogar ihre eigene lutherische Kirche hatten. Dort erinnert an sie heute ein Denkmal. Auch junge Isländer, die in Deutschland studiert hatten, brachten die neuen religiösen Ideen auf die Heimatinsel. Die Entscheidung, dass unser Töchterlein trotz katholischem Papa ein Kind der isländischen Staatskirche werden sollte, war zwar nicht für alle Familienmitglieder ohne weiteres nachvollziehbar, aber doch logisch und am einfachsten. Vor allem ist die Mama damit glücklich.

Nun aber zurück zum Weihnachtsfest, das auch auf Island nicht früh genug beginnen kann, nach Meinung der Geschäftstüchtigen jedenfalls. Es kündigt sich an mit einer solchen Flut an Werbeprospekten, dass Briefkästen und Altpapiercontainer überquellen. Die Zeitungsausträger bekommen hier im Dezember eine Erschwerniszulage. Was darf es sein, digitale Fotokamera oder Flachbildfernseher? Seit Herbst 2008 wird notgedrungen zwar auch geschenketechnisch zurückgesteckt, aber nach wie vor sind Weihnachtsstress und Einkaufsrausch auch auf Island keine Unbekannten – wenn man sich auf sie einlassen will. Vielleicht genügt einfach und effektiv ein Buch als Präsent für die Lieben. Bei der Nation von Bücherwürmern, mit der ich es hier zu tun habe[2], ist das für den Gabentisch ohnehin fast Pflicht. Daher wetteifern die jährlichen Neuerschei-

2 Siehe Kapitel „Eine Wintertrilogie".

nungen vor allem in der Vorweihnachtszeit um den besten Werbeplatz in den Medien.

Ein Buch hat obendrein den Vorteil, dass es unter den Weihnachtsbaum passt. Es gibt sie nämlich tatsächlich, die nadeligen Weihnachtsbäume. Allem durchaus berechtigtem Zweifel zum Trotz, den der offensichtliche Mangel an „richtigem" Inselwald oft genug aufkommen lässt. Tatsächlich gab es hier ursprünglich Wald, allerdings ohne Nadelbäume, wie ich gelesen habe. Die ersten Exemplare davon sollen erst gegen Ende des 19. Jahrhunderts eingeführt worden sein. Die ursprüngliche Bewaldung wurde im Zuge der Besiedlung drastisch reduziert. Aus Holz entstanden zum Beispiel Häuser und Schiffe, auch als Heizmaterial fand es Verwendung. Aufgeforstet wurde nicht.

Der Weihnachtsbaum-Brauch tauchte auf Island erstmals wohl Mitte des 19. Jahrhunderts auf, möglicherweise in den Wohnzimmern von dänischen Familien, die sich hier niedergelassen hatten. Musste man sich anfangs mit selbstgebastelten Provisorien behelfen, konnte man ab den 1940ern auf echte importierte Bäume umsteigen. Heutzutage werden landeseigene Bäumchen eigens für Weihnachten aufgepäppelt. Gemeinsames Christbaumschlagen soll schon manchmal erklärtes Ziel eines vorweihnachtlichen Betriebsausflugs gewesen sein. Zusätzlich zum original isländischen Grün werden auch Bäume eingeführt, zum Beispiel aus Norwegen. Zu den elektrischen Lichtergirlanden der Stadt Reykjavík gesellt sich so manches Prachtexemplar an Weihnachtsbaum. Tradition sind mindestens zwei davon: der Oslo-Baum am Platz vor dem Parlament und der Hamburg-Baum am alten Hafen, beides jährliche

Von-Stadt-zu-Stadt-Geschenke. Während die norwegische Baumspende, die seit 1952 regelmäßig eintrudelt, als Symbol für den Norweger und ersten Siedler Reykjavíks steht, Ingólfur Arnarsson, erinnert der Nadelbaum aus Deutschland dankbar daran, dass Island in den Nachwirren des Zweiten Weltkrieges Versorgungspakete nach Deutschland schickte, vor allem nach Hamburg. Beide Bäume werden stets feierlich unter Kindergewimmel erleuchtet.

Auch Adventskränze sind auf Island Sitte, ganz so wie im guten alten Deutschland. Dort soll der Brauch schließlich auch entsprungen und über Dänemark auf die Insel im Nordatlantik gelangt sein, allerdings erst sehr spät in den 1970er Jahren. Ein Adventsarrangement aus Strandgut wie Kieselsteinen hat übrigens auch seinen Reiz. Seit ich in einem kreativen Moment darauf gekommen bin, ist bei mir Schluss mit Nadeln und Brandgefahr.

Die Geschenke sind besorgt, im Fenster blinkt der Leuchtstern, die Lichterkette hängt am Balkon, daneben wartet der Weihnachtsbaum auf seinen Einsatz und das Adventsgesteck steht auf dem Wohnzimmertisch. Jetzt wäre ein Besuch auf dem Weihnachtsmarkt recht. Da kommt bei mir dann doch etwas Sehnsucht auf. Denn was ich über meine ersten paar Lebensjahrzehnte kennen und lieben gelernt habe, suche ich vergeblich. In Hafnarfjörður öffnet seit ein paar Jahren an den Adventswochenenden zwar ein sogenanntes Weihnachtsdorf die Pforten, und auch in Reykjavík gibt es seit 2009 eines, aber die richtige Stimmung lässt es bei mir nicht aufkommen. Wo sind Bratwurst und Glühwein, Lebkuchen und Früchtebrot? Wo der spezielle Weihnachtsgeruch? Offensichtlich wissen auch die Insulaner die besondere Stimmung der deutschen Weihnachtsmärkte zu schätzen. Wer in die Zeitung schaut, wird auf adventliche Reiseangebote stoßen. Ein langes Wochenende in Trier oder Würzburg könnte es sein. Umgekehrt ist Island als Urlaubsreiseziel über die Weihnachtsfeiertage auch nicht zu verachten.

Selbstgebackene Weihnachtsplätzchen sind in meiner Island-Familie Mangelware. Aber es gibt sie. Wer wenig Zeit hat, kann vorgefertigte Plätzchenteigrollen kaufen, zu Hause in Scheiben schneiden und backen. Oder es tun einfach *piparkökur*, Pfefferkuchen, aus dem Supermarkt oder der Bäckerei. Dort habe ich neben „echten" Plätzchensortimenten sogar deutschen Weihnachtsstollen entdeckt.

Ganz traditionelle isländische Weihnachtsbäckerei nimmt mit *laufabrauð*, Blätterbrot, die Form von Omas gehäkelten Spitzendeckchen an. Soll Teig zu *laufabrauð* werden, braucht man ganz dünne, runde Fladen von schätzungsweise 20 cm Durchmesser, in die höchst kunstvolle blattähnliche Muster geschnitten und gefaltet werden. Anschließend wird das Ganze frittiert. Das filigrane Blätterbrot entstand wie so vieles aus der Not heraus. Da es kaum Getreide und somit Mehl gab, galt es aus wenig etwas zu machen, in diesem Falle aus einer kleinen Teigportion ein Kunstwerk. Das ist gelungen. Geschmacklich ist *laufabrauð* eher neutral, weder süß noch salzig, und wird als Brotbeilage gegessen. Ich ärgere mich heute noch darüber, dass ich meine erste und bislang einzige Einladung zum gemeinsamen *laufabrauð*-Backen im Familienkreis ausschlagen musste, weil ich nicht im Lande war. Im Nachhinein bat ich um einen kleinen Bericht: Alle weiblichen Familienmitglieder mitsamt ihren Kindern waren zu diesem geselligen, ausgefüllten Tag der Weihnachtsvorbereitungen zusammengekommen. Sie hatten die Teigfladen bereits fertig ausgerollt gekauft – wie praktisch – so dass mehr als genug Zeit blieb, um von weihnachtlichen Leckereien wie *hangikjöt*[3] zu naschen, Pfefferkuchen zu knabbern und ein bisschen Wein zu trinken. Ich glaube gar, dass es an diesem Tag vor allem auf den sozialen Faktor ankam und das Blätterbrot eher nebenher entstand. Vielleicht schaffe ich es ja ein andermal, dabei zu sein.

Ein obligatorisches Weihnachtsleckerle ist Schokoladenkonfekt. Vor allem Mackintosh-Quality- Street-Toffees haben einen ganz besonderen Platz im Herzen der Nation. Kaum naht Weihnachten, tauchen in Lebensmittelläden plötzlich stapelweise die lilafarbenen, achteckigen Blechdosen auf. Tatsächlich scheint mir hier Weihnachten ohne die guten alten *Makkintoss* – so die isländische Schreibweise – fast undenkbar. Drei Viertel des gesamten Jahreskonsums entfallen auf die (Vor)weihnachtszeit. Die Pralinen in den bunten Papierchen waren erstmals 1978 auf dem isländischen Markt aufgetaucht und somit unter den ersten importierten Süßigkeiten. Seitdem ist das nostalgisch angehauchte Paar, das die Dose schmückt – Major Quality mit Freundin Miss Sweetley aus dem Schauspiel Quality Street – unvergessen und geliebt. Und zwar so heiß, dass sich der Dezemberkonsum 2007 auf ein knappes halbes Kilo pro isländischem Kopf belief. Für manchen Einpersonenhaushalt kam die 2,9 kg-Dose als Zweiwochenration gerade recht.

Wer sich kulinarisch noch intensiver auf das bevor-

3 Siehe Kapitel „Gaumenfreuden“.

stehende Fest einstimmen will, sollte sich an einem der Weihnachtsbuffets laben, die in zahlreichen Restaurants locken, unter anderem mit mariniertem Hering, geräuchertem und gebeiztem Lachs, Schneehuhn- oder Rentierbraten. Das alkoholfreie Festgetränk heißt *malt og appelsín* und ist die erstaunlich süffige Mischung aus Malzbier und Fanta-ähnlicher Limonade. Wenn dann erst einmal die lichtergeschmückte Coca-Cola-Truck-Karawane unter Weihnachtsliederklang durch Reykjavíks Straßen zieht, kann der 24. Dezember nicht mehr weit sein.

Ich würde sagen, dass die Isländer richtige Weihnachtskinder sind – so wie ich. Diese Zeit des Jahres ist sehr festlich und ganz der Familie gewidmet. Über die Feiertage sind wirklich alle Einrichtungen geschlossen, die sonst irgendwie zur Unterhaltung beitragen. Kinos, Restaurants, Museen. Ausgerechnet Stefáns Familie hatte mit Weihnachten und anderen Familienfeierlichkeiten noch nie viel am Hut. Deshalb zieht es mich dann immer zu den Wurzeln, in die alte Heimat.

Und wieder ist ein Jahr vorbei. Wie immer wird es auf Island mit großem Getöse verabschiedet. Einen isländischen Jahreswechsel sollte man sich wirklich einmal gönnen. Damit meine ich vor allem das Feuerwerk. So etwas habe ich anderswo noch nicht erlebt. Selbst deutsche Großstädte können da nicht mithalten. Schon lange vor Mitternacht geht es los, unermüdlich und stundenlang knallt, zischt und funkelt es am Himmel. Unter die privaten Knallereien mischen sich professionelle Feuerwerkshows sowie große Freudenfeuer, die an Sonnenwende denken lassen. Solche dürfen am Dreikönigstag dann gleich noch mal aufflackern. Wenn sich jedoch am Silvesterabend gegen halb elf Uhr plötzlich eine seltsame Ruhe breit macht und alle Menschen, die gerade noch auf den Straßen unterwegs waren, wie vom Erdboden verschluckt sind, ist folgendes passiert: Alle sitzen vor dem Fernseher. Nicht um sich *Dinner for one* anzuschauen, sondern die traditionelle Silvester-Revue, eine Art Kabarett, bei der jede politische Peinlichkeit des soeben vergehenden Jahres durch den Kakao gezogen wird. Wenn die Sendung eine Stunde später zu Ende ist, steht dem mitternächtlichen Knallfinale nichts mehr im Wege. Und dann geht die Party erst richtig los. Gut, dass der Neujahrstag auch auf Island Feiertag ist, denn den braucht man wirklich zur Erholung.

Eines noch, um die großen kirchlichen Feste komplett zu machen: Das isländische Ostern ist einen Tag länger als in Deutschland, da es schon mit dem Gründonnerstag als offiziellem Feiertag beginnt. Doch es vergeht eher leise. Ohne geschmückte Ostersträucher und Osterhasen. Woher sollte der auch kommen, wo die Insel doch ursprünglich absolut mümmlerfrei war. Irgendwann wurden aber Karnickel als Haustiere „importiert“ und seitdem hoppeln sie auch in Reykjavík munter umher, zum Beispiel auf dem Stadthügel, der „Die Perle“ *Perlan* beherbergt.[4] Auch wenn die kleinen Hoppler ihren Einzug hielten, klappt es mit dem Eierlegen noch nicht so recht. Statt dessen sind die landeseigenen Schokoladehersteller gefordert, und aus ihrer Feder stammt *das* isländische Osterei schlechthin: überdimensionale, konfektgefüllte Schokolade in Klarsichtfolie in verschiedenen Gewichtskalibern. Ich maß extra nach:

4 Siehe Kapitel „Wasser marsch!“.

Mein 750 g schweres Osterei der Größe 7 kam auf 21,5 cm. Hat man keines, ist auch kein Ostern. „Wie viele hast du bekommen und in welcher Größe?" ist wohl die Standardfrage, mit der die Inselkinder ihre österliche Ausbeute vergleichen. Meine hartgekochten und selbst gefärbten Ostereier, die ich seinerzeit verteilte, hatten dagegen Seltenheitswert.

Auf Elfenspuren

„So vielfältig wie die Elfenarten sind, ist auch ihre Nahrung. Elfen, die im Lavafeld von Hafnarfjörður wohnen, essen Helles und Klares. Sie ernähren sich von Fisch und Milchprodukten, Eiern, Gemüse, Obst und Blumen. Die Farbpalette ist sehr bunt und frisch. In hohen, bunten Gläsern werden die Getränke serviert. Auch sie sind farbig." So ist es der Infobroschüre „Nahrung von Elfen auf Island" zu entnehmen, die eine gewisse Erla Stefánsdóttir zusammengestellt hat.[1] Ahh … die Elfenbeauftragte! Es braucht keine gesteigerte Islandbegeisterung, um von Erla gehört zu haben. Denn ihre Meinung zählt. Und wenn sie davon überzeugt ist, dass ausgerechnet in diesem einen Felsbrocken Elfen wohnen, der für den Bau der geplanten Straße zu beseitigen wäre, dann lässt man die Finger lieber von dem Unterfangen. Vorsichtshalber, denn man kann ja nie wissen … Wie viele Arbeitsunfälle und defekte Gerätschaften hätten sich womöglich schon vermeiden lassen, wenn man von Anfang an besser auf Erla gehört hätte …

So hört und liest man es immer wieder. Tatsächlich hat die Bezeichnung „Elfenbeauftragte" aber ein deutscher Künstler erfunden, der sich Island und die dort heimischen Elfen zum besonderen Anliegen auserkoren hat. In Wirklichkeit gibt es hier gar keine offizielle Elfenbeauftragte. Und aus sicherer Quelle weiß ich, dass das isländische Straßenbauamt keinesfalls Erla ständig zu Rate zieht. Im Gegenteil,

1 Nahrung von Elfen auf Island nach Erla Stefánsdóttir. Herausgeber: Touristinformation in Hafnarfjörður und Restaurant A. Hansen, September 1998.

über all die Anfragen aus Deutschland, die diesbezüglich immer wieder eingehen, amüsiert man sich dort köstlich.

Aber dass Erla eine äußerst geschäftstüchtige Frau ist, steht außer Frage. So stammt zum Beispiel auch die Landkarte der verborgenen Welten aus ihrer Feder, mit deren Hilfe selbst ungeübte Augen die Behausungen von übernatürlichen Wesen ausmachen können. Wer alles über sie lernen möchte, ist als Student an Islands *Álfaskólinn,* der Elfenschule in Reykjavík bestens aufgehoben. Schon nach einem halben Tag lässt sich ein entsprechendes Zertifikat nach Hause tragen – wenn das kein Reiseandenken der besonderen Art ist!

Keine Frage: Hier haben wir es mit einem Stück Kulturgut zu tun, das sich zweifellos auch ziemlich gut auf den Aushängeschildern der Tourismusbranche macht. Kein Wunder, dass in nichtisländischen Köpfen die Vorstellung Wurzeln schlug, fast jeder Isländer stünde in irgendeiner Form in Verbindung mit Elfen, Trollen oder anderen wunderlichen Wesen.

Huldufólk – die Verborgenen. Umfragen zufolge sollen etwa 10 % aller Isländer von ihrer Existenz felsenfest überzeugt sein. Ein Teil der Insulaner mag Elfen & Co zwar für reinen Humbug halten, aber insgesamt glauben doch recht viele mehr oder weniger fest daran. Oder sagen wir besser: Sie hüten sich wenigstens davor, die Existenz von übernatürlichen Wesen abzustreiten. Mein Stefán ist da keine Ausnahme. Vor allem in seiner Funktion als Reiseleiter wird er immer wieder mit dem Fragenklassiker konfrontiert: „Glaubst du an Elfen? Kennst du jemanden, der sie sehen kann?" Nein, ihm selbst sei diese Erfahrung bislang verwehrt geblieben, aber seine Großmutter hätte mehr gesehen als andere, Geister zum Beispiel.

Jetzt wollte ich die Angelegenheit doch tiefer ergründen und machte mich auf die Suche nach einem, der es wissen muss. Ich fand ihn in Jónas, einem waschechten Isländer, der seit einigen Jahren mit großem Erfolg gleichermaßen Urlauber und Einheimische zu Fuß durch Reykjavík führt – unter anderem auf den Spuren von Verborgenen, von Geistern, von Übernatürlichem. Die Fakten, die seinen fantastischen Geschichten zugrunde liegen, hat er sorgfältigst recherchiert.

Wir treffen uns in einem Café und eines ist mir auf Anhieb klar: Von heller Elfennahrung und bunten Getränken wird Jónas mir nicht erzählen. Trotzdem ist ihm das Thema *huldufólk* ein echtes Anliegen. Es geht ihm dabei um den respektvollen Umgang mit den Mächten der Natur, wie ich bald heraushören kann. Er nickt bestätigend, als ich von den Seelen der Bäume spreche. Offensichtlich ist ihm in seiner Mission das empfindliche Gleichgewicht zwischen dem spirituellen Leben und umweltbezogenen Fragen in einer modernen Gesellschaft ein besonderes Anliegen: „Schau dir doch bloß das Riesenkraftwerk Kárahnjúkar an! Die Bauern der Gegend dort konnten noch so oft betonen, dass die Hochlandflächen, die jetzt unter Wasser stehen, seit Urzeiten die Heimat von *huldufólk* sind. Aber auf ihren Protest wurde nicht gehört. Es ist traurig zu sehen, wie der alte Volksglaube der Moderne geopfert wird."

Ich stimme meinem persönlichen Elfengelehrten voll und ganz zu, denn ich persönlich sehe den Glauben an *huldufólk* vor folgendem Hintergrund: Auf Island zeigt sich die Macht der Natur an allen Ecken und Enden. Es dampft, brodelt und zischt. Eine Insel, Surtsey, wird quasi aus dem Nichts direkt aus dem Meer geboren. In klaren Winternächten wabern Lichtschleier über den Himmel. Wann der nächste Vulkanausbruch ansteht, lässt sich zwar dank moderner Messgeräte in gewissem Maße voraussagen, aber letztendlich bestimmt die Natur, wann und wie er kommt. Da kann man doch gar nicht anders, als Islands Natur eine angemessene Portion an Respekt zu zollen! Dieses Gefühl beschlich mich bereits während meines allerersten Inselbesuchs, als ich als Urlauber auf Rundreise war. Wenn der Wintersturm erst einmal richtig tobt und ich deshalb nicht schlafen kann, drängt sich mir das Gefühl geradezu auf, dass da draußen irgendetwas stärker ist als der Mensch. Dieses Bewusstsein hat mir noch nicht geschadet.

Für den praktischen Teil unserer Zusammenkunft führt mich Jónas zu einem Steinbrocken auf einer kleinen Wiese zwischen vorbildlich restaurierten, wellblechverkleideten Häuschen. Ein wahres Schmuckstück, dieses Fleckchen der Stadt. Unzählige Male bin ich dort schon vorbei gekommen, aber dem Felsen hatte ich nie Beachtung geschenkt – zu Unrecht, wie ich gleich erfahren sollte. „Das ist ein Steinbrocken, an dem sich sämtliche Bohrer und Bagger die Zähne ausgebissen haben. Siehst du die Löcher, die sie hinterlassen haben? Man hat ihn von einer Baustelle hergebracht. Und hier …" Jónas deutet auf eine Stelle im Fels, die eine etwas andere Färbung aufweist als der Rest und in der sich mit etwas gutem Willen die Form eines Tores erkennen lässt. „… vielleicht ist das ja der Eintritt in eine andere Welt, von dem so gerne die Rede ist. Denk nur einmal an die modernen Filmproduktionen über

Zeitreisen. Da geht es manchmal auch nur durch eine unscheinbare Türe und plötzlich ist man ganz woanders." Nicht zuletzt weiß er zu berichten, dass es hier nicht immer so idyllisch gewesen ist. Vor gar nicht allzu langer Zeit waren die Häuser ringsum ziemlich heruntergekommen. Erst als ihren Bewohnern zu Ohren gekommen war, dass die Wiese mitsamt „Elfenstein" vielleicht einem Bebauungsplan zum Opfer fallen sollte, schritten sie zur Tat und renovierten. Denn hergeben wollten sie den Stein auf keinen Fall. Damit hatte die andere Seite genau das erreicht, was sie wollte: ein sorgfältig renoviertes Stückchen Stadt.

„Ob wir Isländer also wirklich an das alles glauben? Ich würde sagen: ja." „Und du, ganz persönlich?" will ich abschließend wissen. „Glaubst du daran?" „Ich glaube an höhere Mächte."

Ein musikalischer Exkurs

Björk. Die Sängerin wird mit Island assoziiert wie Gletscher und Geysire. Sie dürfte nach meiner Einschätzung auch der einzige Vertreter der isländischen Musikerzunft sein, der es bislang zu internationalem Bekanntheitsgrad auf breiter Basis gebracht hat. Ist Björks Musik typisch isländisch? Nein, Björk ist Björk. Unverkennbar, eigenwillig und eindringlich. Und nicht immer leicht verdaulich. Ein echtes Unikat. Meinen persönlichen Geschmack trifft ihre Musik zwar nicht, aber ich mag an Björk, dass sie das macht, was sie *will* – und nicht das, wonach die Masse verlangt. Genau das könnte das Geheimnis ihres Erfolges sein.

Aber was ist dann isländische Musik? Eine gute Frage! Ihren traditionellen Klängen dürfte ich damals auf meinem Islandurlaub am nächsten gekommen sein: Der Bauer, bei dem ich übernachtete, zog abends sein Akkordeon heraus und fing an, alte Volksweisen zu spielen und zu singen. Eine wirklich gelebte musikalische Tradition, wie man sie zum Beispiel aus Schottland und Irland kennt, ist mir aber bis heute nicht begegnet.

Gerne behaupte ich, dass auf Island am Anfang die Stimme war. Sehr schnell entdeckte ich nämlich, dass Isländer ausgesprochen gerne und gut singen. Meine erste Begegnung mit isländischer Stimmgewalt „durfte" ich auf einer Beerdigung machen. Was der Kirchenchor im Rahmen der Bestattungsfeier zum Besten gab, hätte jedem Opernhaus dieser Welt zur Ehre gereicht. Ein andermal landete ich mehr durch Zufall auf einem Chortreffen, und ich war begeistert.

Chöre gibt es wahrlich in Hülle und Fülle. Männerchöre, Frauenchöre und Kinderchöre. Gemischte Chöre, isländische Chöre und mindestens ein internationaler Chor. Eine Freizeitbeschäftigung, die besonders für den Winter ideal ist. Überhaupt soll es hier in fast jedem Dorf eine Musikschule geben. Gemeinsames Singen ist jedenfalls gängiger Bestandteil von geselligem Beisammensein, sogar auf einer Konfirmationsfeier erlebte ich es.

Wenn zum Beispiel beim Grillabend im Kollegenkreis plötzlich Gitarre und Liederzettel zum Vorschein kommen, sind Volkslieder und Schlager an der Reihe, die jeder kennt. Was an deutschen Lagerfeuern Wolfgang Ambros' „Zentralfriedhof" und „Schifoan" sind, findet auf Island seine Entsprechung in den Songs von Bubbi Morthens, dem Liedermacher der Nation. Auch er hat ein paar Jahrzehnte Musikgeschichte mit einer ganzen Reihe von Alben auf dem Buckel. Außerhalb der Inselgrenzen dürften ihn aber nur Eingeweihte kennen.

Überhaupt gibt es neuzeitliche Sänger und Musikgruppen wie Sand am Meer. Was die meisten von ihnen hervorbringen, würde ich in die Rubrik „allgemeine Pop- und Rockmusik" einordnen, die in vielen Ländern dieser Welt ihre Heimat haben könnte. Von einer jungen Frau bin ich jedoch sehr angetan: Emilíana Torrini – ein ganz und gar unisländischer Name. Schließlich hat die Dame italienisches Blut in den Adern. Ihre feine, zarte Stimme wird gerne von dezenten Gitarrenklängen untermalt. Ideal zum Sonntagsfrühstück oder einfach so zum Genießen und Entspannen. Vor einigen Jahren heimste Emilíana den isländischen Musikpreis in gleich drei Kategorien ein: Erstens wurde sie zur besten Sängerin ernannt. Zweitens erhielt ihr Werk *Fisherman's Woman* die Auszeichnung „Bestes Album" und drittens wurde die Verfilmung des Titels „Sunny Road" zum besten Musikvideo gekürt. Mittlerweile tourt Emilíana durch die Welt, und Deutschland eroberte sie mit ihrem Song „Jungle Drum" des neuen Albums *Me and Armini,* der es im Sommer 2009 bis an die Spitze der deutschen Top Ten schaffte. Er war in der Fernseh-Reality-Show „Germany's Next Topmodel" erklungen. Emilíanas Stimme dürfte allerdings schon zuvor so manchem Leser ganz unbewusst vertraut gewesen sein: aus dem Film „Der Herr der Ringe: Die zwei Türme". Denn aus ihrer Kehle kommt auch „Gollum's Song".

Auch klassische Musik hat auf Island einen festen Platz. Zum Beispiel gibt es ein Sinfonie-Orchester und Reykjavík hat ein Opernhaus. Nicht dass letzteres alle ausgebildeten Sänger und Sängerinnen der Insel beschäftigen könnte, dafür sind es viel zu viele. Auch aus diesem Grunde ertönt so manche isländische Stimme in den Opernhäusern dieser Welt, auch in Deutschland. Ein junger Tenor machte in den letzten Jahren besonders auf sich aufmerksam: Garðar Thor Cortes, der bisweilen sogar als würdiger Pavarotti-Nachfolger gehandelt wird. Mit schönster Regelmäßigkeit tönt Garðars Stimme vor allem durch britische Lüfte. Zum Beispiel sang er auf der Wiedereröffungsfeier des Londoner Wembley Stadions im Frühjahr 2007. Sein Album Cortes brachte es zur Nominierung als Album des Jahres für die *Classical BRIT Awards* 2008, einer britischen Auszeichnung im Bereich der klassischen Musik. Großbritannien ist folglich erobert, und als nächstes kommt womöglich Deutschland an die Reihe. Ein entsprechender Vertrag mit einer deutschen Plattenfirma soll bereits unterschrieben sein. Ganz nebenbei bemerkt hat Garðar noch andere Vorzüge: Er wird als einer der attraktivsten Männer Islands gehandelt, stand bereits für das Modemagazin Vogue Model und wirbt für exklusive Herrenanzüge aus dem italienischen Hause Zegna. Nicht nur Ohrenschmaus also, sondern obendrein etwas für die (weiblichen) Augen. Dem kann ich nur zustimmen.

Eine Wintertrilogie

So sieht mein Alltag in der neuen Heimat Island aus. Eine Frage bleibt: Was treibe ich eigentlich den lieben langen Winter über? Drei Aktivitäten, die für die dunklen Stunden geradezu prädestiniert sind, gehe ich verstärkt nach, seit ich mich hier niedergelassen habe: Lesen, Fernsehen und Stricken.

Bücher hatte ich schon immer gern. Unterhaltsam und fesselnd müssen sie sein. Nicht zu schwer, aber trotzdem mit Niveau. In unserer kleinen Zweizimmerwohnung, mit Kleinkind und einem Partner, der in den Wintermonaten viel zu Hause arbeitet, konnte ich mir den Traum vom kuscheligen Lesenachmittag auf dem Sofa mit einer Tasse Tee in der Hand an den Hut stecken. Doch ganz aufgeben wollte ich diese Vorstellung nicht. Ein Kompromiss musste her und ich fand ihn in der Stadtbibliothek. „Meine" Bücherei in Reykjavík ist alles andere als angestaubt, vielmehr Treffpunkt mit kuscheligen Lese- und Spielecken. Für die jüngsten Besucher gibt es immer wieder Programm wie Vorlesestunde, Basteln oder Filmegucken ... und natürlich alle Astrid Lindgren-Klassiker. Nur dass Michel aus Lönneberga und Pippi Langstrumpf hier unter den Namen Emil und Lína ihre Streiche spielen.

Auch die Isländer lieben Bücher und oft genug wird isländische Kultur über Literatur definiert. Jahr für Jahr werden auf der Insel über den Daumen gepeilt 1.500 Bücher herausgegeben oder anders ausgedrückt: etwa fünf Titel pro 1.000 Einwohner. Etwa drei Viertel dieser Werke sind auf isländisch geschrieben, beim Rest handelt es sich um Übersetzungen aus anderen

Sprachen. Von den insgesamt zwei Millionen Büchern, die auf Island jährlich verkauft werden, fallen im Schnitt sechs bis sieben Stück für jeden einzelnen Inselbewohner ab.

Auf ein reiches literarisches Erbe können meine Insulaner wahrlich zurückblicken. Dass die Buchkunst hier derart zur Blüte gelangen konnte, ist wohl vor allem der Tatsache zu verdanken, dass die Insel lange Zeit abgeschieden war vom Rest der Welt. Die vielen langen Wintertage waren doch wie gemacht dazu, sich hinzusetzen und zur Feder zu greifen. Nicht nur der eingefleischte Islandfan sollte von den mittelalterlichen Eddas und Sagas wenigstens gehört haben. Ich erlaube mir, den Inhalt dieser altnordischen Literatur in Gedichtform und Prosa so zusammenzufassen: Heldenlieder, Göttersagen und Familiengeschichten, die untereinander ausgetragene Fehden zum Thema haben.

Als isländischer Autor muss auf alle Fälle Halldór Kiljan Laxness (1902 bis 1998) erwähnt werden, der im Jahr 1955 den Literaturnobelpreis bekam „für seine anschauliche Epik, die die große isländische Erzählkunst erneuert", so die offizielle Begründung für die Preisverleihung. Dieses Ereignis erinnerte die Welt wieder einmal daran, dass sich hoch oben im Norden doch noch etwas tut. Immerhin war mit der höchsten Nobelpreisdichte je Einwohner ein neuer Weltrekord geschaffen.

Ich erinnere mich noch gut an die ZDF-Weihnachtsserien für Kinder und Jugendliche. Timm Thaler, Patrik Pacard und so weiter. Im Jahr 1988 hieß sie *Nonni und Manni.* Hätte ich geahnt, dass sich mein Leben dermaßen mit Island verbinden würde, hätte ich mir diese Geschichte damals nicht entgehen lassen. Ganz ungeachtet der Tatsache, dass ich kurz davor meine Teenagerzeit zu den Akten gelegt hatte. Schließlich spielt *Nonni und Manni* nicht nur im Island des 19. Jahrhunderts, sondern basiert obendrein auf dem Werk des isländischen Jesuitenpaters Jón „Nonni" Sveinsson (1857 bis 1944). Eine ganze Reihe „Nonnibücher" gehen auf sein Konto, die er noch dazu fast ausnahmslos auf deutsch geschrieben hat. Damit sein Vatername[1] von seinem deutschsprachigen Publikum auch richtig ausgesprochen werden konnte, ließ er ihn in „Svensson" umändern. Dass Nonni meine Muttersprache beherrschte, hat folgenden Grund: Nach dem Tod seines Vaters lebte die Familie in so ärmlichen Verhältnissen, dass Nonnis Mutter schweren Herzens zustimmte, als ein französischer Adelige dem aufgeweckten Jungen eine Ausbildung in Frankreich anbot. Nonni kam deshalb viel herum, unter anderem auch mehrfach nach Dänemark und … Deutschland. Sein 150stes Geburtsjubiläum 2007 sowie den 65. Todestag im Jahr 2009 übersah man deshalb dank der in Köln ansässigen Deutsch-Isländischen Gesellschaft nicht, wo Nonni starb und begraben ist. In Akureyri erinnert das sogenannte „Nonnihaus" an ihn, wo er einen Teil seiner Kindheit verbrachte. Dass die Hauptrolle in der Nonni und Manni-Serie ausgerechnet mit dem heutigen Startenor Garðar Thor Cortes[2] besetzt wurde, ist eine neuere Entdeckung meinerseits, die mich sehr erheiterte.

Häufig hat isländische Literatur etwas Mystisch-Schräges an sich. Sei es Laxness oder auch Einar

1 Siehe Kapitel „Eine kleine Namenskunde".
2 Siehe Kapitel „Ein musikalischer Exkurs".

Kárasons „Die Teufelsinsel“ sowie „Törichter Männer Rat“. Was mir wesentlich mehr liegt sind die Island-Krimis der Neuzeit. Das ist Nordlandliteratur, die richtig leicht von der Hand geht. Unübersehbar stapeln sich die Krimi-Bände auch in deutschen Buchläden. Autor Arnaldur Indriðason sei der beste lebende Schriftsteller der Nation. Davon sind zumindest fast 40 % all derer überzeugt, die an der betreffenden Umfrage einer isländischen Tageszeitung teilnahmen. Arnaldur bringt seit 1997 jährlich einen neuen Roman auf den isländischen Büchermarkt. Und der schießt mit großer Wahrscheinlichkeit postwendend in die landesweite Bestsellerliste, wird kurz darauf in viele Sprachen übersetzt und erntet darüber hinaus mindestens einen internationalen Literaturpreis. Besonders gut gefielen mir bislang *Nordermoor,* vielleicht weil es mein erster Island-Krimi war. *Tödliche Intrige* wegen der völlig unerwarteten Wendung mittendrin und *Kältezone.* Ein Roman, der sich mit der nicht immer rühmlichen deutschen Geschichte befasst. Schweden hat als Autor Henning Mankell mit Kommissar Wallander, Schottland einen Ian Rankin mit Rebus und Island seinen Arnaldur Indriðason mit Erlendur. Weiteren Lesestoff für den Krimi-Fan liefern auch Autoren wie Viktor Arnar Ingólfsson, Yrsa Sigurðardóttir, Stella Blómkvist oder Ævar Örn Jósepsson.[3]

Ziemlich regelmäßig nehme ich anstelle eines Buches die Fernbedienung zur Hand. Was hat das Fernsehprogramm heute zu bieten? Auf alle Fälle die Sieben Uhr-Nachrichten, in denen wie immer neben Island auch der Rest der Welt bestens repräsentiert ist. Ob wieder ein Bericht aus der alten Heimat kommt?

3 Siehe Liste im Anhang.

Münchener Oktoberfest, Fleischskandal oder Bundeskanzlerwahl? Angela Merkel winkt jedenfalls regelmäßig von der isländischen Mattscheibe. Auch die zwei deutschen, per Menschenhand aufgezogenen Eisbärenbabies kamen zu ihrem Recht, der weiße Berliner Knut und die Nürnbergerin Flocke. Und das ganz unabhängig von der Sensationsmeldung, dass sich seit neuestem ab und zu wieder echte Eisbären in Islands Norden blicken lassen.

Was nach den Nachrichten geschaut wird, ist zumindest in unserem Haushalt schnell entschieden. Denn seit November 2009 gibt es mit der öffentlich-rechtlichen Rundfunk-Sendeanstalt Islands *Ríkisútvarpið (RÚV),* auch *Sjónvarpið* genannt, im Prinzip nur noch einen einzigen Fernsehkanal, der sein Programm durchgehend und für alle zugänglich unverschlüsselt flimmern lässt. Der zweite bis dahin „freie" und im Gegensatz zum staatlichen Fernsehen durch Werbung finanzierte Sender fiel der Wirtschaftskrise zum Opfer. Er mutierte zum „preisgünstigsten Pay TV-Kanal". Abgesehen davon tun sich für denjenigen, der mehr schauen und dafür extra zahlen will, schon seit längerem Sender in Hülle und Fülle auf, darunter jede Menge aus dem Ausland. So lässt es sich auch auf Island bei ARD in der ersten Reihe sitzen und mit dem ZDF besser sehen. Angeboten wird alles, was man für sein Fernsehglück braucht – oder auch nicht: amerikanische Talk-, Sensations- und Reality-Shows. Serien wie *Desperate Housewifes, Emergency Room, Dr. House* und *Jericho.* Naturdokumentationen à la Abenteuer Erde. Spielfilme aus aller Herren Länder. Und natürlich Isländisches. Darauf sind die Bewohner meiner Wahlheimat besonders stolz. Dass sich dabei der Vorrat an neuen Gesichtern recht schnell erschöpft, ist im Grunde genommen gar nicht schlecht, insbesondere für Leute wie mich nicht, die Gesellschaftliches erst lernen mussten. Wo doch jederzeit damit zu rechnen ist, einem Island-Promi Auge um Auge im richtigen Leben gegenüber zu stehen![4] Fernsehschauen ist eine geradezu ideale Vorbereitung auf den Ernstfall. Es ging tatsächlich erstaunlich schnell, bis ich Parlamentarier und Firmendirektoren identifizieren konnte. Überhaupt hatte sich bei mir schon nach relativ kurzer Inselzeit das Gefühl eingestellt, den Überblick zu haben und gut informiert zu sein. Wahrscheinlich deshalb, weil alles so kompakt ist.

Auf rekordverdächtige Einschaltquoten bringen es regelmäßig die inseleigenen Versionen internationaler Erfolgsshows. *Deutschland sucht den Superstar*, Großbritannien das singende *Pop Idol* und die USA dementsprechend ihr *American Idol*. Island macht sich derweil auf die Suche nach seinem eigenen Star. Mit „Die faule Stadt" *Latibær* beziehungsweise *LazyTown* produziert Island eine preisgekrönte Kinderserie, die zu einer wortwörtlich bewegten und damit gesunden Lebensweise voller Sport und Spaß animiert. Sie wurde bereits in mehr als 100 Ländern und in über einem Dutzend Sprachen ausgestrahlt, auch in Deutschland.

Fernsehsendungen werden grundsätzlich in Originalsprache mit Untertiteln ausgestrahlt, wie schon einmal angeklungen war. Echte Entspannung und einen Hauch von Heimat liefern mir deshalb deutsche Filme. Auch der gute *Derrick* mit seinem Harry, der den Wagen vorfährt, ist den Isländern ein alter Bekannter. Er stattete der Nordatlantikinsel seinen

4 Siehe Kapitel „Weltberühmt auf Island".

Besuch allerdings schon vor meiner Zeit ab. Insgesamt gewöhnte ich mich schnell an die Variante mit der Originalversion und kann es mir fast nicht mehr vorstellen, beispielsweise Sean Connery mit einer anderen als seiner eigenen, verführerischen Stimme sprechen zu hören.

Die gleiche Regel gilt fürs Kino – ebenfalls eine effektive Waffe im Kampfprogramm gegen den langen Winter. Von Kinderfilmen abgesehen, werden auch die Kinoproduktionen in Originalsprache gezeigt, wie das in vielen Ländern mit kleiner Bevölkerung üblich ist. Die Krönung war diesbezüglich für mich tiefbayerischer Dialekt mit isländischen Untertiteln in Hans Steinbichlers *Winterreise*. Das *Reykjavík International Film Festival (RIFF)*, ein erfreuliches Herbstereignis mit Dutzenden von Filmen der besonderen Art, hatte mir vor ein paar Jahren den Streifen beschert. Im allgemeinen ist im Island-Kino allerdings der internationale Standard inklusive Hollywood-Krachern und natürlich Harry Potter zu sehen.

Der Isländer unter den Kinobesuchern ist leicht zu erkennen. Er kommt im letzten Moment oder zu spät, ausgerüstet mit einer enormen Portion Cola und Popcorn. Das raschelt so schön. Demjenigen, der Isländisch kann und deshalb dank der Untertitel nicht aufs Zuhören angewiesen ist, macht der berühmte Popcorn-Geräuschpegel nichts aus. Was die Platzwahl angeht, werden Stefán und ich uns auch nach Jahren nur zögerlich einig. Ihn zieht es in die vorderen Sitzreihen, ich will nach hinten, wo die Plätze wenigstens in Deutschland teurer und folglich besser sind. Auf Island dagegen ist bei freier Platzwahl der Preis überall gleich. Meistens finden wir unseren Kompromiss in der Mitte. Mein erster isländischer

Kinobesuch verwirrte mich. Mittendrin und unerwartet ging die Beleuchtung an und ein Großteil der Besucher verließ fast fluchtartig den Raum. Feueralarm? Oder Filmriss? Nein, es war schlicht und einfach Pause, ein fester Programmpunkt, der meines Erachtens vor allem dazu dient, sich mit einer neuen Portion an Snacks amerikanischen Ausmaßes einzudecken. Der Isländer marschiert im Durchschnitt sieben Mal pro Jahr ins Kino. Allein in und um Reykjavík könnte er sich hierfür theoretisch jedes Mal einen anderen Kinokomplex aussuchen.

Fünf isländische Filmproduktionen feiern im Durchschnitt jedes Jahr Kinopremiere und erstaunlich viele von ihnen schaffen den Sprung auf internationale Filmfestivals fern des Heimatbodens. Ein bisschen Werbung will ich mir erlauben, denn für originales Islandkino bin ich zu haben. Es hebt sich wohltuend vom oft so üblichen Einerlei ab. Auch wenn isländischer Filmgenuss vielleicht nicht immer in deutscher Sprache erhältlich ist, so retten doch nach Island-Art Untertitel zumindest auf englisch über fehlende Isländischkenntnisse hinweg.

Wahrscheinlich war es das Meisterwerk *Börn náttúrunnar* (Kinder der Natur; 1991), das Island auf die Weltkarte der Filmemacher brachte. Es war als bester ausländischer Film für den Oscar nominiert. Dass es letztendlich zur Auszeichnung nicht reichte, tut der Sache keinen Abbruch. Die Handlung des Filmes klingt einfach, ist aber keineswegs nur amüsant: Ein Pärchen reißt aus dem Altersheim aus. Vom gleichen Regisseur, Friðrik Þór Friðriksson, stammt auch *Fálkar* (Islandfalken; 2002): Simon kehrt nach vielen Jahren aus den USA nach Island zurück, wo eine junge Frau seinem Leben auf sehr unkonventionelle Weise eine Wendung gibt. Auch Baltasar Kormákur ist als Filmregisseur unverwüstlich. Mit *101 Reykjavík* (2000) gelang ihm seinerzeit das Regiedebüt, der Geschichte des jungen Hlynur, der mit seinem Leben nichts Rechtes anzufangen weiß. Ebenso unter Baltasars Obhut entstand *Mýrin* (Der Tote aus Nordermoor; 2006), die Verfilmung des fast gleichnamigen und erwähnten Islandkrimi-Bestsellers. Sie lief bereits mehrfach im deutschen Fernsehen. Die Rolle von Kommissar Erlendur ist mit Ingvar Eggert Sigurðsson glänzend besetzt, der in kaum einem isländischen Film fehlt. Er trägt als bislang einziger die fünffache Auszeichnung „Schauspieler des Jahres". Eine dieser *Eddas,* so der Name des isländischen Filmpreises, verdankt er besagtem Kommissar Erlendur.

So wie die Vereinigten Staaten nämlich ihren Oscar vergeben und Deutschland das Bambi, trifft und zeigt sich jedes Jahr im Herbst die Island-Prominenz zur Edda-Verleihung. Bester Film, beste(r) Haupt- und Nebendarsteller/in, bestes Drehbuch, beste Kamera und so weiter. Natürlich lassen auch wir uns die Live-Übertragung im Fernsehen nicht entgehen. Im Zuge der Edda-Verleihung 2007 ließ man durchblicken, dass eine zweite Erlendur-Verfilmung bereits in Planung sei. Ihr soll das Buch *Todeshauch* zugrunde liegen. Außerdem war in der Zeitung von einer Neuverfilmung des höchst erfolgreichen *Nordermoor* die Rede – als Hollywood-Auflage. Entsprechende Drehrechte seien schon verkauft.

Wer zur Abwechslung einen anderen isländischen Schauspieler als Ingvar bewundern will, sollte es einmal mit Hilmir Snær Guðnason versuchen, der sogar in einer deutschen Produktion eine Hauptrolle besetzt: In *Erbsen auf halb 6* (2004) erblindet er durch einen Autounfall, hadert mit seinem Schicksal und lehnt zunächst jegliche Hilfe ab. Wirklich sehenswert!

Der Tote aus Nordermoor brachte es in den eigenen Reihen auf 80.000 Kinobesucher. Das ist eine Ausnahme und Islandrekord. Im Normalfall zieht ein „Isländer" auf der Heimatinsel etwa 10.000 Leute ins Kino. Was wenig klingt, ist in der rechten Proportion gesehen genau das, was eine erfolgreiche Kinoproduktion im restlichen Europa schafft. Eine Miniatur-Bevölkerung bedeutet leider nicht automatisch, dass sich auch die Produktionskosten auf Mini-Niveau bewegen. Sie lassen sich im Heimatland alleine kaum einspielen, weil der Markt so klein ist. Ohne Finanzspritze aus der Hand ausländischer Investoren geht es daher fast nicht. Wer genau hinsieht wird entdecken, dass viele isländische Filme in Koproduktion mit mindestens einem anderen Land entstanden sind. Gerne wird im Gegenzug dann zumindest ein Teil des Filmes im Ausland gedreht. Besagter Film *Fálkar* beispielsweise ist eine isländisch-deutsch-norwegische Symbiose und spielt zum Teil in Hamburg.

Vielleicht hat sich der eine oder andere Leser auch schon ein Stück Island-Film einverleibt, ohne es zu ahnen. Meine Insel ist nämlich als internationaler Drehort sehr beliebt, und das nicht nur für Werbefilme. Die Gletscherlagune *Jökulsárlón* im Süden des Landes hat es den Filmemachern offensichtlich besonders angetan. Angelina Jolie zum Beispiel rauscht als Lara Croft in *Tomb Raider* auf einer futuristisch anmutenden Karawane von Amphibienfahrzeugen an Eisbergen vorbei. Nur Eingeweihte wissen, dass im richtigen Leben mit genau diesen Vehikeln Islandurlauber durch die Lagunenlandschaft geschippert werden. Ebenfalls dort legten sowohl Roger Moore als auch Pierce Brosnan als James Bond in den Filmen *Im Angesicht des Todes* beziehungsweise *Stirb an einem anderen Tag* eine flotte Jagd aufs Eis. Auch *Batman Begins* entstand zum Teil auf Island und Gerüchten zufolge soll auf dem begehrten Inselboden demnächst eine neue Folge der Science Fiction-Reihe *Star Trek* abgedreht werden. Die Tatsache, dass der filmische Ort des Geschehens meistens gar nicht auf Island zu suchen ist, sondern irgendwo anders in der Welt, lässt sich vernachlässigen. So verkauft Regisseur Clint Eastwood in *Flags of our Fathers* dem Kinobesucher den isländischen Boden für japanischen.

Wenn weder Fernseh- noch Kinoprogramm und auch nicht die eigene DVD-Sammlung locken, gibt es eine letzte Rettung. „Etwas für alle in der nächsten Videothek", so der Werbeslogan, der regelmäßig die Filme der Woche anpreist. Videotheken gibt es in Reykjavík wie Sand am Meer. Auf dem Lande ist diese Verantwortung den lokalen Tankstellen übertragen, die ohnehin Mädchen für alles sind: Sprit, Schwarzes „Gesucht/Gefunden"-Brett und Sozialtreffpunkt. Auch für Chips, Cola und das obligatorische Island-Würstchen *pylsa*[5] ist gesorgt. Dem gemütlichen Abend daheim steht nichts mehr im Wege.

Ich könnte noch lange weiter erzählen, doch als Schnupperkurs sollten die genannten isländischen Filmproduktionen allemal reichen. Nur eines muss man noch wissen: Zu lachen gibt es in den meisten Fällen nicht besonders viel. Es geht düster, dunkel und dramatisch zu. Ein raues Land lässt grüßen. Dass die

5 Siehe Kapitel „Eine mit allem – das wahre Nationalgericht".

Titel dennoch in unserer heimischen Videothek ihren festen Platz haben, versteht sich von selbst.

Eine äußerst produktive Fernseh-Nebenbeschäftigung tat sich für mich in der Strickerei auf. Nur bei Sendungen in einer mir unverständlichen Sprache wird nichts daraus, wie zum Beispiel die allseits beliebten dänischen Serien. Dann bin ich mit Untertitel-Lesen vollauf beschäftigt. Mit meiner glorreichen Strick-Idee stehe ich nicht alleine auf weiter Islandflur. „Isländer stricken wie nie zuvor“ stellte eine Tageszeitung ganz richtig fest. Die Traditionshandarbeit ist angesagt wie nie zuvor. Sie soll in der ersten Hälfte des 16. Jahrhunderts mit deutschen Kaufleuten nach Island gekommen sein. Da Stricken Teil der ganz normalen Haushaltung und keineswegs nur Frauensache war, nadelten damals alle, Männer, Frauen und Kinder. Auch aus gesamtwirtschaftlicher Sicht war diese Fertigkeit nicht zu unterschätzen. Immerhin stand in der zweiten Hälfte des 18. Jahrhunderts der Exportwert von Strickwaren dem der Fischereiprodukte in nichts nach. Vor ein paar Jahren erfuhr der gute alte *lopapeysa* eine Modernisierung, der in einem Stück gestrickte Islandpullover mit dem typischen Muster an der Schulterpartie. Jetzt ist die Frauenausgabe figurbetonend, kurz und mit Reißverschluss. Obwohl … So alt ist der Islandpulli eigentlich gar nicht. Erst seit den 1950ern soll es ihn geben. Obendrein ist er vielleicht nicht einmal eine rein isländische Erfindung. Immer wieder liest man nämlich, die Insulaner hätten sich in Sachen Musterung von Norwegen, Schweden oder Grönland inspirieren lassen.

Ein untrügliches Zeichen für die Strick-Begeisterung der Nation sind auch die „Strickkaffees“ der Moderne. Zum Beispiel lädt die Handstrickvereinigung Islands zusammen mit dem Verein, der sich dem Erhalt von traditionellen Handarbeiten im allgemeinen verschrieben hat, einmal im Monat zum Nadeltreffen. Eine eigene Website – wie sich das für die internetbegeisterte Nation gehört – informiert über bevorstehende Ereignisse. Denn meistens eröffnet eine Vorlesung oder Vorführung zum Thema Handarbeit den geselligen Strick-, Plauder- und Inspizierabend. Wer einmal auf den Strickhund gekommen ist, kennt kein Halten mehr und der Phantasie sind keine Grenzen gesetzt. Der Islandpulli für den Hund, der Überwurf fürs Pferd und die Decke für Zwei in Gletscherform. Auch das Bild eines im Island-Stil bestrickten Stuhls sah ich. So manche Designer-Wollkreation fand bereits ihren Weg in amerikanische Verkaufsauslagen.

Mein ganz persönliches Strickerlebnis ist folgendes: Im Rahmen einer Bibliotheks-Exkursion entdeckte ich auf einem Lesesofa den Strickschal der besonderen Art. Viele fertige Meter von ihm waren malerisch über die Rückenlehne drapiert. Auf dem Sofa saß strickenderweise eine Frau, neben sich einen großen Korb mit kunterbunten Wollresten. Genau dieses Motiv muss ich für den Bildteil meines Buches haben, schoss es mir durch den Kopf. Meine Kamera hatte ich ja dabei. Ich trug der Dame mein Anliegen vor. Kein Problem! „Was wird es denn?" wollte ich nach der Fotoaktion noch wissen. „Das weiß ich nicht" antwortete sie und machte sich zum Gehen bereit. Das Strickzeug blieb liegen. „Ach, gehört dir das wohl gar nicht?" fragte ich. „Nein, es war schon vor mir da." Seitdem kenne ich den Bibliotheksschal, zu dem jeder seine Maschen beisteuern darf.

Wie gesagt, auch ich ließ mich vom allgemeinen Strickfieber anstecken und grub die Nadeln wieder aus, die seit meiner Teenagerzeit brachgelegen hatten. Und ohne meinen geliebten, selbstgestrickten *lopapeysa* wäre der Islandalltag nur eine halbe Sache.

Zu guter Letzt

Auf Island lässt es sich gut leben. Dieses Fazit darf ich, für mich ganz persönlich, selbst in wirtschaftlich schwierigeren Zeiten noch ziehen. Das Stück heile Welt, von dem ich in der ersten Auflage dieses Buches geschrieben hatte, findet man immer noch. Nach wie vor werden Babies bedenkenlos im Kinderwagen auf der Straße abgestellt. Es sind inzwischen auch die bewegten Zeiten wieder vorbei, in denen manchen bekannten Persönlichkeiten – Politikern vor allem – eine Leibwache zur Seite gestellt werden musste.

Doch so wie die helle Seite erlebe ich nach wie vor immer wieder auch das hautnah, was man höchstens am Rande mitbekommen möchte. Wenn ich zum Beispiel erfahre, dass ein Bekannter die nächste Zeit in einer Entzugsanstalt verbringen wird, falle ich längst nicht mehr aus allen Wolken. In zu vielen isländischen Familien gibt es Sorgenkinder. Dazu noch die allgemeine Eigensinnigkeit meiner Insulaner …

Es ist deshalb nicht immer ein Kinderspiel für mich, den Island-Alltag zu meistern. Aber letztendlich doch ein großes Privileg, das Beste aus zwei Welten in meinem Leben vereinigen zu können. Seitdem ich auf Island lebe, sehe ich meine alte Heimat mit anderen Augen. Ich weiß jetzt, wie tief meine Wurzeln sitzen.

Island hat mich auch verändert. Ich lasse Dinge viel gelassener auf mich zukommen, plane nicht mehr so weit voraus. Ich bleibe zuversichtlicher, wenn ich vor einem Problem stehe. Und ich traue mir mehr zu.

Wahrscheinlich hätte ich in keinem anderen Land dieser Welt ein Buch geschrieben. Aber inmitten einer Nation von Bücherwürmern gehört das beinahe dazu.

Freilich entstand mein Erstlingswerk nicht von alleine. Deshalb möchte ich an dieser Stelle den vielen Menschen ein dickes Dankeschön aussprechen, die für sein Wachsen und Gedeihen gesorgt haben – bewusst oder unbewusst. Mit Gesprächen, gemeinsamen Erlebnissen oder Geschichten. Vieles davon hat mich erst im Nachhinein inspiriert. Ob sich jemand in meinen Zeilen erkannt hat?

Ein paar Namen möchte ich nennen. Zuerst einmal Sandra Thoms, meine Ansprechpartnerin beim Dryas Verlag. Danke für die herzliche und fruchtbare Zusammenarbeit in allen Entstehungsphasen des Buches. Meine Testleserinnen Nicole Gelhard und Angela Walk wühlten sich von A bis Ö – so der erste und letzte Buchstabe des isländischen Alphabets – durch seine Rohfassung und gaben mir wertvolle Tipps zur sprachlichen und inhaltlichen Gestaltung. Die eine aus neutraler Sicht, die andere aus dem gleichen Blickwinkel wie ich. Coletta Bürling, Übersetzerin zahlreicher Island-Krimis ins Deutsche, nahm die sehr weit fortgeschrittene Version meines Werkes unter ihr kritisches Auge. Die Anmerkungen waren Gold wert! Meinen Eltern danke ich vor allem dafür, dass sie es mit so großer Fassung tragen, von Kind und Enkelkind durch einen ganzen Ozean getrennt zu sein. Schließlich ist da noch mein Gefährte Stefán, der letztendlich an allem „schuld" ist; der in meinen Zeilen immer wieder als Paradebeispiel herhalten musste und als wandelndes Islandlexikon stets die Antwort auf alle meine Fragen zu seiner Heimat parat hatte. Ohne großes Verständnis und seelische Unterstützung seinerseits hätte ich hier nicht so gut Fuß fassen können.

Wenn ich abschließend einen Wunsch für Island frei hätte, wäre es der: Möge sich meine Insel in absehbarer Zeit aus ihrem derzeitigen Tief wieder hochrappeln und auch für die Zukunft das bewahren, was sie so einzigartig macht!

Vildarbörn – Special Children Travel Fund

Der *Special Children Travel Fund* ist eine Initiative der Fluggesellschaft Icelandair. Seit 2003 wird damit schwerkranken Kindern und ihren Familien in Island, aber auch anderen Ländern die Möglichkeit zum Reisen geboten. Seine Schirmherrin ist Islands ehemalige Staatspräsidentin Vigdís Finnbogadóttir.

Wer mit Icelandair reist, wird meistens gegen Ende der Flugzeit auf den *Special Children Travel Fund* aufmerksam gemacht. Wer möchte, kann dann direkt beim Flugpersonal eine Geldspende hinterlassen. Außerdem ist es möglich, gesammelte Vielfliegerpunkte der Initiative zugute kommen zu lassen.

Den *Special Children Travel Fund* habe ich aus folgendem Grund als Spendenempfänger gewählt: Er berührt zwei Aspekte, die mir persönlich am Herzen liegen, nämlich Kinder und Reisen. Ich freue mich, dass ich nun auch über mein Buch dazu beitragen kann, dem einen oder anderen kleinen Patienten ein hoffentlich unvergessliches Reiseerlebnis zu schenken.

Kontakt zum *Special Children Travel Fund* lässt sich aufnehmen über:
The Special Children Travel Fund
Icelandair Headquarters, 101 Reykjavík
Telefon: +354 5050 300
Website: www.vildarborn.is (isländisch) und
http://en.vildarborn.is (englisch)
Email: vildarborn@icelandair.is
Die Bankverbindung des „Icelandair Special Children Travel Fund“ lautet:
IBAN: IS48 0101 2600 5025 5411 0332 50
SWIFT: NBIIISRE

Karte von Island

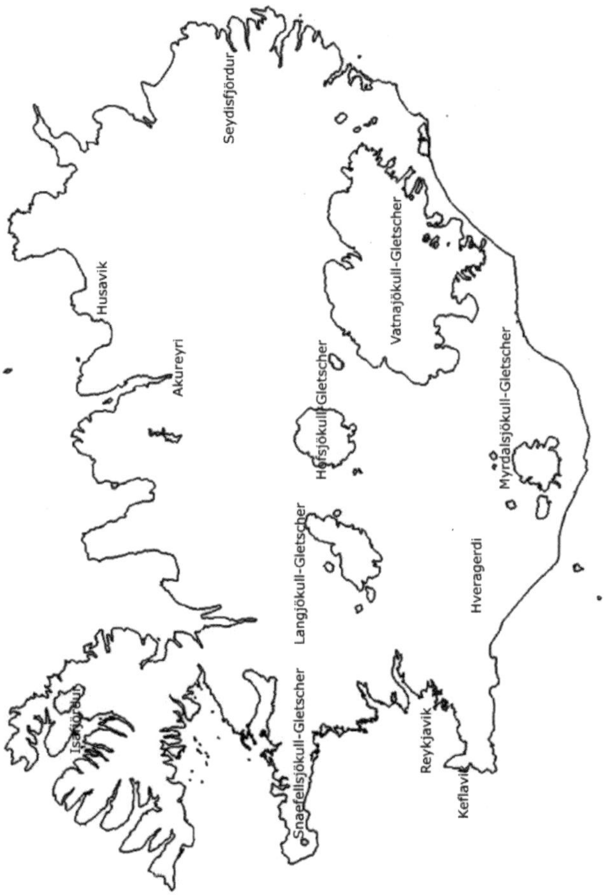

Eine Auswahl an Island-Krimis

Arnaldur Indriðason
Arnaldur, Jahrgang 1961, gilt als der erfolgreichste Krimiautor Islands. Seine Romane wurden bereits in viele Sprachen übersetzt. Ihm ist es auch zu verdanken, dass sich Island-Krimis einen festen Platz in deutschen Bücherregalen sichern konnten. Arnaldur heimste für seine Werke unter andererem den Nordischen Krimipreis *Glasnyckel* ein, den britischen *Gold Dagger Award* sowie den großen Preis der Kriminalliteratur Frankreichs *Grand prix de littérature policière*. Der Roman „Nordermoor" wurde unter dem Titel „Der Tote aus Nordermoor" erfolgreich verfilmt. Held der allermeisten Bände ist Kommisar Erlendur Sveinsson, der mit seinen beiden Kollegen Elínborg und Sigurður Óli von Reykjavíks Kriminalpolizei die skurrilsten Fälle zu knacken hat.

Krimis mit Kommissar Erlendur Sveinsson, die in der Verlagsgruppe Lübbe erschienen sind:
Engelsstimme, ISBN: 978-3-404-15440-1
Frostnacht, ISBN: 978-3-7857-1593-2
Kälteschlaf, ISBN: 978-3-7857-2361-6
Kältezone, ISBN: 978-3-404-15728-0
Menschensöhne, ISBN: 978-3-404-15530-9
Nordermoor, ISBN: 978-3-404-14857-8
Todeshauch, ISBN: 978-3-404-15103-5
Todesrosen, ISBN: 978-3-7857-1612-0

Andere Krimis ohne Kommissar Erlendur Sveinsson, die in der Verlagsgruppe Lübbe erschienen sind:
Codex Regius, ISBN: 978-3-404-16467-7
Frevelopfer, ISBN: 978-3-7857-2393-7
Gletschergrab, ISBN: 978-3-404-15262-9
Tödliche Intrige, ISBN: 978-3-404-15338-1

Viktor Arnar Ingólfsson
Viktor Arnar wurde 1955 in Islands „Hauptstadt des Nordens“ Akureyri geboren und lebt heute in Reykjavík. Hauptberuflich arbeitet er als Bauingenieur beim Isländischen Straßenbauamt. Seine Kriminalromane veröffentlicht er nebenbei – mit grossem Erfolg. *Das Rätsel von Flatey* und *Haus ohne Spuren* schildern als „Kulturkrimis“ auch die isländische Gesellschaft in früheren Zeiten. *Bevor der Morgen graut* wurde vom isländischen Fernsehen verfilmt.

Bei der Verlagsgruppe Lübbe sind von Viktor Arnar erschienen:
Bevor der Morgen graut, ISBN: 978-3-404-92215-4
Das Rätsel von Flatey, ISBN: 978-3-404-92186-7
Haus ohne Spuren, ISBN: 978-3-404-92252-9
Späte Sühne, ISBN: 978-3-404-16486-8 (geplanter Erscheinungstermin September 2010)

Yrsa Sigurðardóttir
Auch Yrsa, Jahrgang 1963, ist hauptberuflich Ingenieurin. Sie hatte bereits mehrere Kinder- und Jugendbücher veröffentlicht, bevor sie als „Erwachsenenautor“ auf sich aufmerksam machte. Ihr Werk *Das glühende Grab* zählte auf Island im Jahr 2007 zu den meistverkauften Romanen. Auf weitere Bücher mit der Rechtsanwältin und Hauptfigur Dóra Guðmundsdóttir darf man gespannt sein.

Im Fischer Taschenbuch Verlag sind von Yrsa erschienen:
Das gefrorene Licht, ISBN: 978-3-596-17599-4
Das glühende Grab, ISBN: 978-3-596-18140-7
Das letzte Ritual, ISBN: 978-3-596-17132-3
Die eisblaue Spur, ISBN: 978-3-596-18343-2

Stella Blómkvist
Ein Schriftsteller-Pseudonym, hinter dem sich eine bekannte Persönlichkeit des isländischen öffentlichen Lebens verbirgt. Davon zeugen auch die Kreise, in denen sich die Romane bewegen: Politik, Gerichtswesen und Medien. In allen Kriminalfällen ermittelt die junge, draufgängerische Anwältin Stella Blómkvist, die für ihr flottes Mundwerk bekannt ist. Sie versteht es außerdem bestens, nicht nur das männliche Geschlecht für ihre Zwecke um den Finger zu wickeln.

Im btb-Verlag sind von Stella erschienen:
Das ideale Verbrechen, ISBN: 978-3-442-72868-8
Das letzte Treffen, ISBN: 978-3-442-73723-9
Der falsche Mörder, ISBN: 978-3-442-73818-2
Der falsche Zeuge, ISBN: 978-3-442-73280-7
Die Bronzestatue, ISBN: 978-3-442-72897-8
Mord in Thingvellir, ISBN: 978-3-442-73663-8

Ævar Örn Jósepsson
Ævar Örn, Jahrgang 1963, studierte unter anderem an der Albert-Ludwigs-Universität in Freiburg Philosophie und Englische Literatur. Sowohl *Blutberg* als auch *Dunkle Seelen* waren für den Nordischen Krimipreis *Glasnyckel* nominiert. Letzterer Roman wurde außerdem für das isländische Fernsehen verfilmt.

Im btb-Verlag sind von Ævar Örn erschienen:
Blutberg, ISBN: ISBN: 978-3-442-73858-8
Dunkle Seelen, ISBN: 978-3-442-73476-4